申如刑辩系列丛书

诈骗罪案件
律师代理实务

张　兵 / 主编
安金玲　谢灵珊　叶梅花　张　晨 / 副主编

知识产权出版社
全国百佳图书出版单位
—北京—

图书在版编目（CIP）数据

诈骗罪案件律师代理实务／张兵主编．—北京：知识产权出版社，2023.11（2025.10 重印）

ISBN 978-7-5130-8909-8

Ⅰ.①诈… Ⅱ.①张… Ⅲ.①诈骗—刑事犯罪—案例—分析—中国 Ⅳ.①D924.355

中国国家版本馆 CIP 数据核字（2023）第 175756 号

责任编辑：刘 江　　**责任校对：**潘凤越

封面设计：杨杨工作室·张冀　　**责任印制：**刘译文

诈骗罪案件律师代理实务

张 兵 主编

安金玲 谢灵珊 叶梅花 张 晨 副主编

出版发行：知识产权出版社有限责任公司		**网　　址：**http://www.ipph.cn	
社　　址：北京市海淀区气象路 50 号院		**邮　　编：**100081	
责编电话：010-82000860 转 8344		**责编邮箱：**liujiang@cnipr.com	
发行电话：010-82000860 转 8101/8102		**发行传真：**010-82000893/82005070/82000270	
印　　刷：北京建宏印刷有限公司		**经　　销：**新华书店、各大网上书店及相关专业书店	
开　　本：720mm×1000mm 1/16		**印　　张：**20.5	
版　　次：2023 年 11 月第 1 版		**印　　次：**2025 年 10 月第 3 次印刷	
字　　数：309 千字		**定　　价：**98.00 元	

ISBN 978-7-5130-8909-8

序　一

2022年下半年，我的学生张兵律师打电话向我咨询了关于著书出版方面的一些情况，并稍显激动地透露了他正打算出版处女作——刑事案件办案纪实，我便高兴地祝他早日如意。

今年3月初，他与两位助理带着黄色封面的书稿来我处请我指正并作序。当时我惊奇不已，没想到短短三四个月便看到了由他主编的《诈骗罪案件律师代理实务》书稿。对此，我又喜又愁。喜者有二。一喜是他作为我的弟子，进步神速，执业才十个年头，已完成了几大跨越：从一个法学院刚毕业的研究生，在一年时间内便成了一位能够独立办案的年轻“双证”律师；执业三年后便进入申如律师事务所作为首席合伙人而执掌该所的业务和发展，并在五六年内以一年一个台阶的速度使该所发展成一个初具规模的刑诉专业品牌所。二喜他已是一位成熟的年轻刑辩律师。律师的成熟可以是否有著作来衡量。著书绝非易事，律师大有人在，但大多忙于办案，能够撰文的律师并不多，而能够著书的律师则更是凤毛麟角。著书是积累，是沉淀，是归纳，更是提升，因此著书是成熟的表现。对此，理当可喜可贺。但我又犯愁，因为作序并非易事。一则我年事已高，老眼昏花，执笔颤抖，已将撰文视为畏途；二则是专业鸿沟，我执业近四十年，办理的大多为民案，疏于刑案，故对刑法与刑事诉讼陌生，现要对刑事类案件的实务著作作序，感到有些力不从心，故而犯愁。然而，张兵律师也算是我众多弟子中一位年轻得意门生，作序虽难，但难以推辞。

张兵律师高大帅气，英俊潇洒，思路敏捷，说话干练，气场十足，是一位优秀的年轻律师。早年他还在大学读研时，便来我所实习。他勤奋好学，工作敬业，虚心谨慎，不骄不躁，进步迅速，实习一年，相当三年，硕士毕业即领“双证”：律师证和专利代理师证。他本可以成为一名优秀的知识产权律师，然而律所的发展，需要他成为一名刑辩律师。张兵律师虽然具备刑辩律师的气质和素质，但这种转型也是一种付出和成就。可见其努力之艰巨，意志之坚强，功底之扎实！

多年来，我在知识产权领域出版了十一本书，将几十年来参与办理的重大、疑难案件经过梳理、筛选集结成册，以期对知识产权律师同行和民营企业家提供借鉴。2022 年年初，我在知识产权出版社出版了第十二本书——《青胜于蓝：知名知识产权律师成长密码》，书中主要讲述了我十七位优秀弟子的律师职业发展之路，他们身上各有亮点，敢闯、善闯，而且还闯出了自己的天地，我很欣慰，讲述他们的奋斗历程，能对当下年轻律师起到激励作用。同时，在本书中我也回顾了自己三十六年的律师生涯，著书是我律师工作中极其重要的一部分，个中辛苦自不必说，但我仍乐此不疲，也将继续笔耕不辍。最近几年，我的学生们也都在陆续出版专著，我很开心，也鼓励他们，望他们能青胜于蓝。

《诈骗罪案件律师代理实务》的编撰者们付出了巨大的劳动，从近三年承办的 438 件诈骗罪案件中选出 58 件，并将其整理分成 14 类，每类一至数件，每件分八段，其结构严谨、条理清晰、事实清楚、说理透彻、有法有理、一气呵成，故本书读时使人一目了然，读后又令人豁然开朗。

本书可给读者以警示，给同人以借鉴。张兵律师才三十六岁，还很年轻，其谦虚谨慎、勤奋努力、前途无量，预祝他继续勤于思考，善于归纳，著书立说，在不久的将来成为一名更加优秀的专业化、学者型的律师。

是为序。

朱妙春

2023 年 3 月 23 日凌晨 2 时

序　二

近期正忙于2023年硕士研究生招生复试工作，我收到了张兵律师发来的消息，得知由他主编的《诈骗罪案件律师代理实务》一书的初稿已经完成，他发来电子书稿，邀我作序，我欣然应允。

去年就听张兵律师提起，他的律师团队正在酝酿一本有关刑事辩护的书籍，我表示赞许与支持，如今能够先睹为快，我甚是高兴。这本书以诈骗罪案件为研究对象，整理了张兵律师团队代理的58个真实案例，因书中案例集中在近三年，时效性强，对当下办案实务的借鉴性较高。本书的一大特色是将诈骗罪案件按照类型划分，各类型的把控严谨到位，其中不乏高频、热点、社会关注度高的系列案件，更有罕见但极具代表性的案例。张兵律师将实务操作中真实发生的案例集中全面地呈现给读者，从辩护律师的角度对案件作出解读，不仅法律从业者可以从中借鉴经验，其他读者也能够从中学习相关法律及实务知识，更好地知法守法。

我在高校任教多年，也兼职从事律师职业，对两种身份的工作内容都各有体会。作为高校教师，我有教学的任务，也从事法学理论的研究工作；作为律师，我可以为委托人办理法律事务，真正做到理论联系实际。理论研究与实务操作这两种工作可以互相辅助和促进，对此我很欣慰，对其中的辛劳也有深切体会。法律学者从事法学研究有一定的优势，成果颇丰者有之，出类拔萃者亦有之；执业律师从事实务探索者则较少，多数忙于办案，很难有精力深入研究，虽有著书立说之人，但终究是少数。也正是因此，当看到这本书的时候，我不禁发出两点感叹：一则感叹书中展现案例之丰富，作者团队竟能在几年内代理如此多的刑事案件，仅诈骗罪案件就涉及众多类别，实属难得；二则感叹创作之不易，作者对林林总总的案例进行梳理分类，再加以创作，尤其是在不耽误案件办理的情况下，完成本书需要强大毅力与不懈坚持，尤其难能可贵。

说到毅力，我不得不讲一下本书主编张兵律师的以往经历。张兵律师本科为理工科专业，毕业后考研就读法律硕士专业，是我带教的研究生。在读研期间，张兵律师一次性通过司法考试，研二下学期便进入律师事务所实习，且一直将律师作为就业方向，在多数同学忙于其他求职方向时，他一心为步入律师行列准备着、努力着。现如今律师行业外在光鲜，但实习律师的起步很难，尤其是在上海这样的大都市，生活压力更大，而十几年前实习律师待遇更低，可想而知张兵律师毕业初期面临的生存压力。记得当年的毕业季，我曾询问张兵律师是否考虑去往大型企业法务部门就职，那时他十分坚定地向我说出了自己的职业规划，就是一定要从事律师职业，这是他跨专业学习法律的初衷，面对接下来几年的生活压力，他已经作好充分的心理准备。我当时就坚信他一定能在未来成为一名优秀的律师。之后，每每有学生向我问起从事律师工作是否可行时，我都会以张兵律师的经历来激励他们，有毅力，能坚持，没有什么是不行的。

张兵律师在执业满三年时加入了上海申如律师事务所，并担任律所主任至今，他将律所经营得有声有色，尤其近几年更是取得了优异业绩。刑事辩护业务是申如律所一大优势板块，依靠专业的律师团队，办理了众多重大、疑难的刑事案件，取得了良好的成果，赢得了客户广泛好评，从本书中收纳的案例即可见一斑。

本书中的律师感悟部分为作者流露真情，从实际出发并进行归纳总结，可以看出办案律师是在认真办好每一个案子，倾注大量心血，也努力到底，正如作者所言，“刑事辩护应坚持到最后一刻”。

这是张兵律师团队的第一本书，相信他们很快就会创作出第二本、第三本以及更多饱含实务经验的作品，我对他们满怀期待。

袁杜娟　博士
上海大学法学院副教授
上海大学 ADR 与仲裁研究院常务副院长兼秘书长
2023 年 3 月 30 日于上海

自　　序

“诈骗”一词，最早记载于我国元代作品《包待制智赚合同文字》之中。明末清初著名思想家、经学家顾炎武也曾在其作品《与人书》中有提及。根据《汉语大词典》的释义，诈骗是指讹诈骗取。如今，“诈骗”一词经常能够听到或看到，随着网络的发展，诈骗似乎已经逐步变成专指电信网络诈骗行为。实则不然，电信网络诈骗仅是诈骗行为的一种，因其发展迅速、危害性大、迷惑性强，成为国家有关部门近几年着重打击的对象。

本书所称诈骗，即专属于刑法领域的诈骗犯罪。诈骗罪是指以非法占有为目的，用虚构事实或者隐瞒真相的方法，骗取数额较大的公私财物的行为。《中华人民共和国刑法》第266条规定：诈骗公私财物，数额较大的，处三年以下有期徒刑、拘役或者管制，并处或者单处罚金；数额巨大或者有其他严重情节的，处三年以上十年以下有期徒刑，并处罚金；数额特别巨大或者有其他特别严重情节的，处十年以上有期徒刑或者无期徒刑，并处罚金或者没收财产。结合2011年3月1日最高人民法院、最高人民检察院发布的《关于办理诈骗刑事案件具体应用法律若干问题的解释》中规定的具体数额标准来看，刑法对于诈骗犯罪的处罚是比较严重的。

本书的构思来源于2022年9月申如律所内部的行政会议，当时我们统计了律所近五年来已归档的全部诉讼案件卷宗，发现刑事案件数量庞大，其中近三年来仅诈骗罪已办结的案例即达到438件，案件类型丰富，有传统诈骗，也有电信网络诈骗，更有直播诈骗、医疗诈骗、恋爱诈骗等。何不将我们团队办理的有关诈骗罪的案例汇编成册出版？有了这个想法后，我们便开始规划起来。

以什么样的形式汇编，我们未找到可以借鉴的书籍，便试着将所有已代理的诈骗罪案件整理分类，根据诈骗行为方式划分为十二个类别，这种分类方式不一定准确，仅是为了便于类比参考。在案例的选取方面，我们感到难以取舍，便尽量挑选有参考价值或警示意义的予以收录。考虑到合同诈骗罪与诈骗罪有诸多相近之处，我们便也收录了四则案例，作为案例的第十三类。信用卡诈骗罪和贷款诈骗罪案例虽有不少，但我们认为典型性均不强，便舍弃贷款诈骗这一类别，仅收录了一则信用卡诈骗案例，作为案例的第十四类。

本书案例章节的编写体例，我们本着叙事时间的顺序，在允许的范围内尽量还原案件事实，相关当事人均使用化名代替。需指出“辩护意见”部分均没有完全展开，仅作了提纲式罗列，一则是因为大部分案件控辩双方争议不大，二则是因为有部分事实不方便载明，不宜将辩护词大量摘抄。本书以案例形式展现的目的是使读者根据真实案例有所警示，如能使法律从业人员从案例中有所借鉴，更是笔者之幸。

笔者自2011年2月进入律师行业，跟随知识产权领域全国著名专家朱妙春大律师学习，从一名在校法学院学生成为执业律师。在恩师的身上，笔者看到了一个字“真”，为人真诚、有真才实学、办案认真负责，这也是恩师对我们的要求。“师徒制”在律师行业仍属于一大特色，像恩师这一代的老前辈更是不遗余力地教导我们这些徒弟。在师父身边学习的那两年，笔者对律师行业有了全面的认识，也逐步成长为可以独立办案的诉讼律师，更在师父的提携与帮助下，参与办理了多起在全国有重大影响力的知识产权诉讼案件，执业当年便有机会至最高人民法院代理诉讼案件。

律师制度是一个国家法律制度的重要组成部分，是法治文明进步的重要标志。党的十八大以来，党中央进一步明确了律师队伍的地位和作用，习近平总书记指出，律师队伍是依法治国的一支重要力量，要求切实加强律师工作和律师队伍建设。律师应当通过信仰法律、遵守法律、维护和宣传法律，为保证司法公正、提高司法公信力，以及促进全民法治观念的提升、推动法治社会的建设作出自己应有的贡献。落实到刑事辩护工作中，辩护律师不但要积极维护委托人的合法权益，也要切实尊重和维护法律的权威。

与刑辩结缘，也是从恩师那里开始。2012年年中至2013年年初，笔者参与代理了两起重大刑事案件：一是上海市第一中级人民法院审理的某走私普通货物罪案件，案值巨大，涉案人众多；二是珠海市首例侵犯商业秘密罪案件。后者属于知识产权领域犯罪，并入选当年保护知识产权八大经典案例。

回首过往，笔者从事刑事辩护工作已逾十个年头，尤其是近五年来，几乎未代理过非刑事辩护案件。

最近几年，笔者团队接触过大量的委托人，或参与过接洽，或办理过案件。与委托人打交道时，经常会被“夺命”连环问：

（1）你们和办案机关熟悉吗？——这还是比较含蓄的问法。

（2）里面的人什么时候能出来？你们有多大的把握办理取保候审，或者缓刑？

（3）为什么有的律师说能保证案件结果？你们不能吗？

……

面对诸如此类的问题，笔者早已习以为常，我们非常理解刑事案件家属的急切心情，以及对案件良好结果的极致追求，这是人之常情。但律师必须在法律规定的范围内开展工作，行为也必须符合执业行为规范，不得违规甚至违法执业。

什么样的刑辩律师是好律师呢？笔者认为这应该是很难回答的一个命题。从家属的角度出发，能打包票的律师就是好律师吗？也不尽然。随意说大话，总有被揭穿的一天，更有甚者可能直接构成诈骗罪，这样的案例在全国也出现过不少。

笔者认为踏踏实实、认认真真办案的律师，才是好律师，这又回到了开篇的一个“真”字：

真心，也就是将心比心，或者刑事案件家属们常说的共情，办案律师应当急家属之所急，体谅家属的想法，不得厌恶或拒绝家属的各式问询；

真才，也就是专业扎实，专业有分工，律师行业也是如此，家属应该委托专业从事刑事辩护的律师代理案件，律师应该磨炼专业知识，利用真才实学为委托人服务；

认真，也就是勤勉尽责，办案律师不得出现工作延误或失误，否则可能会给委托人造成不可挽回的后果；

真实，即不得欺骗或迷惑委托人，将自己过度包装，或根本欺骗委托人都是不可取的，笔者曾听委托人家属提起过，有的律师刚刚执业即宣传自己从业十年，是主任律师或合伙人律师，这明显是虚假的，不可如此。

闲暇之余我们也在讨论，从律师的角度出发，律师要挑选委托人，遇到合格的委托人，也不是一件易事。那么，什么样的委托人是合格的委托人呢？提出以上“夺命”连环问的委托人也并不是不合格，我们更注重的还是委托人对律师的态度，律师体谅委托人的同时，也希望得到委托人的理解和尊重，毕竟大家的目标是一致的，都是为了维护委托人的合法权益。我们也遇到过有的委托人对律师不够尊重，总是一副颐指气使的姿态“命令”办案律师必须做什么；或者在律师通过努力争取后得到好的结果，委托人却翻脸不认人，全盘否认律师的工作成果，这些都是很令人心寒的。

不论如何，我们还是先做好律师，做一个好的刑辩律师，保证自己合格、优秀，再以“真”赢得委托人的尊重。

张　兵

2023年3月3日于上海环球港

目　　录 Contents

第一章

诈骗罪案件审判前沿

一、诈骗犯罪的现状

作为侵害财产类的违法犯罪行为，诈骗犯罪通常与社会经济的发展密切相关。毕竟，只有老百姓的钱包鼓了，骗子才有可乘之机。近年来，随着我国人民生活水平的大幅提升，居民收入和消费水平也有了明显提高，诈骗犯罪呈现高发态势，特别是电信网络诈骗犯罪日益严重。

2017—2021 年，全国涉信息网络犯罪案件共涉及 282 个罪名，其中诈骗罪案件量占比最高，为 36.53%。2017—2021 年，全国各级人民法院一审审结网络诈骗类案件共计 10.3 万件。[①] 截至 2022 年 11 月底，全国共破获电信网络诈骗案件 39.1 万起，同比上升 5.7%，抓获犯罪嫌疑人数同比上升 64.4%。[②]

相比于诈骗分子始终利用的是被害人贪心、好奇、焦虑等心理，其行骗的手段往往结合时事政策、紧跟热点，随着人们社交方式的变化、技术的发展等逐渐迭代更新。以 2022 年查办的诈骗案件为例，1—3 月，诈骗手法主要针对空气币、区块链投资、元宇宙融资等；3—6 月，针对疫情冒充防疫工作人员告知"密切接触者"、疫情补贴、医保采集个人信息等；6—9 月，针对老人的养老金理财、保健品等；11—12 月，利用世界杯预测比分投注、虚假中奖短信等。[③] 同时，诈骗犯罪逐渐呈现出媒介、形态新颖、多样化，组织分工细化，实施方式向线上转移及催生黑灰产业等特点。

（一）诈骗犯罪媒介、形态新颖、多样化

随着网络技术的发展以及中国互联网用户量的迅速增长，诈骗的媒介手段从最初使用电话、短信、邮件等群发诈骗逐渐发展为使用钓鱼网站、即时通信工具、直播平台等网络媒介。犯罪手段层出不穷，原来广撒网式的诈骗

---

① 中国司法大数据研究院．司法大数据专题报告之涉信息网络犯罪特点和趋势［R/OL］.（2022-08-01）［2023-03-05］. https：//file. chinacourt. org/f. php？ id = c9b92b185f359c81&class = enclosure.

② 公安机关打击治理电信网络诈骗违法犯罪取得显著成效［EB/OL］.（2022-12-30）［2023-03-26］. https：//app. mps. gov. cn/gdnps/pc/content. jsp？ id = 8812495.

③ 《2022 年度反诈报告》重磅发布！［EB/OL］.（2023-02-18）［2023-03-26］. https：//mp. weixin. qq. com/s/pIgkxErrkX11ecQewVfUvg.

类型日渐式微，传统的诈骗话术可能仅作为“入门”，利用各种网络技术和信息差的前期铺垫更加专业，理论基础更加丰富，甚至有了精准的“个人定制”型诈骗，大大提高了诈骗的成功率和效率。从近年来的变化看，网络贷款、金融投资、“杀猪盘”等新型诈骗手段不断涌现。

比如在虚假征信类诈骗案件中，诈骗分子通过非法获取的目标被害人个人信息，利用其曾通过金融贷款平台借贷的记录，编造不良贷款记录影响个人征信，扣除违约金、保证金或者调整贷款额度等幌子，诱骗被害人注销相关账户、缴纳手续费或者填写用于收取贷款的银行账户信息，并将账户内相关款项转入所谓监管账户的方式，骗取被害人的款项。

（二）诈骗犯罪组织集团化、分工细化

诈骗犯罪分子利用移动通信网络以及线上金融业务的发展，并结合互联网业务、通信工具等新兴技术成果。诈骗犯罪实施的行为不再仅仅是一个“骗”字，而是包括前期的信息搜集（统计显示，6.32%的网络诈骗犯罪是在获取公民个人信息后进行的①）、引流服务等，也包括后期将涉案违法所得进行“资金结算”。诈骗犯罪分子不再是单个人或几人组成小团体实施诈骗行为，逐渐呈现出集团化的趋势。内部组织严密、分工也明确细化，其中不乏具有较高文化和专业技能的技术人员。犯罪团伙大体上由组织者组建，设计诈骗方案及话术；专人搜集潜在被害人信息再汇集交由具体实施欺诈行为的人行骗，得逞后有人负责转移赃款。各层级环环相扣却又相对独立，增强了犯罪的隐蔽性，加大了查处和打击难度。

比如在投资理财类诈骗案件中，这类诈骗案件通常是团伙作案，分为组织者、组长、客服人员、销售人员等。其中组织者统管全盘，负责招聘下属客服、销售等人员，制定话术，找专人搭建虚假交易平台，在各组组长的领导安排下，客服人员利用虚拟货币、期货交易等投资由头吸引被害人，并引流至销售人员处；销售人员中有人客串投资讲师，指导被害人在虚假交易平

① 中国司法大数据研究院．司法大数据专题报告之涉信息网络犯罪特点和趋势［R/OL］．(2022－08－01)［2023－03－05］．https：//file.chinacourt.org/f.php？id＝c9b92b185f359c81&class＝enclosure.

台上投资，有人冒充投资获利的客户，烘托投资氛围，引诱被害人投资入金；再人为操控、伪造交易的数据，从而骗取被害人的款项。

（三）诈骗犯罪多采用线上实施

随着即时通信以及各类网络智能化平台的发展普及，人们生活中对于手机等智能通信设备的依赖，原本口耳相传或者面对面的帮腔助势隐匿在了虚拟空间中，网络诈骗成为一种“非接触性”的犯罪。哪怕犯罪分子与被害人没有实际见面，仍可以达到诈骗犯罪的目的。而且虚拟空间辐射面更广，操作更便利，隐蔽性更强，不受地域限制，自身面临的风险性反而大大降低。基于此，不少诈骗团伙更是选择将犯罪窝点转移国外，更便于其逃脱法律的打击制裁。

在网络诈骗案件中，犯罪分子多以办理贷款、冒充他人身份、发布虚假招聘、征婚交友信息、诱导参与赌博、捏造网购问题、投放虚假广告等方式或话术来欺骗受害人；其中冒充他人身份、虚假招聘、办理贷款占比最大①，这些行为全部可以通过线上网络方式实施。结合犯罪分子使用的特定话术、被害人的迫切需求，以及线上办理其他事务的普遍性等因素，被害人极易受到犯罪分子的蒙蔽，线上实施诈骗行为确实很大程度上提高了被害人求证核实对方身份及所发布信息的难度，且便于犯罪分子隐匿身份，制作虚假数据图表，为其成功实施诈骗行为起到了极大的助力。

（四）诈骗犯罪催生黑灰产业

电信网络诈骗因其团伙层级多、分工明确、专业化强而逐渐催生出大量为诈骗分子提供帮助和支持，并从中获利的黑灰产业链。而这些黑灰产业链又进一步加速了电信网络诈骗犯罪的泛滥蔓延。尤其是，专门交易公民个人信息、网络账号信息、通信信息、银行账户信息等和专门负责取款、转移赃款已经形成比较成熟的产业链，两类帮助行为使得电信网络诈骗与获利实现

---

① 中国司法大数据研究院．司法大数据专题报告之涉信息网络犯罪特点和趋势［R/OL］.（2022－08－01）［2023－03－05］. https：//file. chinacourt. org/f. php？ id = c9b92b185f359c81&class = enclosure.

了物理隔离，增加了打击难度。[①] 此外，还有犯罪团伙委托外包搭建并维护虚假的虚拟交易平台或者应用小程序，聘用其他犯罪团伙提供撒网式拨打电话诱惑潜在受害人的引流服务。而转移诈骗所得款项，隐匿钱款来源或去向的支付结算业务在帮助信息网络犯罪活动罪中占比最大，从2017—2021年全国各级法院一审审结的帮助信息网络犯罪活动罪的作案手段分布来看，支付结算环节提供帮助占比为53.45%。[②]

二、诈骗犯罪的未来

国家全力保护人民群众财产、维护人民群众合法权益，坚持打击诈骗犯罪尤其是网络诈骗犯罪的决心是坚定的。公安机关认真贯彻落实习近平总书记关于打击治理电信网络诈骗犯罪工作的重要指示精神，以及中共中央办公厅、国务院办公厅《关于加强打击治理电信网络诈骗违法犯罪工作的意见》，深入开展“云剑”“断卡”“拔钉”等专项行动，有效遏制了部分诈骗行为的发生。但随着各类新兴行业的产生、技术的发展、生活方式的变化，诈骗分子的诈骗手法也日新月异，未来的网络诈骗隐匿性、欺骗性也会更强。

其中最为突出的就是为诈骗犯罪提供支持的各类黑灰产业技术革新，如GOIP设备，可以将传统电话信号转化为网络信号，一台设备可供上百张手机卡同时运作，且可以远程操控，人机分离，大大增加了公安机关溯源追查的难度。此外，随着国内人民群众对诈骗防范意识的提高，国内目标人群减少，不少网络诈骗团伙将目标人群放在了海外，同时诈骗团伙及黑灰产业团伙窝点更多向国外转移。

未来的诈骗犯罪可能更全球化，涉及的范围以及可利用的时事、热点、政策更多更广。但万变不离其宗，诈骗犯罪的本质还是利用目标人群或贪婪、或好奇、或焦虑的心理，找准合适的切入点，编造谎言，侵害被害人

① 姬广勇，张平川．电信网络诈骗犯罪的分析、审判与治理［N］．人民法院报，2022-03-03（6）．

② 中国司法大数据研究院．司法大数据专题报告之涉信息网络犯罪特点和趋势［R/OL］．（2022-08-01）［2023-03-05］．https：//file. chinacourt. org/f. php？ id = c9b92b185f359c81&class = enclosure.

的财产。因而国家对于诈骗罪案件的打击、侦办以及审判也总是围绕诈骗分子实施犯罪行为使用的手段、情节的恶劣程度以及造成的后果等方面进行。

三、诈骗罪的审理方向

就前述统计数据来看，近几年诈骗案件数量急剧攀升，诈骗方式亦层出不穷，审判机关如何认定诈骗罪？如何量刑？诈骗罪的裁判要点又有哪些呢？虽说实际生活中诈骗行为模式甚多，但万变归一，诈骗罪最本质的特征为：以非法占有为目的，通过虚构事实或隐瞒真相等欺骗行为，使被害人基于错误认识而交付财物产生损失。这也是认定诈骗罪的核心要素。

就诈骗罪的刑事处罚来讲，最基本的原则是罪责刑相适应，《刑法》对诈骗罪的规定具体为："诈骗公私财物，数额较大的，处三年以下有期徒刑、拘役或者管制，并处或者单处罚金；数额巨大或者有其他严重情节的，处三年以上十年以下有期徒刑，并处罚金；数额特别巨大或者有其他特别严重情节的，处十年以上有期徒刑或者无期徒刑，并处罚金或者没收财产。本法另有规定的，依照规定。"在上述基础上，审判机关将结合犯罪所涉数额、犯罪形态、犯罪情节等因素综合确定刑期。

（一）犯罪所涉数额

诈骗罪属于侵犯公民财产类案件，数额通常情况下表现为一定财产的价值，具有可计量性，嫌疑人实施诈骗的主要目的是牟取非法利益，而犯罪（所得）数额的大小可反映这一目的的实现程度，因而作为量刑的重要依据。

2011 年 3 月 1 日，最高人民法院、最高人民检察院联合发布《关于办理诈骗刑事案件具体应用法律若干解释》，其中对诈骗数额作了明确规定，诈骗罪"数额较大"对应金额 3000 元至 1 万元以上，诈骗罪"数额巨大"对应金额 3 万元至 10 万元以上，诈骗罪"数额特别巨大"对应金额 50 万元以上。各省、自治区、直辖市高级人民法院、人民检察院可以结合本地区经济社会发展状况，在上述规定的数额幅度内，共同研究确定本区执行的具体数额标准，报最高人民法院、最高人民检察院备案。由此可知，诈骗3000元即可达到诈骗罪的刑事立案标准，笔者及团队所在的上海地区诈骗罪立案金额为5000元。须注意的是，就普通诈骗案件来说，被害人数量有限，故诈骗金额相对较容易认定，然而从数据统计结果及分析来看，电信网络类诈骗占据了诈骗案件总量的绝大部分，诈骗金额认定则较复杂。

电信网络诈骗主要是利用通信工具或互联网等技术手段，发布虚假信息、设置骗局，主要通过远程控制、非接触方式骗取不特定对象数额较大财物的行为。与普通诈骗相比，电信网络诈骗犯罪参与人和被害人更多，社会危害性更大，作案环节复杂、犯罪手段更加隐蔽、侦查取证难度增大。故电信网络诈骗犯罪的地域性特征相对淡化，有较强的跨区域性，若按照传统侵犯财产类案件的被害人指认和陈述印证证明方法，最终能够认定的数额往往低于实际数额，极不利于惩治该类犯罪，也不符合罪责刑相适应原则。因此，2016年12月19日最高人民法院、最高人民检察院、公安部出台《关于办理电信网络诈骗等刑事案件适用法律若干问题的意见》，针对电信网络诈骗作出了特别规定，设置了全国统一的入罪数额标准和数额加重标准，故审理该类案件时，便不宜适用本地普通诈骗罪的数额标准。除此之外，该意见还明确了电信网络类诈骗犯罪数额的具体认定方法，以便下级各法院审理该类案件时适用。

（二）犯罪形态

除犯罪金额外，犯罪形态同样对量刑有很大的影响，诈骗罪属于故意犯罪，犯罪的完成形态为犯罪既遂，未完成形态有犯罪预备、犯罪中止、犯罪未遂。《刑法》规定：对于预备犯，可以比照既遂犯从轻、减轻处罚或者免除处罚；对于中止犯，没有造成损害的，应当免除处罚，造成损害的，应当减轻处罚；对于未遂犯，可以比照既遂犯从轻或者减轻处罚。最高人民法院《关于常见犯罪的量刑指导意见》中也明确："对于未遂犯，综合考虑犯罪行为的实行程度、造成损害的大小、犯罪未得逞的原因等情况，可以比照既遂犯减少基准刑的50%以下。"

犯罪预备和犯罪中止在实务中相对较容易认定，诈骗未遂和诈骗既遂则要结合个案情况综合认定。普通类型诈骗一般以行为人实际骗的财物为既遂，通常在被害人失去对钱款控制的同时，行为人即实际控制钱款。对于电信网络类诈骗，被害人失去对钱款的控制时，行为人或团伙并不必然实际控制钱款，此时如何认定犯罪未遂或犯罪既遂？司法实践中可参考最高检于2018年11月9日印发的《检察机关办理电信网络诈骗案件指引》，其中对于犯罪形态的审查作了如下规定。

1. 可以查证诈骗数额的未遂

电信网络诈骗应以被害人失去对被骗钱款的实际控制为既遂认定标准。一般情形下，诈骗款项转出后即时到账构成既遂。但随着银行自助设备、第三方支付平台陆续推出“延时到账”“撤销转账”等功能，被害人通过自助设备、第三方支付平台向犯罪嫌疑人指定账户转账，可在规定时间内撤销转账，资金并未实时转出。此种情形下被害人并未对被骗款项完全失去控制，而犯罪嫌疑人亦未取得实际控制，应当认定为未遂。

2. 无法查证诈骗数额的未遂

根据《意见》规定，对于诈骗数额难以查证的，犯罪嫌疑人发送诈骗信息五千条以上，或者拨打诈骗电话五百人次以上，或者在互联网上发布诈骗信息的页面浏览量累计五千次以上，可以认定为诈骗罪中“其他严重情节”，以诈骗罪（未遂）定罪处罚。具有上述情形，数量达到相应标准十倍以上的，应当认定为刑法第二百六十六条规定的“其他特别严重情节”，以诈骗罪（未遂）定罪处罚。

（三）其他犯罪情节

司法实践中，宣告刑的确定，应当以事实为依据，以法律为准绳，根据犯罪的事实、性质、情节和对社会的危害程度并结合犯罪嫌疑人/被告人的其他犯罪情节确定刑期。司法机关审判中考量的其他犯罪情节有：是否为未成年人犯罪、在共同犯罪案件中认定主犯或从犯、是否构成坦白、是否成立自首、是否存在立功、是否认罪认罚、有无退赃退赔、有无取得被害人的书面谅解、是否构成累犯、有无犯罪前科等。

从司法大数据来看，刑事犯罪案件中除危险驾驶罪外，数量最多的便是侵财类案件，近几年诈骗罪案件总数已超过盗窃罪，其中电信网络类诈骗数量最多，受害者人数众多。就公示的判决文书、“两高一部”出台的相关规定，结合笔者及其团队代理的多宗涉嫌诈骗的案件来说，不难看出国家坚决保护公民的私有合法财产不受侵犯，严厉打击各种诈骗行为，尤其对电信网络类诈骗加大处罚力度，依法严格适用缓刑，严重适用财产刑。

第二章

普通诈骗典型案例解析

本章共收录9个案例，均为笔者及团队律师承办的真实案例。之所以将本章命名为普通诈骗，是因为诈骗的类型实在太多，而现实中的诈骗案件可谓五花八门，变的是各种形式、借口或理由，不变的是财产的所有权发生转移，被害人蒙受经济损失，或加之感情损失。

案例1，周某某诈骗案，以低价帮助购买虚拟币为由，实施诈骗。

案例2，石某某参与汽修店组织策划骗保，实施诈骗。

案例3，于某通过网络结识他人，虚构理由骗取钱财。

案例4、案例6、案例7与案例8大体相同，均是虚构身份，以为他人谋取不正当利益为借口，骗取被害人钱款，区别在于犯罪金额的高低。

案例5、案例9均是被告人利用被害人的违法行为实施诈骗。

本章案例的共同点就是各被告人均如实作出了有罪供述，对于罪名成立与否不存在争议，且或因认罪认罚作了具结，或当庭表示愿意认罪认罚，都通过自己的行为争取从轻或从宽处理。

案例1 周某某诈骗案*

一、公诉机关指控

2021 年 5—7 月，被害人袁某为炒作加密数字货币投资理财，通过“币世界”软件搭识被告人周某某，双方互加微信好友，交流购买加密数字货币事宜。同年 7 月 19 日，周某某虚构能以较低价格购买加密数字货币及到账更快的事实，骗取袁某的信任，骗得袁某在上海市徐汇区家中以支付宝收款码扫码方式支付的钱款 3.9 万元。嗣后，周某某将上述骗得赃款用于其个人花用，并拒绝与袁某联系。

2021 年 8 月 3 日，被告人周某某被公安人员抓获，到案后如实供述上述事实。

二、案情拓展

被告人周某某及被害人袁某平时生活中均有炒虚拟货币的爱好，双方于 2021 年 5 月通过炒作虚拟货币的论坛“币世界”结识，互相添加联系方式，之后经常交流炒虚拟货币的经验，并时有合作。同年 7 月，因周某某自己的虚拟货币账户即将爆仓，急需补仓止损，而其一时拿不出足够的钱款，因此向袁某谎称可以帮其购买到比市场价便宜的虚拟货币，袁某表示同意，并通过支付宝扫码方式向周某某支付了 3.9 万元。周某某收款后删除了该笔款项的支付宝收款记录，将该款全部用于自己的虚拟货币补仓，并未帮袁某购买虚拟货币。事后袁某追问虚拟货币购买情况，周某某一再找借口推脱，最后直接不回复袁某的电话和微信，袁某意识到自己被骗，遂报案。

---

* （2021）沪 0104 刑初 1107 号案件。

在审查起诉阶段，被告辩护人及家属均与被害人袁某联系，希望将3.9万元款项退还，并争取得到谅解，袁某并不认可退款金额，并将周某某给其造成的间接投资损失计算在内，双方未能达成一致。在此基础上，公诉机关给出有期徒刑一年二个月，并处罚金2000元的量刑建议。

在法院庭审阶段，辩护人与承办法官沟通退赃及预缴罚金事宜，在家属的帮助下，被告人周某某将3.9万元赃款如数交付法院，并将罚金2000元预缴完毕。

三、量刑情节

（1）被告人周某某被抓获到案后，如实供述自己的罪行，系坦白，可以从轻处罚。

（2）被告人周某某系初犯，已退赃，且自愿认罪认罚，依法可以从宽处理。

（3）被告人周某某骗取的财物数额较大。

四、证据认定

本案中，公诉机关提交了相应证据，法院审理后作出如下认定：

（1）被害人袁某的陈述笔录，接受证据清单、支付宝转账记录截图、微信聊天记录截图、支付宝交易记录、银行卡开户信息及交易明细、搜查笔录、扣押清单、赃证物品照片等书证、物证，中浦鉴云（上海）信息技术有限公司司法鉴定所司法鉴定意见书，证明被告人周某某骗取被害人袁某钱款3.9万元的事实。

（2）受案登记表、抓获经过等书证，证明本案案发经过及被告人周某某的到案情况。

（3）被告人周某某的供述笔录，证明其对犯罪事实供认不讳。

上述证据收集程序合法，内容客观真实，足以认定指控事实。

五、争议焦点

被告人周某某到案后如实供述，且自愿认罪认罚，控辩双方无重大分歧，无明显争议焦点。

六、辩护意见

（1）对起诉指控的事实、证据及罪名均无异议。

（2）被告人周某某到案后如实供述全部犯罪事实，系坦白，可以从轻处罚。

（3）被告人周某某系初犯，且自愿认罪认罚，依法可以从宽处理。

（4）被告人周某某已全额退赔并预缴罚金，依法可以从轻处罚。

（5）公诉机关原量刑建议，应再次予以调整。

七、法院判决

法院认为，被告人周某某以非法占有为目的，采用虚构事实、隐瞒真相的方式，骗取他人钱财，数额较大，其行为已构成诈骗罪，应予处罚。公诉机关的指控成立。被告人周某某到案后如实供述自己的罪行，可以从轻处罚。周某某系初犯，已退赃，且自愿认罪认罚，可以从宽处理。公诉机关当庭调整的量刑建议符合刑法罪刑相适应原则，本院予以支持。根据被告人的犯罪事实、性质、情节及对于社会的危害程度，依照《中华人民共和国刑法》第二百六十六条、第六十七条第三款、第五十二条、第五十三条、第六十四条以及《中华人民共和国刑事诉讼法》第十五条之规定，判决如下：

一、被告人周某某犯诈骗罪，判处有期徒刑十个月，并处罚金人民币二千元。

二、退赔款发还被害人。

八、律师感悟

诈骗罪的成立以非法占有目的为前提，被告人周某某初到案时所作的供述对于是否有非法占有目的存在反复，时而称其已经为被害人袁某购买了虚拟货币，虽然袁某交付给他的钱款未全部支出，但其只是从中赚取了部分差价，并未让被害人袁某亏损；时而称其本意于 2021 年 8 月归还袁某交付的钱款，但因后期双方联系不畅，袁某着急报警才未果。但周某某的供述均遭到了其他证据的驳斥，其供述为袁某购买了虚拟货币，却没有购买记录；其意欲归还钱款，却将该笔钱款的支付宝收款记录删除，款项也被挪作他用。通过笔者的多次会见指导，以及家属的劝解，周某某幡然醒悟，终于意识到自己所实施的行为已构成诈骗罪，其在面对侦查机关讯问时所作的言语辩解无法与在案其他证据相印证，其主观上的确有非法占有袁某该笔款项的故意，其先期供述辩解不但不能让其免于刑罚，反而会因为在证据和事实面前拒不供述，最终将无法获得从轻或减轻的判决结果。接下来的过程中，周某某向侦查机关作出如实供述，并在审查起诉阶段自愿认罪认罚，笔者和被告人家属多次与被害人袁某联系沟通退赃及谅解事宜未果，最终在没有作出退赃谅解的前提下为周某某争取到了有期徒刑一年二个月，并处罚金 2000 元的量刑建议。

案件进入审判阶段后，笔者及被告人家属又与被害人袁某协商退赃及谅解事宜，袁某并不接受，笔者便帮助周某某向法院退出了全部赃款 3. 9 万元，并预缴罚金 2000 元，以表达被告人的认罪悔罪态度，为其进一步争取到了从轻处罚的情节，最终法院判决时在公诉机关原量刑建议的基础上又减少了四个月的刑期，可以说是圆满结案。

本案中牵扯出一个刑事辩护中经常遇到的难题——刑事谅解。刑事谅解是被害人与被告人或家属达成的协议，被告人向被害人退还赃款、赔偿损失、赔礼道歉等，被害人对被告人的加害行为作出谅解，并书面向办案机关求情，该文件能得到办案机关的认可，可以达到对被告人从轻处罚的结果。如本案中，犯罪金额是十分明确的，退还赃款的数额也应是明确的，但被害人提出其因为周某某的行为造成了其他损失，如数退还诈骗金额是其无法接受的，如此一来就无法与被害人达成谅解协议。在此情况下，作为辩护人，笔者只得作出变通，将赃款交由法院处理，以实际行动表明退赃认罪，从结果来看也是起到了相应的效果的。

本案的过程及结果也正是应了笔者在本书第十六章所说的，刑事辩护“没到最后一刻，绝不放弃”。

案例 2 石某某诈骗案*

一、公诉机关指控

2019 年 11 月 21 日 14 时许，被不起诉人石某某受宝山区 X 汽修店经营者张某甲（另案处理）指使，伪造其驾驶小客车 A（车主：刘某甲）与张某甲驾驶小客车 B（车主：林某某），在上海市浦东新区 × × 路发生双车事故，骗取中国人寿财产保险股份有限公司保险理赔款 3800 元。

2020 年 9 月 26 日 8 时许，被不起诉人石某某又受张某甲指使，伪造其驾驶小客车 C（车主：刘某乙，被保险人：张某甲）与王某甲驾驶小客车 D（车主：张某乙），在上海市浦东新区 × × 路发生双车事故，骗取中国人民财产保险股份有限公司保险理赔款 3200 元。

被不起诉人石某某于 2021 年 11 月 17 日被公安机关抓获，到案后如实供述了上述犯罪事实，并已赔偿被害单位的经济损失。

二、案情拓展

本案案发前后，张某甲系 X 汽修店的管理人员，被不起诉人石某某系其朋友兼邻居，石某某受张某甲指使，参与伪造交通事故 2 起，分别为：

2019 年 11 月 21 日，张某甲找到石某某让其配合伪造交通事故，事故车辆为小客车 A 和小客车 B。小客车 A 的车主是刘某甲，该车车尾本来就要维修，小客车 B 的车主是林某某，该车因追尾事故导致车头损坏，林某某将其交由 X 汽修店维修。张某甲在浦东新区 × × 路伪造了上述两车的倒车事故后，通知石某某到达事故现场，用石某某的手机报警，等警察来后，张某甲

* 沪宝检刑不诉（2022）45 号案件。

称是石某某驾驶小客车A撞了张某甲驾驶的小客车B，石某某予以认可，并在警察开具的事故认定书上签字，配合在事故车辆旁摆拍。该事故骗得理赔款1700元和2100元。

因上述保险理赔事故与其他9起事故均由同一保险公司理赔，该公司稽查部发现上述事故车辆维修地点均为X汽修店，驾驶员与出险人员也多次重复，与正常出险事故数据对比存在异常，因此怀疑有人蓄意骗保，遂报案核查。

2020年9月26日，在浦东新区××路，再次经张某甲指使伪造交通事故，石某某驾驶小客车C碰撞了小客车D，事故后石某某报警，并打电话给张某甲，张某甲前来处理了事故。该起事故事后骗得理赔款3200元。后张某甲又利用小客车D伪造3起事故，并套用该车车险的被保险人王某甲的身份信息骗取保险理赔款，车辆被保险人购买次年车险时发现保费异常，遂报案。

石某某因为与张某甲的朋友关系，且平时张某甲时不时会将小客车D借给其使用，因此同意配合张某甲伪造事故，未从伪造事故骗保行为中获得好处。

三、量刑情节

（1）石某某被公安人员抓获后，如实供述犯罪事实，具有坦白情节。

（2）石某某已赔偿被害单位的经济损失。

（3）石某某犯罪情节轻微，系从犯。

（4）石某某自愿认罪认罚。

四、证据认定

（1）证人王某乙（被害单位员工）的证言，证实其梳理异常保险事故，发现多起事故与X汽修店关联，存在骗保行为。

（2）证人檀某、刘某丙、王某甲、向某的证言，证实本案双车事故均系伪造。

（3）上海市公安局宝山分局调取的保险理赔材料，证实本案双车事故发生及申请理赔的情况。

（4）上海市公安局宝山分局出具的《办案说明》及《户籍资料》，证实被不起诉人石某某的到案经过及身份情况。

（5）银行转账电子回单，证实被不起诉人石某某已经赔偿被害单位的经济损失。

（6）被不起诉人石某某的供述，证实其对上述犯罪事实供认不讳。

上述证据收集程序合法，内容客观真实，足以认定指控事实。

五、争议焦点

石某某到案后如实供述，犯罪情节轻微，系从犯，且自愿认罪认罚，无明显争议焦点。

六、辩护意见

（1）石某某基于朋友情义配合张某甲实施犯罪行为，未从中牟利，犯罪情节轻微，危害后果较小。

（2）石某某到案后如实交代自己的犯罪事实，具有坦白情节，可以从轻处罚。

（3）石某某此前一贯表现良好，无任何前科劣迹，此次系初犯、偶犯。

七、检察院决定

检察院认为，石某某实施了《中华人民共和国刑法》第二百六十六条、第二十五条第一款规定的行为，但犯罪情节轻微，系从犯，具有坦白情节，自愿认罪认罚，且已赔偿被害单位的经济损失，根据《中华人民共和国刑法》第二十七条、第三十七条、第六十七条第三款以及《中华人民共和国刑事诉讼法》第十五条的规定，不需要判处刑罚。根据《中华人民共和国刑事诉讼法》第一百七十七条第二款的规定，决定对石某某不起诉。

八、律师感悟

本案涉案人员张某甲长期从事汽修工作，其称在汽车修理过程中，有的客户需要修车却不愿意自己花钱，有的客户实际事故较小，理赔的金额无法覆盖车主修车支出的费用，所以其出于维护与客户关系考虑，就帮助车主伪造事故抬高保险理赔金额，共计近30起。同时，为了满足制造双车事故的条件，张某甲使用了部分在其汽修店维修的车辆。而据几位“被出险”车辆的车主陈述，他们大都出于对张某甲维修技术的信任，所以习惯将车辆交由其维修。张某甲利用了认可其技术的客户，去讨好那些将他视为牟取不义之财工具的客户，实在令人觉得悲愤。

本案中检察院对石某某所作的不起诉决定，属于《中华人民共和国刑事诉讼法》（以下简称《刑事诉讼法》）第177条第2款规定的酌定不起诉（亦称相对不起诉），即对于犯罪情节轻微，依照刑法规定不需要判处刑罚或者免除刑罚的，人民检察院可以作出不起诉决定。酌定不起诉的情形大致有：（1）犯罪嫌疑人在中国领域外犯罪，依照中国刑法应当负刑事责任，但在外国已经受过刑事处罚的；（2）犯罪嫌疑人又聋又哑，或者是盲人的；（3）犯罪嫌疑人因正当防卫或紧急避险过当而犯罪的；（4）为犯罪准备工具，制造条件的；（5）在犯罪过程中自动中止犯罪或者自动有效防止犯罪结果发生，没有造成损害的；（6）在共同犯罪中，起次要或辅助作用的；（7）被胁迫参加犯罪的；（8）犯罪嫌疑人自首或有重大立功表现；（9）犯罪轻微又自首的或犯罪较重而有立功表现的。酌定不起诉的本质是有罪不诉，虽然被不起诉人将不再受到刑事处罚，但法律对其实施的行为依旧给予了否定评价，即该行为仍属于犯罪行为，只有在满足上列几种情形之一，且犯罪情节轻微的情况下，才不需要进行处罚。司法办案实践中，一般根据犯罪嫌疑人的主观恶性、犯罪手段、社会危害性等事实和情节对“犯罪情节轻微”进行综合判断。而评判犯罪嫌疑人的主观恶性和社会危害性，主要审查因素包括：犯罪嫌疑人实施犯罪的目的，是否为实施犯罪行为进行准备活动，所实施犯罪行为的性质、后果，以及有无前科劣迹，是否属于初犯、偶犯等。

本案中，石某某自认与张某甲的私交甚笃，因此对于张某甲要求其一同参与伪造理赔事故的请求，明知可能触犯法律，仍然碍于情面没有拒绝，朋友情义反而成为桎梏枷锁。可如果是真朋友，又怎会陷人于不义？所幸石某某实施犯罪行为盖因受张某甲指使，起次要及辅助作用，到案后如实供述犯罪事实，又真诚悔罪，即使没有获利也积极赔偿被害单位的损失，获得检察院对其（酌定）不起诉的决定，也算“成全”他对朋友的“情义”，又敲打他应知人识人，遵守法律的底线。

案例3　于某诈骗案*

一、公诉机关指控

2021年8月起，被告人于某虚构母亲生病住院、自己生病需要费用等事实，从被害人孙某处骗取7.3万元用于个人挥霍，后删除孙某联系方式。同年10月22日，于某在孙某的要求下归还了1000元。

二、案情拓展

2021年8月，被告人于某与被害人孙某通过社交软件结识，8月17日起，于某以母亲手术住院、自己生病等理由多次向孙某借款共计7.3万元，后于某将孙某联系方式拉黑。10月20日，孙某通过社交软件联系于某的朋友，称如果于某不还钱就会采取法律手段，于某遂与孙某取得联系，并于10月22日归还了1000元，后再未还款，孙某便至公安机关报案。

于某于2021年10月31日被公安机关抓获归案。

案件办理过程中，辩护人与于某家属和被害人孙某取得了联系，积极筹措资金将7.2万元款项退还给孙某，并征得了孙某的书面谅解。在法院审理过程中，被告人于某家属帮其提前预缴罚金5000元。

三、量刑情节

（1）被告人于某到案后如实供述自己的犯罪事实，具有坦白情节，依法可以从轻处罚。

（2）被告人于某在家属的帮助下赔偿了被害人的全部损失，并取得了被

* （2022）沪0117刑初680号案件。

害人谅解，依法可以从轻处罚。

（3）被告人认罪、悔罪态度诚恳，自愿认罪认罚，依法可以从宽处理。

（4）被告人预缴罚金 5000 元。

四、证据认定

本案中，公诉机关提交了相应证据，法院审理后作出如下认定：

（1）被害人孙某的陈述、辨认笔录、转账记录及微信截图，证实 2021 年 8 月 12 日，其通过社交软件认识被告人于某，后于某虚构事实向孙某借款不还的事实。

（2）被告人于某的支付宝收支明细、微信支付交易明细，证实其账户内资金往来情况。

（3）扣押决定书、扣押笔录、扣押清单及扣押物品照片，证实公安机关从被告人于某处扣押一部手机。

（4）刑事谅解书及转账记录，证实被告人于某在家属的帮助下向被害人孙某退赔 7.2 万元，并取得其谅解。

（5）公安机关出具的抓获经过，证实被告人于某的到案经过。

（6）常住人口基本信息，证实被告人于某的基本身份信息，其作案时已达完全刑事责任年龄。

（7）被告人于某的多份供述及 CT 报告单、转账记录等指认材料证实，其到案后对犯罪事实供认不讳。

五、争议焦点

本案案情较简单，被告人到案后如实供述，且自愿认罪认罚，控辩双方无明显争议焦点。

六、辩护意见

（1）被告人于某到案后能够如实供述自己的犯罪事实，构成坦白，依法可以对其从轻处罚。

（2）被告人于某真诚认罪、悔罪，自愿认罪认罚，其家属在案发后积极帮助其进行退赔，赔偿了被害人的全部损失并取得其谅解，依法可以从轻或减轻处罚。

(3) 被告人于某一贯表现良好，无任何前科劣迹，系初犯、偶犯，该案无论是从主观的犯罪动机，还是客观的犯罪行为，抑或是于某归案后的认罪悔罪态度，都可以看出被告人的主观恶性及犯罪行为的社会危害性都很小，也没有再犯罪的可能。

(4) 被告人于庭前预缴了罚金，足见其悔罪态度，请求法庭根据本案的实际情况，以及被告人于某的诸多减轻、从轻处罚情节，依法对被告人减轻处罚，并对其适用缓刑。

七、法院判决

法院认为，被告人于某以非法占有为目的，采用虚构事实、隐瞒真相的方法，骗取他人财物，数额巨大，其行为已构成诈骗罪。公诉机关指控成立。被告人于某到案后如实供述自己的罪行并认罪认罚，可依法从轻从宽处理。被告人于某在家属帮助下赔偿了被害人损失并取得谅解，且预缴了罚金，可酌情从轻处罚。综上，根据被告人犯罪的事实、性质、情节、社会危害性及退赔程度等，依照《中华人民共和国刑法》第二百六十六条，第六十七条第三款，第七十二条第一款、第三款，第七十三条第二款、第三款，第六十四条，第五十二条，第五十三条第一款的规定，判决如下：

一、被告人于某犯诈骗罪，判处有期徒刑三年，缓刑四年，并处罚金人民币五千元（已预缴）。

二、扣押在案的手机一部，予以没收。

八、律师感悟

本案是一起案件事实较为清晰的普通诈骗，也就是俗称的“借钱不还”，但此处的“借”就是“骗”身上的外衣，由于本案非常简单，笔者未将其纳入“借钱不还”型诈骗章节内。笔者在会见于某时，他多次表示并不知道这是一种犯罪行为，本以为只是普通的民间借贷行为，怎会令自己身陷囹圄？通过律师的解释，于某又想到家人，对自己的行为极其后悔，多次表达对被害人的歉意，希望家属能尽力对被害人进行弥补。其实通过案情可以了解，当被害人提出采取法律手段时，于某主动联系过被害人，并还款1000元，如能继续还款或达成协议并履行，也就不会案发，于某悔不该心怀侥幸而逃避。

案发后，辩护律师认为退赃并取得被害人谅解是十分关键的，便及时开展此项工作。辩护律师在刑事谅解中具有至关重要的作用，为当事人、家属和被害人之间的良好沟通建立桥梁，将全部款项退还被害人，并取得被害人的书面谅解，是辩护律师工作的重点和难点，好在本案中辩护律师不辱使命。

本案的判决结果也是令人满意的。犯罪金额7万余元，已达数额巨大的标准，量刑基准在有期徒刑三年以上，且被告人并无自首、立功等法定减轻处罚情节，在辩护人与家属作出全部努力后，能争取到缓刑的结果实属不易，相信于某通过此次经历，今后定能做一个遵纪守法的好公民。

案例 4　章某某诈骗案*

一、公诉机关指控

2020 年 8—11 月，被告人章某某虚构具有高收入、广泛人脉的身份，以帮助王某获取上海交通大学入学资格、其本人银行卡被冻结需要生活费以及其经营的公司需要交税等名义，从王某处骗取共计 10 余万元用于个人开销。

2021 年 10 月 20 日，被告人章某某被民警抓获，到案后如实供述自己的罪行。案发后，章某某的家属代为退赔被害人王某共计 13 万元。

二、案情拓展

2020 年 6—7 月，被告人章某某通过某社交软件结识被害人王某，章某某谎称从事风投行业，人脉较广。双方在聊天过程中王某提到自己学历较低，准备报考东华大学的专升本，章某某提出可以帮其搞定上海交通大学的专升本。王某同意后，章某某将女友赖某某的银行账户提供给王某，王某汇款 1 万元作为定金。之后章某某伪造了与上海交通大学校长的微信聊天截图以骗取王某的信任。王某再次向赖某某银行账户汇款 1 万元，后续又通过微信和支付宝另向章某某支付 2 万元。2020 年 9 月，章某某经王某介绍到上海工作，并与王某确立恋爱关系，但一周后章某某便离职并去往广州。之后章某某以打官司银行卡被冻结，支付宝、微信支付不能使用，海关交税，支付饭店欠款等理由向王某索要钱款，加上之前办理学历的款项共计 10 余万元。章某某将钱款全部用于个人花销。至同年 11 月中旬，因章某某失联，王某前往广州找到章某某要求其归还上述款项，章某某向王某出具欠条一份，后因章

* （2022）沪 0117 刑初 190 号案件。

某某将自称价值 10 余万元的劳力士手表抵押给王某，王某便将欠条撕毁。2021 年 1 月，章某某再次失联，王某发现章某某抵押的手表是假的，于是向公安机关报案。

三、量刑情节

（1）被告人章某某被抓获到案后，如实供述自己的罪行，系坦白，可以从轻处罚。

（2）被告人章某某自愿认罪认罚，依法可以从宽处理。

（3）被告人章某某骗取的财物数额巨大。

四、证据认定

本案中，公诉机关提交了相应证据，法院审理后作出如下认定：

（1）被害人王某的陈述、辨认笔录及其提供的聊天记录截图、外卖订单截图等，证实被告人章某某虚构事实骗取王某钱款，后以一块假表质押等经过。

（2）被告人章某某名下支付宝交易流水、微信支付明细、建设银行卡交易明细以及证人赖某某名下招商银行卡交易明细等，证实章某某从被害人王某处收取钱款的金额，以及章某某将上述钱款用于个人开销等情况。

（3）证人赖某某的证言，证明被告人章某某的经济状况等。

（4）公安机关出具的《扣押决定书》《扣押笔录》《扣押清单》《随案移送清单》及照片资料，证实公安机关从被告人章某某处扣押苹果牌手机一部并随案移送，以及章某某微信账号、支付宝账号等具体情况。

（5）公安机关出具的《接受证据清单》《随案移送清单》及照片资料、中国商业联合会钟表眼镜商品质量监督监测中心（北京）出具的《手表鉴定报告》《价格认定专家意见表》等，证实公安机关从被害人王某处接收手表一块并随案移送，经鉴定，涉案手表为仿冒劳力士品牌的假表，价值 1000 元。

（6）常住人口基本信息，证实被告人章某某的自然身份情况，作案时已达完全刑事责任年龄。

（7）公安机关出具的《抓获经过》，证实被告人章某某系被抓获到案。

（8）刑事谅解书及转账记录截图，证实被告人章某某家属向被害人王某代为退赔13万元，王某对章某某的行为表示谅解。

（9）被告人章某某的供述，证实其对上述犯罪事实供认不讳。

上述证据收集程序合法，内容客观真实，足以认定指控事实。

五、争议焦点

被告人到案后如实供述，且自愿认罪认罚，控辩双方无重大分歧，无明显争议焦点。

六、辩护意见

（1）对公诉机关指控的被告人章某某涉嫌的罪名与事实无异议。

（2）被告人章某某到案后如实供述自己的罪行，有坦白情节，依法可从轻处罚。

（3）被告人章某某自愿认罪认罚，认罪悔罪态度良好，依法可从宽处理。

（4）被告人章某某通过家属向被害人一次性赔付13万元，并取得被害人谅解，可酌情从轻处罚。

（5）被告人章某某于庭前预缴罚金5000元，可见其悔罪态度明显。

（6）被告人章某某系初犯、偶犯，无前科劣迹。

七、法院判决

法院认为，被告人章某某以非法占有为目的，采用虚构事实、隐瞒真相的方式骗取他人钱款，数额巨大，其行为已构成诈骗罪，公诉机关的指控成立。被告人章某某到案后能如实供述自己的罪行，自愿认罪认罚，且在家属帮助下退赔被害人并取得其谅解，可酌情从轻处罚。综上，根据被告人犯罪的事实、性质、情节及对于社会的危害程度等，依照《中华人民共和国刑法》第二百六十六条、第六十七条第三款、第六十四条、第五十二条、第五十三条的规定，判决如下：

一、被告人章某某犯诈骗罪，判处有期徒刑三年三个月，并处罚金人民币五千元（已缴纳）。

二、扣押在案的手表一只，予以没收。

八、律师感悟

随着各种社交软件的兴起发展，人与人之间的相识确实越来越简便，壁垒看似逐渐淡化，但能否交心仍待商榷。以前人们在形容某人表里不一时可能会说这人戴着面具生活，现在会说这是某人的“人设”。在诈骗犯罪中，越来越多的犯罪分子致力于打造自己的“人设”，以此吸引特定的目标人群，其实“人设”就是脸上的一层面具，面具可能还不止一副，犯罪分子想为你展示哪一面均可。一旦目标上钩，哪怕像本案被害人一样，已经与被告人“奔现”，但“人设”不破，被害人基本仍然会沉浸在对方的谎言中，大部分被害人可能只有在造成自己无法承担的后果时才会幡然醒悟，痛苦地接受自己在情感和经济上均遭受到严重损失的双重打击。

本案的起因是被告人帮助被害人办理高校入学资格，这一委托事项明显是不合法的，真实性太值得怀疑，到底是章某某的伪装太真实了，还是被害人太单纯了，我们不得而知，总之开启了两人之间骗与被骗的纠葛。之后，双方甚至还谈起了恋爱，又发生了多起索要钱款事实，使得被告人的涉案金额不断增加，最后达到了数额巨大的程度。受害人在本案中也是先有了“走捷径”的心理，试图通过非正常手段，给自己带来利益，这也成了被人骗取钱财的软肋，由此看来“走捷径”的贪心不可有。

被告人到案后能如实供述犯罪事实，有坦白情节，且自愿认罪认罚，也对被害人进行了积极赔偿并取得其谅解，但涉案金额已远超诈骗罪数额巨大的起点5万元，在没有法定减轻处罚情节的情况下，能争取到本案的判决结果也属不易。

案例5 吴某某诈骗案*

一、公诉机关指控

2020 年 11 月 11—18 日，被告人周某伙同被告人孙某某、赵某甲、吴某某预谋后，由被告人赵某甲驾车，被告人周某、孙某某、赵某甲通过聊天软件搭识被害人，谎称向被害人卖淫，被告人吴某某至约定地点使用周某提供的微信、支付宝二维码收款，得手后乘机逃离，其他人员在车上接应。其间，被告人周某、孙某某、赵某甲、吴某某使用上述方法骗得钱款共计 7220 元，具体如下：

2020 年 11 月 12 日 0 时许，在上海市嘉定区南翔镇宝翔路××弄××号骗取被害人王某甲 700 元。

2020 年 11 月 15 日 17 时许，在上海市嘉定区裕民南路××弄 K 酒店骗得被害人朱某甲 800 元；同日 22 时许，在上海市嘉定区江桥镇榆中路××弄××号骗得被害人虞某某 700 元。

2020 年 11 月 16 日 17 时许，在上海市嘉定区马陆镇宝安公路××号 Y 酒店骗得被害人朱某乙 620 元；同日 19 时许，在上海市嘉定区安亭镇方陆路××号 J 宾馆骗得被害人白某 2500 元；同日 22 时许，在上海市嘉定区马陆镇崇信路××号 H 酒店骗得被害人罗某某 1000 元。

2020 年 11 月 18 日 17 时许，在上海市嘉定区马陆镇育英街××号 R 酒店骗得被害人鲁某某 500 元；同日 18 时许，在上海市嘉定区南翔镇嘉年路××弄××号骗得被害人赵某乙 400 元。

公安机关接报案后于 2020 年 11 月 19 日抓获被告人周某、赵某甲、吴某

---

* （2022）沪 0114 刑初 442 号案件。

某，经民警电话通知，被告人孙某某在指定地点等候抓捕，各被告人到案后均能如实供述犯罪事实。

在法院审理中，被告人周某、孙某某、赵某甲、吴某某共同退缴了7220元。

二、案情拓展

2020年11月11日下午15时许，被告人周某联系吴某某询问其是否愿意到上海工作，底薪2000元/天。吴某某同意后，周某为其购买了高铁车票。当天吴某某从安徽到达上海，周某与被告人孙某某、赵某甲等人至高铁站接上吴某某后告知其具体工作流程：周某等人通过手机社交软件招揽嫖客，吴某某扮作卖淫女前往嫖客指定地点，收到嫖资后乘机溜走，如果走不掉就与嫖客发生性关系；嫖资由周某先行收取，然后由吴某某与招揽到嫖客的接单人平分，再由接单人给赵某甲部分费用作为车费。周某称其所以诈骗嫖客，是认为嫖客会顾虑嫖娼本身属于违法行为而不敢报警，案发风险较小。当日23时许，周某等人开车带吴某某前往嘉定区南翔镇某小区。到达小区门口后，周某收走吴某某的手机，另外给其一部手机让其与客人联系。吴某某与客人取得联系后即前往客人位于该小区的家中，周某通过微信联系吴某某让客人先支付钱款，吴某某将周某的收款二维码出示给客人。收到客人扫码支付的700元后，周某让吴某某借口溜走。次日起，吴某某继续参与周某等人的行为，其间均由周某等人将吴某某送至约定地点，有的在宾馆，有的在嫖客家中，吴某某在嫖客支付嫖资后就借机溜走，实在无法溜走就与客人发生性关系。

至19日案发，各被告人共实施诈骗8起，周某共计收取钱款7000余元。

案发后，被告人吴某某在家属的帮助下退缴了全部违法所得。

三、量刑情节

（1）被告人吴某某多次参与诈骗他人财物，数额较大。

（2）被告人吴某某被抓获到案后，如实供述自己的罪行，系坦白，可以从轻处罚。

（3）被告人吴某某自愿认罪认罚，依法可以从宽处理。

四、证据认定

本案中，公诉机关提交了相应证据，法院审理后作出如下认定：

（1）全国人口信息，证实被告人周某、孙某某、赵某甲、吴某某的基本身份情况。

（2）公安机关工作情况，证实本案案发及被告人的到案经过。

（3）证人冯某某、徐某某、王某乙的证言，调取证据清单，监控录像截图，证实公安机关调取酒店监控录像的情况。

（4）扣押笔录，扣押、随案移送清单，上海洁湛电子数据司法鉴定所司法鉴定意见书，证实公安机关扣押被告人手机并进行数据恢复、提取的情况。

（5）证人沈某某的证言、支付宝交易记录，被告人周某、孙某某、赵某甲的微信、支付宝交易记录、银行卡交易明细，证实被告人周某等人的诈骗金额及分赃情况。

（6）被害人王某甲、朱某甲、虞某某、朱某乙、白某、罗某某、鲁某某、赵某乙的陈述、辨认笔录、陌陌、微信聊天记录、微信、支付宝转账记录，证实其通过陌陌等软件搭识女子上门卖淫，见面并支付嫖资后该女子乘机离开的事实。

（7）证人万某某的证言，证实其与周某、赵某甲、孙某某去火车站接周某的女性朋友，周某让其加入找嫖客诈骗对方钱的事实。

（8）被告人周某、孙某某、赵某甲、吴某某的供述、辨认笔录，证实周某等人对犯罪事实供认不讳。

上述证据收集程序合法，内容客观真实，足以认定指控事实。

五、争议焦点

本案为共同犯罪，被告人吴某某在本案中是否属于从犯？

六、辩护意见

（1）对检察机关指控的吴某某涉嫌诈骗罪的罪名无异议。

（2）被告人吴某某对犯罪事实供认不讳，属于坦白，可以从轻处罚。

（3）被告人吴某某自愿认罪认罚，认罪悔罪态度良好，能够及时认识到自己行为的违法性，依法可以从宽处理。

（4）被告人吴某某无犯罪前科，系初犯，主观恶性较小，可酌情从轻处罚。

（5）本案系共同犯罪，被告人吴某某属于从犯，依法应当从轻处罚。

（6）被告人吴某某在家属的帮助下退缴违法所得，依法可以从轻处罚。

七、法院判决

法院认为，公诉机关指控被告人周某、孙某某、赵某甲、吴某某以非法占有为目的，多次诈骗他人财物，数额较大，其行为已触犯刑律，构成诈骗罪，事实清楚，证据确实、充分，所控罪名成立。被告人孙某某有自首情节，被告人周某、赵某甲、吴某某如实供述罪行，可以从轻处罚；四名被告人退缴违法所得，可以酌情从轻处罚；认罪认罚，可从宽处理的意见，均合法有据，本院予以采纳。公诉机关认为，被告人孙某某、吴某某积极参与实施诈骗犯罪，不能认定为从犯的意见，合法有据，本院予以支持；辩护人的相关辩护意见，与查明的事实和法律规定不符，本院不予支持。结合各被告人在共同犯罪中的具体作用等，本院在量刑中一并予以体现，并采纳公诉机关的量刑建议。依照《中华人民共和国刑法》第二百六十六条、第二十五条第一款、第六十七条第一款、第三款、第五十二条，《最高人民法院、最高人民检察院关于办理诈骗刑事案件具体应用法律若干问题的解释》第一条和《最高人民法院关于处理自首和立功具体应用法律若干问题的解释》第一条之规定，判决如下：

……

四、被告人吴某某犯诈骗罪，判处有期徒刑七个月，罚金人民币二千元。

五、被告人周某、孙某某、赵某甲、吴某某违法所得人民币七千二百二十元，予以追缴（已在案）。

六、在案犯罪工具手机五部，予以没收。

八、律师感悟

笔者接受委托后，会见了被告人吴某某，并查阅了全部卷宗，从吴某某的供述来看，虽说其客观上确实伙同其他被告人实施了诈骗行为，但笔者认为，主观上并不能完全排除其是被胁迫参与诈骗的可能。从本案的认定来看，没有将被告人吴某某认定为从犯，法院给出的理由是各被告人均积极地参与实施诈骗犯罪，不能认定为从犯，但在最终的判决结果上也将各被告人的行为作用进行了区分，落实了罪责刑相适应原则。

纵观全案，给笔者最大的感觉是荒唐。各被告人年纪尚轻，都是二十出头的年纪，为了轻松而快速地赚钱，罔顾法律规定、社会规范，在大部分人刚刚踏足社会的年纪，各被告人却表现得近乎市侩，对法律、道德、是非观念的漠视，以及对自身安全的忽视令人诧异。本案的行骗方式是利用被害人嫖娼行为，按约定见面后，先收取“嫖资”，之后再互相配合、借机开溜，吃定了被害人不敢报警的心理（嫖娼行为触犯《治安管理处罚法》，可处10日以上15日以下拘留，可以并处5000元以下罚款，情节较轻的，处5日以下拘留或者500元以下罚款），可谓算尽人心，通俗一点也可说是“黑吃黑”。难以想象这种诈骗行为是几个年轻人实施的，可以说是相当大胆了！

虽然无从探讨与几人的生活经历是否相关，但良性引导的缺失，教育的缺乏应该是肯定的。而且诈骗类犯罪中，犯罪分子年龄的逐渐低幼是普遍现象，这一点确实应该引起我们的警示和深思。

所幸，各被告人实施诈骗行为不久，尚未泥足深陷，骗取财物的数额为7000余元，笔者代理的被告人吴某某犯罪所得仅900元；且几人到案后能如实供述，自愿认罪认罚，积极退出违法所得，说明能意识到自己行为的错误，有改正的心态，尚有教育挽救的机会，这也对各被告人的量刑起了积极的作用。

希望经过法律的惩戒教育，几人能吸取教训，痛定思痛，改变过去的人生价值观，找到更值得为之努力的人生方向。

案例6　贺某某诈骗案*

一、公诉机关指控

2020年4月，被告人贺某某以认识“领导”可以帮助被害人王某某、郭某某办理上海户口为由收取办理户口订金每人75万元，共计150万元。钱款到账后均被贺某某用于个人消费、偿还债务等，并未用于办理户口。经王某某、郭某某多次催促户口办理进度后，贺某某伪造二人本科学历、社保记录以及与“受托人”的聊天记录等，令二人以为户口已经在办理中，直至2021年年底户口仍未办出，王某某、郭某某怀疑被骗遂向贺某某索要钱款，贺某某于案发前归还45.2万元，王某某、郭某某共损失104.8万元。

2022年1月19日，被告人贺某某在上海市黄浦区被公安机关抓获，其到案后如实供述了上述犯罪事实。

二、案情拓展

2019年8月前后，王某某、郭某某二人通过在沪设立的公司的名义购房，因此结识作为房产中介的被告人贺某某。2020年年初，王某某、郭某某想继续在沪投资购房，因二人非上海户籍，受政策限制未果。贺某某谎称自己认识某有能力的“朋友”，可以为二人在上海落户，待二人落户后，即享有购房资格，可以继续购房投资；且贺某某称该朋友帮助多人成功办理落户。王某某、郭某某二人信以为真，遂按照贺某某的要求提供了自己的身份证及户口本复印件等材料用于办理落户。贺某某承诺于2020年4月起为二人办理落户，一般10~12个月可以办成，二人需要支付150万元/人的费用，先预

---

* （2022）沪0107刑初431号案件。

交一半的订金75万元/人。二人于2020年4月各交付75万元，贺某某出具收条。自次月起，王、郭二人多次向贺某某询问办理进程，贺某某分别以办理社保记录、找大企业挂靠、办理学历证明等理由搪塞，并承诺2021年9月可以办理完毕。直至2021年年底，王某某、郭某某二人发现贺某某出示的社保记录、学历证书等无法查询到结果，意识到可能被骗，因此找到贺某某对质，贺某某称钱款已经用于生活开销及偿还个人债务，并未帮二人办理落户事宜，其也不认识可以办理上海落户的朋友，社保记录及学历证书等均由其伪造。王某某、郭某某二人要求贺某某归还钱款，在二人再三催讨下，贺某某归还了45.2万元后即失去联系，王某某、郭某某二人遂报案。

三、量刑情节

（1）被告人贺某某骗取的财物数额特别巨大，量刑起刑点为有期徒刑十年。

（2）被告人贺某某被抓获到案后，如实供述自己的罪行，系坦白，可以从轻处罚。

（3）被告人贺某某自愿认罪认罚，依法可以从宽处理。

四、证据认定

本案中，公诉机关提交了相应证据，法院审理后作出如下认定：

（1）被害人王某某、郭某某的陈述，证实被告人贺某某谎称有渠道办理上海落户，其二人于2020年4月委托贺某某办理落户手续，因此被贺某某骗取钱财的情况。

（2）证人黄某某的证言、转账记录，证实其与被告人贺某某原系同事，贺某某从未委托其帮助被害人王某某、郭某某办理落户，其没有能力也不认识可以办理落户的人；以及贺某某于2021年年底以急用为由向其借款，其向贺某某转账28万元的事实。

（3）收条2张，证实被告人贺某某于2020年4月17日收到被害人王某某、郭某某各75万元订金用于办理上海落户的事实。

（4）招商银行交易流水，证明被告人贺某某的银行账户于2020年4月

13—15 日收到被害人王某某、郭某某三笔转账共计 150 万元的事实。

（5）交通银行个人客户交易清单，证明被告人贺某某于 2021 年 12 月向被害人郭某某还款共计 45.2 万元的事实。

（6）公安机关扣押决定书、扣押清单、扣押笔录，证实被告人贺某某的一部手机作为作案工具被扣押的事实。

（7）微信聊天记录、学士学位证书图片、参保人员城镇职工基本养老保险缴费情况等，证明被告人贺某某伪造与他人聊天记录、落户材料等欺骗被害人王某某、郭某某的事实。

（8）中国银行交易流水明细清单，证明被告人贺某某名下中国银行卡的交易情况。

（9）盘石软件（上海）有限公司计算机司法鉴定所司法鉴定意见书、微信聊天记录，证明对被告人贺某某手机进行数据提取的情况。

（10）户籍资料，证明被告人贺某某的户籍信息，经查无前科。

（11）公安机关出具的工作情况，证明被告人贺某某的到案情况。

（12）被告人贺某某的供述，证明其虚构事实骗取二被害人 150 万元钱款用于个人挥霍，并伪造二被害人学历证书、社保信息及微信聊天记录用于拖延时间的事实。

上述证据收集程序合法，内容客观真实，足以认定指控事实。

五、争议焦点

被告人到案后如实供述，且自愿认罪认罚，控辩双方无重大分歧，无明显争议焦点。

六、辩护意见

（1）对认定的罪名、犯罪事实无异议。

（2）被告人贺某某如实供述全部犯罪事实，口供稳定，自始至终供述一致，高度配合侦查机关的工作，系坦白，可以从轻处罚。

（3）被告人贺某某自愿认罪认罚，认罪悔罪态度良好，且已经意识到自己行为的犯罪后果。

（4）被告人贺某某愿意退赔所有违法所得，以减少受害人的损失。

（5）被告人贺某某主观恶性小，系初犯、偶犯，其过往表现良好，无犯罪前科，此次犯罪系因其对法律认识不够、社会经验不足导致。

七、法院判决

法院认为，被告人贺某某以非法占有为目的，采用虚构事实、隐瞒真相的方法，骗取他人钱财，数额特别巨大，其行为已构成诈骗罪，依法应予处罚。上海市普陀区人民检察院指控被告人贺某某的犯罪事实清楚，罪名成立。被告人贺某某到案后能如实供述自己的罪行，依法可从轻处罚。被告人贺某某自愿认罪认罚，依法可从宽处罚。辩护人提出对被告人贺某某从轻处罚的相关辩护意见，可予采纳。公诉机关的量刑建议，可予采纳。根据被告人贺某某犯罪的事实、性质、情节及对于社会的危害程度，依照《中华人民共和国刑法》第二百六十六条、第六十七条第三款、第五十二条、第五十四条、第六十四条以及《中华人民共和国刑事诉讼法》第十五条之规定，判决如下：

一、被告人贺某某犯诈骗罪，判处有期徒刑十年六个月，并处罚金人民币五万元。

二、赃款责令退赔后发还被害人王某某、郭某某。

三、作案工具依法没收。

八、律师感悟

生活中，我们也时不时会听说或者遇上类似本案被害人这种为了谋求某种“便利”而走关系、走捷径的事情，可能有些人默认了这种情形的存在，或者多少带着点理所当然的心态，因此给了不法分子可乘之机。这样“潜规则”的存在无疑会滋生出更多的恶行。在本案这样的情形中，被害人自己都可能成为犯罪分子谎言的强化者——默认“潜规则”的存在，愿意为此付出“代价”，为犯罪分子提供“渠道”，最终被害人作茧自缚。

回到本案中，通过翻阅卷宗，可以看到被告人如实供述了整个犯案过程，案件事实清楚，证据确实充分。被告人在刚到案时却不认为自己构成诈骗罪，可能在他看来与被害人之间只是一般的经济纠纷，但从其虚构有办理落户的朋友，被害人因此向其交付钱款，至其将获得的钱款全部用于个人开销，并无返还的意愿来看，其实施的就是以非法占有为目的，虚构事实、隐瞒真相从而骗取他人钱财的诈骗行为。所幸经过解释，被告人也明白了自己行为的不法性，自愿认罪认罚，悔罪态度良好，这对最终的处理结果也起到了较好的作用。

本案又是一起事实清楚、证据确凿的案件，从罪名以及犯罪行为来看，并无辩护的空间。辩护人因此将本案的辩护方向着力于量刑上，为其作罪轻的辩护，犯罪金额50万元以上的，属于犯罪数额特别巨大的情形，本案被告人贺某犯罪数额已远超50万元，其法定量刑期间为十年以上有期徒刑或者无期徒刑，因律师全程介入，为其提供法律意见，告知其如积极配合司法机关、退赔被害人等可以依法争取减轻处理。后就该案贺某某的表现司法机关认定的酌定减轻情节有坦白、如实供述、认罪认罚，最终确定刑期为十年六个月。

笔者通过会见当事人，可以感觉到，贺某某认罪悔罪态度良好，其多次请笔者向其家属转述，让家属代为向二被害人赔礼道歉，并表示，后续其一定努力赚钱还给被害人。贺某某也一直表示愿意退赔被害人，并希望家里可以提供帮助，如其能退赔被害人取得谅解的话，刑期可进一步减轻，但无奈贺某某父母年迈，妻子无工作，其本是家里的生活支柱，被羁押后家里也没有了经济来源，哥哥嫂嫂能提供的帮助有限，因此在退赔被害人一事上，也是有心无力。

【类案摘录】

案例7　于某某诈骗案*

2020年5月，被告人于某某谎称能够帮助被害人张某找关系，为其朋友办理取保候审、解决刑事案件，以向相关领导送礼等名义，骗取被害人张某钱款54万元，后将上述钱款归个人使用。2020年12月29日，被告人于某某被公安机关依法抓获。立案后，被告人于某某及其亲属向被害人退还32万元。

法院认定被告人于某某以非法占有为目的，采取虚构事实、隐瞒真相的方法，骗取他人财物，数额特别巨大，其行为构成诈骗罪，判处有期徒刑十一年，剥夺政治权利一年，并处罚金5万元。

---

* （2022）沪0112刑初1053号案件。

案例8　管某某诈骗案*

2020年6—7月，被告人管某某因无力偿还个人债务，在明知其曾经任职的江苏联宝订单创意信息科技发展有限公司因非法集资已被公安机关查处的情况下，仍虚构支付一定比例费用后可以拿回投资本金的事实，骗得被害人邹某及与邹某一同投资的其他被害人共计5.4万元，所得钱款被其花用。

2021年5月25日，被告人管某某在其暂住处被公安人员抓获，到案后如实供述了上述事实。

法院认定，被告人管某某以非法占有为目的，采用虚构事实、隐瞒真相的方法，骗取他人财物，数额巨大，其行为已构成诈骗罪。上海市虹口区人民检察院指控被告人管某某犯诈骗罪罪名成立。到案后管某某能如实供述自己的罪行，且能认罪认罚，依法可从轻处罚。辩护人关于被告人管某某从轻处罚的辩护意见及公诉机关的量刑建议均予以采纳。法院判决被告人管某某犯诈骗罪，判处有期徒刑三年三个月，并处罚金1万元。

* （2021）沪0109刑初640号案件。

案例9　杨某某诈骗案*

2021年8月，被告人杨某某通过网络发布女性的暴露视频信息并捏造可以介绍女性线下见面等事实吸引他人添加好友，先以介绍费、中间费等名目收取钱款，又假扮女性与他人网络聊天，以收取定金为由继续骗取钱款。8月6—27日，杨某某通过上述方式，先后骗取被害人邵某某4500元、被害人田某某1300元。2021年9月8日，杨某某在河北省秦皇岛市被公安机关抓获。案发后，杨某某在家属帮助下退赔被害人邵某某4500元并取得其谅解。

法院认定被告人杨某某以非法占有为目的，虚构事实、隐瞒真相骗取他人财物，数额较大，其行为构成诈骗罪，判处有期徒刑六个月，缓刑一年，并处罚金3000元。

* （2022）沪0105刑初349号案件。

第三章

电信诈骗典型案例解析

本章共收录笔者及团队律师承办的6个真实案例。电信网络诈骗，是指以非法占有为目的，利用电信网络技术手段，通过远程、非接触等方式，诈骗公私财物的行为。

近年来，电信诈骗案件呈现出高发的态势，作为一种智能化的新型犯罪，且犯罪团伙跨地域、跨境作案，使得公安机关侦破此类犯罪有极大的难度，致使发案始终居高不下。《中华人民共和国反电信网络诈骗法》已于2022年12月1日正式实施，要做到综合治理、源头防范遏制电信网络诈骗行为的泛滥，可谓任重而道远。

案例10，李某伙同他人设立电信诈骗犯罪集团，主要以虚构的女性身份通过社交软件结识被害人并诈骗被害人在虚假APP上投资，进而骗取钱款。

案例11，史某某交友不慎，入职雍某设立的网络公司，通过虚构瑞银智能交易软件的盈利能力，诱骗被害人钱财。

案例12，刘某与他人共谋设立公司，雇用业务员利用非法获得的客户名单撒网式拨打电话18万余人次，冒充知名证券公司员工向客户荐股，完成“圈粉”工作后将“荐股群”交付给上家，由上家继续诈骗被害人钱款。

案例 13，杨某某将免费软件包装成收费软件，虚构各种收款环节骗取钱财。

案例 14，张某某等人通过网络向不特定人发送虚假的招嫖广告，以帮助安排卖淫女为由收取各种费用，实施诈骗。

案例 15，桂某某以虚构的身份与被害人聊感情骗取信任，随后向被害人发送软件链接并诱导充值，再通过阻止提现或后台控制输赢的方式骗取钱款。

案例10 李某电信诈骗案*

一、公诉机关指控

2019年12月至2020年8月，金某（在逃）、被告人李某等人在贵州省六盘水市、四川省都江堰市设立电信诈骗犯罪集团，被告人李某系该诈骗犯罪集团的老板，被告人孔某线、蒋某磊系该诈骗犯罪集团业务部经理，被告人尹某鹏、王某洪、张某、卢某、杨某婷系该犯罪集团业务员。该集团统一配备手机、培训话术、设置底薪及提成比例，以虚构的女性身份通过社交软件结识被害人并诱骗被害人在虚假的“艾拓思”APP上投资，以此骗取被害人钱款。经查，本案被害人郑某某共计被骗取钱款1433890元；本案被害人李某某共计被骗取钱款2218314元。各名被告人涉案情况分述如下：

（1）2019年12月底至2020年8月17日，被告人李某系本案犯罪集团的投资人和老板，负责贵州六盘水公司、四川都江堰公司的人员管理培训、薪酬发放以及部分赃款的提现工作，其间涉及犯罪金额365万余元；

（2）2019年12月至2020年8月17日，被告人蒋某磊受雇担任该诈骗犯罪集团第一业务部经理，其间涉及犯罪金额365万余元；

（3）2020年4月初至8月14日，被告人孔某线受雇担任该诈骗犯罪集团第二业务部经理，参与骗取被害人李某某部分钱款，其间涉及犯罪金额365万余元；

（4）2020年4月至7月9日，被告人尹某鹏受雇担任该诈骗犯罪集团第三业务部业务员，参与骗取被害人郑某某部分钱款，其间共涉及犯罪金额199万余元；

---

* （2021）沪0107刑初203号案件。

（5）2020 年 5 月 20 日前后至 8 月，被告人王某洪受雇先后担任该诈骗犯罪集团第一、第三业务部业务员，参与骗取被害人郑某某部分钱款，其间共涉及犯罪金额 200 万余元；

（6）2020 年 5 月 15 日至 7 月 9 日，被告人张某受雇担任该诈骗犯罪集团第二业务部业务员，其间涉及犯罪金额 119 万余元；

（7）2020 年 7 月 31 日至 8 月 14 日，被告人卢某受雇担任该诈骗集团第三业务部业务员，其间涉及犯罪金额 81 万余元；

（8）2020 年 6 月 8 日至 7 月 9 日，被告人杨某婷受雇先后担任该诈骗犯罪集团第三、第一业务部业务员，其间涉及犯罪金额 22 万余元。

二、案情拓展

2019 年年底，被告人李某通过女友结识本案涉案人员金某，并向金某的“贵州 A 公司”投资 2 万元并购买暖风机、暖风扇等办公用品，其间，在租赁办公场所合同上签字，以 500 元一张银行卡将 5～10 张出卖给金某，并先后多次帮金某、肖某二人至 ATM 机取现金交付给其二人，先后三次发工资给公司工作人员，平时主要与金某等人参与公司会议。

该公司 2020 年 5 月从贵州搬至四川省都江堰市，并更名为“都江堰 B 公司”；主要业务为招聘业务员，提供话术及培训，再由业务员以虚假女性身份在社交软件上寻找陌生人聊天并添加微信，通过朋友圈营销和聊天引诱被害人下载“艾拓思”APP 并开户入金。涉案公司于 2020 年 8 月 14 日关闭。

被告人李某于 2020 年 10 月 26 日在贵州省六盘水市被抓获归案。到案后未如实供述上述犯罪事实。

三、量刑情节

（1）被告人李某参与涉案金额特别巨大，量刑起点为有期徒刑十年。

（2）被告人李某被公安机关抓获归案，无自首及立功情节。

四、证据认定

本案中，公诉机关提交了相应证据，法院审理后作出如下认定：

（1）被害人郑某某、李某某的陈述、聊天记录截图、账户明细、交易截图、微信转账记录，证明两名被害人分别被诱骗在“艾拓思”APP上充值等方式被诈骗钱款共计365万余元。

（2）被告人李某的取款视频、公安机关出具的办案说明、工作情况、情况说明，证明涉案多张银行卡来源于被告人李某、李某对本案部分钱款在ATM机上进行取款的事实，以及涉案人员组织结构、钱款去向、涉案账户情况。

（3）贵州A公司、都江堰B公司的工商资料、内部资料文件、照片等，证明涉案诈骗犯罪集团的经营情况、人员结构，其中金某系贵州A公司的法定代表人及股东，同案犯肖某系都江堰B公司的法定代表人及股东，被告人李某系该公司财务负责人。

（4）搜查证、扣押决定书、扣押清单、协助查询财产通知书、涉案账户银行交易记录，证明公安机关的搜查、扣押情况，涉案银行卡的交易明细及资金情况。

（5）证人雷某某证言、辨认笔录、辨认照片、租房合同，证明其系涉案公司业务员，于2020年6月中旬入职贵州A公司至2020年7月9日离职，工作内容为在聊天软件上以女子身份搭识客户，并诱骗客户在“艾拓思”APP上开户充值；被告人李某系公司老板，蒋某磊系公司一部负责人，孔某线系公司二部负责人，王某洪、杨某婷、张某、尹某鹏均系公司业务员。

（6）公安机关出具的抓获经过、羁押证明、谅解书，证明本案案发及被告人的到案经过、羁押情况以及被害人郑某某收到被告人王某洪家属退赔款2万元并取得谅解。

（7）户籍资料、刑事裁定书、释放证明，证明八名被告人的身份情况，以及被告人李某的前科情况。

（8）（2020）沪0107刑初1460号刑事判决书、庭审笔录，证明涉案犯罪行为已被认定为诈骗犯罪，同案犯肖某、金某某、严某已被判决。

（9）证人邓某某、鲜某某的证言、辨认笔录、辨认照片，证人周某某、许某某、兰某、张某的证言，证明证人分别担任涉案公司业务员、前台等职务，工作内容为在聊天软件上以女子身份搭识客户，并诱骗客户在“艾拓思”APP 上开户充值，公司并无获利渠道，业务员也不具备金融知识，仅以业务员的业绩进行高额提成；均指认被告人李某系公司老板，蒋某磊系公司一部负责人，孔某线系公司二部负责人，王某洪、杨某婷、张某、尹某鹏、卢某均系公司的业务员。

(10) 被告人蒋某磊、孔某线、王某洪、杨某婷、张某、尹某鹏、卢某的供述、被告人李某的供述与辩解，证明被告人李某系诈骗犯罪集团的投资人、实际负责人之一，被告人孔某线、蒋某磊系业务部经理，被告人王某洪、杨某婷、张某、尹某鹏、卢某系业务员，主要经营模式系业务员以伪装的身份诱骗客户向“艾拓思”APP 进行投资等犯罪事实。

五、争议焦点

(1) 被告人李某在本案中的定性问题，是否构成主犯？

(2) 李某在到案后供述是否构成坦白？

六、辩护意见

(1) 辩护人认为，本案按照在案证据无法证明李某参与了艾拓思平台的搭建和软件设计，涉案公司也没有设立负责软件开发和维护的部门，根据被害人所述，在艾拓思平台确有赚有亏，因此无法排除该平台是正规平台而后期资金链断裂才产生无法提现的结果，亦对本案的定性是诈骗、帮助信息网络犯罪活动或非法吸收公众存款有重大影响；即便是诈骗，如不考虑上述情况，李某本人也仅构成诈骗罪的从犯，其虽是涉案公司的投资人，但不是主动提出犯罪的意图，没有策划和指挥犯罪活动，也没有参与主要的犯罪活动，应按照从犯予以减轻处罚。

(2) 李某对公司的管理及运营没有掌控力，在共犯中不具备主导支配地位；李某于 2019 年因金某称是与华为合作而加入投资，艾拓思平台是由金某引入公司，该平台后台亦不是李某控制，员工使用的工作手机、话术等都由金某提供，金某对外包装为分析师的身份，直接实施了让受害者入金的犯罪行为，起到决定性作用，整个过程中始终是金某进行领导控制，对员工进行分工安排和培训，而李某没有上述行为，只提供了部分资金帮助，这些资金也只用于购买公司的基础办公用品，李某并非犯意的提出者，也没有对此后的犯罪活动进行策划，没有实际参与公司管理，在公司内甚至没有设置李某办公桌。综上，李某没有参与主要的犯罪活动，亦不存在主犯的情形，对共同犯罪的故意只是被动接受，李某应按照从犯标准量刑。

（3）李某在投资过程中，拿到两次分红，涉案金额一共 13 万元左右，没有普通业务员的提成高，如果将李某视为主犯，分红的比例明显不合理。也就是因为李某以为分红是公司盈利，而并不知道分红的资金来源是被金某私下转移的受害人的入金，所以才能接受仅仅 13 万元的分红。

（4）在区分主从犯时，应当突破行为人在公司中的职位和称呼限制。李某虽是投资人，但两个公司的业务由金某管理掌控，李某并非公司的直接主管人员，本案证据不能证实李某在本案中起到了组织指挥作用。综合全案证据，可以看出李某对两公司诈骗涉案不深、认知程度不强。

（5）在共同犯罪中如何认定主从犯，应当主要依据犯罪人在犯罪中的地位、作用来区分，而不能仅仅依据职位高低。本案中，两个公司的整个诈骗犯罪均由金某决定、操纵、实施，即便推定李某主观上应该知道公司内部的诈骗行为，但其主观犯意不明确，且未具体实施任何犯罪行为，应该认定为从犯，依法可以减轻处罚。

（6）辩护人认为李某具有坦白情节。根据李某的讯问笔录，李某在被侦查机关抓获后，主动交代了自己所涉案的全部事实，对所知悉的同案犯情况也均如实供述，公诉机关并无证据证明李某的供述和本案证据所显示的事实有任何重大的不一致，李某没有故意掩饰或者编造事实，无论是投资、取款、参与会议等，李某从未有任何隐瞒，李某是否认为自己构成犯罪和认为自己的定性是主犯或从犯只是对自己行为性质的辩解，不应影响坦白的认定。

七、法院判决

法院认为，被告人李某伙同被告人蒋某磊、孔某线、尹某鹏、王某洪、张某、卢某、杨某婷等人，以非法占有为目的，采用虚构事实、隐瞒真相的方法，骗取他人财物，其中被告人李某、蒋某磊、孔某线、尹某鹏、王某洪、张某、卢某数额特别巨大，被告人杨某婷数额巨大，其行为均已构成诈骗罪，依法应予处罚。上海市普陀区人民检察院指控的犯罪事实和罪名成立。经查，本案中的证人证言、辨认笔录、辨认照片、租房合同、取款视频、同案犯刑事判决书及庭审笔录等证据均能证明被告人李某参与了涉案诈骗犯罪集团的犯罪活动，其系该诈骗犯罪集团的投资人、实际负责人之一，负责人员管理培训、发放薪酬、部分赃款的提现等，故被告人李某系组织、领导犯罪集团的首要分子以外的主犯，应当按照其所参与的或者组织、指挥的全部犯罪处罚，故对于被告人李某的辩解及其辩护人关于本案定性、从犯等相关辩护意见，与事实不符，均不予采纳。被告人蒋某磊、孔某线、尹某鹏、王某洪、张某、卢某、杨某婷在共同犯罪中起次要作用，系从犯，应当减轻处罚。被告人卢某自动投案并如实供述自己的罪行，系自首，依法可从轻处罚。被告人蒋某磊、孔某线、尹某鹏、王某洪、张某、卢某、杨某婷到案后能如实供述自己的罪行，依法均可从轻处罚。被告人李某否认其知晓涉案诈骗犯罪集团的盈利模式、工作内容，也未参与实际经营管理、具体业务指导，仅承认参与投资、团建、发工资等，故依法不能认定坦白，对被告人李某的辩护人关于坦白的辩护意见，不予采纳。被告人蒋某磊、孔某线、尹某鹏、王某洪、张某、卢某、杨某婷自愿认罪认罚，依法可从宽处理。被告人王某洪退出部分赃款并取得谅解，可酌情从轻处罚。公诉机关的量刑建议，可予采纳。被告人孔某线、尹某鹏、王某洪、张某、卢某、杨某婷的辩护人提出对各自被告人从轻或减轻处罚的辩护意见，可以采纳。根据被告人李某、蒋某磊、孔某线、尹某鹏、王某洪、张某、卢某、杨某婷犯罪的事实、性质、情节及对于社会的危害程度，依照《中华人民共和国刑法》第二百六十六条、第二十五条第一款、第二十六条第一款、第二款、第四款、第二十七条、第六十七条第一款、第三款、第五十五条第一款、第五十六条第一款、第五十二条、第五十三条、第六十四条及《中华人民共和国刑事诉讼法》第十五条之规定，判决如下：

一、被告人李某犯诈骗罪，判处有期徒刑十一年，剥夺政治权利一年，并处罚金人民币二十五万元。

二、被告人蒋某磊犯诈骗罪，判处有期徒刑六年，并处罚金人民币十万元。

……

九、赃款依法追缴发还各名被害人，不足部分，责令退赔；作案工具依法没收。

八、律师感悟

本案属于电信网络诈骗，与大部分网络诈骗犯罪的手法相似，选取的切入点无非是虚假贷款投资、假冒身份、虚假招聘或者交友等。电信网络诈骗一般很少由个人或少数几人组成小团体进行，均是层级分明、分工细化的集团犯罪。

集团犯罪案件中必然牵涉到主从犯的认定，本案主要的争议焦点之一即被告人李某是否为主犯。根据法律规定，主犯一般为在犯罪集团中起组织、策划、指挥作用的首要分子，即犯罪集团的组织建立者、犯罪活动计划的制订者等；或者虽然不是犯罪集团的领导、组织者，但实施犯罪活动特别积极，是共同犯罪结果发生的主要原因，对发生危害性结果起重要或直接作用，或者情节特别严重的犯罪分子。

虽然被告人李某辩称其确系涉案公司的投资人，但并非犯意提出者，亦未策划和指挥犯罪活动，笔者亦因此提出李某仅为投资人、被动接受犯罪活动，对于整个犯罪结果的发生没有起到关键作用，应认定为从犯，而非主犯的辩护意见；无奈均未被法院采纳。不过法院的裁判主旨也认同除了犯罪集团首要分子，认定被告人是否构成犯罪集团主犯，并不取决于其在犯罪集团中担任的职位名称或者职位高低，主要应结合在案证据以其在整体犯罪活动所起的作用予以认定。

这就又提到了关于刑事案件证据证明力的问题。刑事案件中证据共分为八类，被告人的供述和辩解即其中之一。除了李某的供述和辩解中提到了其并非犯罪集团主犯的内容，其他在案证据均能证实李某存在负责人员管理培训、发放薪酬等实际参与行为，其为犯罪集团的投资人及实际负责人之一。其一，在刑事案件中，证据必须经过查证属实，才可以作为定罪量刑的依据，本案其他证据之间可以互相佐证，形成完整证据链，即达到了查证属实的标准。其二，刑事案件审理向来不轻信口供。只有被告人供述，没有其他证据的，不能认定被告人有罪和处以刑罚；但没有被告人供述，证据确实、充分的，依然可以认定被告人有罪和处以刑罚，因此在其他证据确实、充分的情况下，足以推翻李某的供述和辩解，可以证明李某在犯罪集团中的身份和作用，相信这也是法院最终认定李某为主犯的原因。

但相应的，李某的供述和辩解被推翻，意味着其没有如实供述，无法认定坦白，失去了一项从轻处罚的情节，因此法院最终依据其犯罪的事实、性质、情节及对社会的危害程度作出的判决结果也是相当严厉的。

案例 11　史某某电信诈骗案*

一、公诉机关指控

2021 年 8 月起，被告人雍某、扈某与潘某、潘某某（另案处理）经预谋，共同出资在上海市松江区设立上海 Z 网络科技有限公司，招募被告人陈某担任人事，被告人李某、史某某、魏某等人担任业务员，在网络上通过虚构“瑞银智能交易软件”的盈利能力、在客户群做托、发送虚假盈利图等方式，诱骗被害人购买瑞银软件，后又谎称软件升级、旧版本无法继续使用、虚构风控软件功能，以销售瑞银软件年版及风控软件的方式进一步骗取被害人钱款。上述过程中，被告人雍某负责运营管理、盯盘及技术问题处理，被告人扈某负责指导业务员并直接发展被害人，被告人陈某负责制作虚假盈利图及软件升级广告、在客户群做托、统计业绩等，共计诈骗谢某某等 5 名被害人 228506 元，被告人李某、史某某、魏某负责根据话术发展被害人，其中，被告人李某参与诈骗金额共 95954 元，被告人史某某参与诈骗金额共 40332 元，被告人魏某参与诈骗金额共 31666 元。

二、案情拓展

（1）涉案公司上海 Z 网络科技有限公司，对外宣称销售“瑞银智能交易软件”（专门 MT4 外汇品平台的自动化交易软件），主要模式为被告人雍某提供客户联系方式，业务员联系客户添加好友后发送虚假客户赚钱图片视频，使客户相信该软件能赚钱，再将客户拉至群内，该群内部分为涉案公司员工，部分为真实客户；再通过怂恿客户体验试用版“瑞银智能交易软件”，让客

* （2022）沪 0117 刑初 368 号案件。

户在该平台入金，客户在体验过程中赚钱，达到让客户购买月版的“瑞银智能交易软件”（3888 元）的目的，购买后将客户拉至只有一个真实客户的群内，通过制造该群都是真实客户的假象让该客户再购买年版“瑞银智能交易软件”（46666 元），如客户购买，1～15 日后便会将客户拉黑。

（2）2021 年 8 月，被告人雍某设立上海 Z 网络科技有限公司，联系史某某入职该公司从事业务员工作，通过虚构事实的方式，销售“瑞银智能交易软件”。至案发，史某某共收入 2 万余元。

（3）案发后，被告人史某某在家属的帮助下退出了违法所得 3 万元。

三、量刑情节

（1）被告人史某某在共同犯罪中起次要作用，系从犯，依法应当从轻或减轻处罚。

（2）被告人史某某到案后如实供述自己的罪行，有坦白情节，依法可从轻处罚。

（3）被告人史某某自愿认罪认罚，依法可从宽处理。

（4）被告人史某某在审查起诉阶段有退赔钱款之行为，依法可酌情从轻处罚。

四、证据认定

本案中，公诉机关提交了相应证据，法院审理后作出如下认定：

（1）被害人谢某某等人的陈述及接受证据清单、微信账号、聊天记录、交易记录截图、销售合同等证实，上述被害人或是接到自称是 Z 公司的销售电话，或是从他人处获知了“瑞银智能交易软件”的相应优势情况，后被告人雍某等涉案人员通过制作虚假盈利图、建立虚假客户群、谎称通道升级、停用月版软件等方式，隐瞒代挂月版期间也需要人为盯盘干预的真相，诱骗被害人购买软件，从而骗取上述被害人的钱款。其中，被害人谢某某被骗 60554 元，宣某某被骗 95954 元，丁某某被骗 36666 元，杨某某被骗 31666 元，朱某某被骗 36666 元。此外相应的聊天记录亦能证实，被告人陈某向客户宣传“瑞银智能交易软件”、当“托”骗客户自己收益较好，已安装风控以及发送的话术内容等情况。

（2）证人纪某某、武某某（原系涉案公司的工作人员）的证言及辨认笔录、话术、软件截图、微信聊天记录截图、员工业绩表、企业信用信息公示报告证实，涉案公司的组织架构、运作模式、人员分工、被告人业绩等情况，具体为：公司业务员以被告人雍某提供的电话联系客户推销“瑞银智能交易软件”，客户可以试用三天，若满意则购买月版，月版由公司代挂，在客户购买月版一周内，就以升级通道、关闭月版为由，怂恿客户购买年版，同时被告人陈某在微信群内发送盈利图、购买记录等烘托气氛；若客户拒绝购买，则停用客户月版瑞银，且拒绝退款；客户安装年版炒汇亏损后，业务员再向客户推销风控软件，若客户感兴趣，则将客户交与雍某具体对接；被告人雍某系公司老板、股东，负责运营管理、提供话术、客户电话、代挂月版软件、安装年版软件、销售风控软件、盯盘、处理客诉、发放工资等；被告人扈某系公司法人、股东，负责培训业务员、推销软件等；被告人李某、史某某、魏某均系公司业务员，负责发展客户、推销软件；被告人陈某系公司人事，负责招聘员工、在客户群当“托”、制作虚假盈利图、统计业务员业绩等。

（3）扣押决定书、扣押笔录、扣押清单等材料证实，案发后，公安机关扣押的涉案手机、电脑等物品，以及被告人李某、史某某、魏某分别退赃 3 万元、3 万元、2 万元。

（4）公安机关出具的抓获经过证实，被告人雍某、扈某、李某、史某某、魏某、陈某均系被公安人员抓获到案。

（5）相关身份资料证实，被告人雍某、扈某、李某、史某某、魏某、陈某的身份情况。

五、争议焦点

本案被告人的犯罪事实清楚，证据充分，多名被告人对公诉机关指控的案件事实及案件定性问题无异议，各被告人认罪认罚，积极退赃退赔，无争议焦点。

六、辩护意见

（1）对本案认定的犯罪事实与指控的罪名无异议。

（2）被告人史某某到案后如实供述自己的罪行，具有坦白情节，依法可以从轻处罚。

（3）被告人史某某在共同犯罪中起次要作用，系从犯，在羁押期间、取保候审期间都能够严格遵守各项规定，积极配合案件调查，表现良好，依法应当从轻、减轻处罚。

（4）史某某自愿签署认罪认罚具结书，并积极主动退赔3万元，多于其违法所得，可说明其认罪态度较好，真诚悔罪，依法可以从轻、从宽处罚。

（5）史某某被刑事拘留前社会表现良好，无前科劣迹，其行为虽构成犯罪，但属于初犯、偶犯，涉案金额较少，主观恶性不大，可以从轻、减轻处罚。

综上，被告人史某某犯罪情节较轻，具有认罪认罚、坦白、从犯、积极退赔等从轻从宽、减轻情节，请求依法对其减轻处罚，并适用缓刑。

七、法院判决

法院认为，被告人雍某、扈某、李某、史某某、魏某、陈某以非法占有为目的，利用电信网络诈骗他人财物，数额巨大，其行为均已构成诈骗罪。公诉机关的指控成立。被告人雍某、扈某在共同犯罪中起主要作用，系主犯；被告人李某、史某某、魏某、陈某在共同犯罪中起次要作用，系从犯，均应依法减轻处罚。被告人雍某到案后如实供述自己的罪行，可依法从轻处罚。被告人扈某、李某、史某某、魏某到案后均如实供述自己的罪行，并自愿认罪认罚，均可以从轻从宽处罚。在本案审理期间，被告人雍某当庭表示自愿认罪认罚；被告人雍某、扈某通过家属向本院分别退缴2万元、1万元，被告人李某向本院退缴钱款3万元，被告人陈某向本院退缴钱款3万元；被告人李某、史某某、魏某、陈某在审查起诉阶段亦有或退缴或退赔钱款的行为，故均可对上述被告人予以酌情从轻处罚。综上，根据各被告人犯罪的事实、性质、情节和对社会的危害程度以及在共同犯罪中的相应作用等，依照《中华人民共和国刑法》第二百六十六条，第二十五条第一款，第二十六条第一款、第四款，第二十七条，第六十七条第三款，第七十二条第一款、第三款，第七十三条第二款、第三款，第六十四条、第五十二条、第五十三条的规定，判决如下：

一、被告人雍某犯诈骗罪，判处有期徒刑四年四个月，并处罚金人民币五千元。

二、被告人扈某犯诈骗罪，判处有期徒刑四年二个月，并处罚金人民币五千元。

三、被告人李某犯诈骗罪，判处有期徒刑一年五个月，缓刑一年九个月，并处罚金人民币三千元。

四、被告人史某某犯诈骗罪，判处有期徒刑一年二个月，缓刑一年六个月，并处罚金人民币二千元。

五、被告人魏某犯诈骗罪，判处有期徒刑一年，缓刑一年，并处罚金人民币二千元。

六、被告人陈某犯诈骗罪，判处有期徒刑二年二个月，缓刑二年六个月，并处罚金人民币三千元。

……

八、律师感悟

电信诈骗通常是由一个犯罪团伙来实施，团伙内部分工明确，各司其职，共同完成对被害人的诈骗行为，因此不同的涉案人员在共同犯罪中的地位作用、行为的危害程度、主观恶性等方面也有一定的区别，在案件的审理过程中，这种区别最终会体现在刑事处罚结果上。本案以被告人雍某、扈某两人为主，其余被告人均是由该两人招募后加入，而且Z公司的所有业务流程，以及用于欺骗被害人的话术等也均由二人设计和提供，二人当然是本案共同犯罪中的主犯，应当就全案承担刑事责任。

本案的被告人史某某在团伙中担任业务员，处于团伙中的最底层，直接面对被害人群体，主要是筛选有炒股经验的被害人，完全按照上级提供的话术发展被害人，与团伙中的其他人员分工协作，通过虚构瑞银智能交易软件盈利能力、在客户群做托，使得客户相信购买了该软件就可以盈利，之后再通过软件升级的理由，销售软件年版及风控软件，再一次骗取被害人的钱款，这种方式对于多数被害人来说是防不胜防的。被告人史某某在本案属于从犯地位，其是听从上级安排，他并没有高额的获利，其违法所得来源也主要是基本薪资及少量业绩提成，相对于两位主犯，应当依法减轻处罚，这在法院的判决中也体现了罪责刑相适应的原则。

案件的办理过程中，辩护律师会见史某某，向其了解具体情况后告知其行为的性质，其对案件事实也有了法律上的认知判断，通过史某某自身的坦白，以及辩护律师的争取，史某某在被刑事拘留的第 37 天获准取保候审，恢复了自由。本案的事实证据也较清晰，史某某到案后如实供述全部罪行，有坦白情节；在审查起诉阶段也自愿认罪认罚，依法可从宽处理，结合史某某案发后主动退赔了 3 万元款项，法院最终判处史某某有期徒刑 1 年 2 个月，缓刑 1 年 6 个月，并处罚金 2000 元。这对史某某来说，是一个很好的结果，也希望他经过此次经历，有所成长！

案例12 刘某电信诈骗案*

一、公诉机关指控

被告人刘某、聂某与湛某（另案处理）等人经共谋，自2019年7月起租赁湖南省长沙市××商务大厦某室场地，以长沙D电子商务有限公司等名义实施“投资诈骗”活动。刘某、聂某雇用被告人魏某担任D公司总监，雇用彭某、何某担任公司经理，雇用并指使业务员利用非法获得的客户名单撒网式拨打电话，冒充知名证券公司员工向客户虚假荐股，并进一步诱骗客户添加微信后加入“荐股群”，刘某、聂某、湛某等人即将“荐股群”交付给上家，并由上家在群内进一步以虚拟币投资等为饵诱使客户下载指定的APP平台等手段非法占有客户钱款。

2019年7月至案发，D公司业务员共拨打诈骗电话18万余人次，共计将12000余名客户拉入“荐股群”，被告人刘某违法所得60余万元，被告人聂某违法所得33余万元，被告人魏某违法所得7万余元，被告人彭某违法所得28310元，被告人何某违法所得15263元。

被告人刘某等人于2020年5月11日被公安人员抓获归案。

二、案情拓展

（1）2019年4月，被告人刘某在深圳某传媒公司做“圈粉”工作，离职后该公司谭某联系刘某，称由刘某在湖南设立一公司，帮谭某做“圈粉工作”。后刘某成立长沙D公司，持股60%，聂某持股40%，由谭某准备“圈粉”名单及微信群，刘某负责名单的分配，由公司员工通过电话方式添加客

* （2020）沪0106刑初1256号案件。

户微信，并将其加入谭某提供的微信群，一个“粉”150～180元不等，群人数达100～200人，该公司工作人员再退出。

（2）被告人魏某自2019年7月起担任D公司总监，主要负责发放客户资源、话术单及公司的日常运营管理等。

（3）彭某自2019年7月进入D公司工作，同年8月起担任D公司经理，主要负责统计员工的业绩等。

（4）何某自2019年8月进入D公司工作，同年9月起担任D公司经理，主要负责培训员工，监督员工的日常工作等。

（5）公司员工由魏某招聘，员工主要工作内容为和客户交流，首先自称是知名证券公司员工，告诉客户近期可关注某只股票，再添加客户微信并将股票买卖点和后期走势免费发送给客户，随后将客户拉入谭某提供的微信群内。

客户入群后，购买群的人会安排“托”在群内自称股票投资的老师，发布股票信息，安排视频教学，从而获得客户信任，再引诱客户下载投资平台，投资平台内项目，最后达到骗取客户钱财的目的。

三、量刑情节

（1）被告人刘某被抓获到案，到案后如实供述自己罪行，系坦白，依法可从轻处罚。

（2）被告人刘某与他人共同以非法占有为目的，实施电信网络诈骗，在本案中，起主要作用，是主犯。

（3）被告人刘某到案后自愿认罪认罚。

四、证据认定

本案中，公诉机关提交了相应证据，法院审理后作出如下认定：

（1）受案登记表、立案决定书、常住人口基本信息等证据，证实本案案发经过及被告人刘某、聂某、熊某、彭某、何某的基本身份信息。

（2）上海市公安局静安分局出具的抓获经过等证据，证实被告人刘某、聂某、魏某、彭某于2020年4月21日被抓获的过程。

（3）关联案件被害人何某某等人的陈述及相关转账凭证、微信聊天记录等书证，证实何某某被骗取钱款的事实。

（4）公安人员出具的《情况说明书》，证实刘某、聂某、湛某等人将“荐股群”交付后，上家在群内进一步以虚拟货币投资等为饵诱使客户下载指定 APP 并充值投资，后采用关闭取现通道、关闭 APP 平台等手段非法占有客户钱款的事实。

（5）被告人刘某、聂某、魏某、彭某、何某及同案犯湛某、彭某、朱某、熊某等人的供述、相关微信聊天记录、D 公司工资单、相关银行、微信等转账流水等证据，证实刘某、聂某自 2019 年 7 月起以 D 公司名义雇用并指使业务员利用非法获得的客户名单撒网式拨打电话，冒充知名证券公司员工、向客户虚假荐股，并进一步诱骗客户添加微信后加入“荐股群”，再由上家实施诈骗行为，刘某、聂某等人以拉入群内客户人数提成牟利的事实。

（6）被告人魏某、彭某、何某、刘某、聂某等人的供述、D 公司工资单、相关银行、微信、支付宝等流水，证实魏某、彭某、何某主观上明知“荐股群”内有上家实施诈骗行为及魏某自 2019 年 7 月起担任 D 公司总监，主要负责发放客户资源、话术单及公司日常运营管理等事实。

五、争议焦点

本案被告人到案后均如实供述，认罪认罚，对本案犯罪事实及定性没有明显争议。

六、辩护意见

（1）从主观上看，刘某非此次共同犯罪的起意者，对犯意的形成并未起到决定或促进作用，其本人仅是按照“上线”要求，组织人员提供招揽客户的工作。对于“上线”如何操作并不明确知晓，本次诈骗犯罪的具体方式及其他事项均由“上线”组织策划，其本人对此次共同犯罪犯意的发起和形成均无任何促进作用。

（2）客观上看，被告人刘某在本案中所做的工作为发展客户，通过收集到的电话号码联系客户，并将其拉入相关群组，进群后，刘某及其员工便不再与客户发生联系，与客户也无任何财务往来，由此来看，刘某并没有直接实施欺诈的危害行为，“被害人”并未因被告人刘某的行为而陷入错误认识，进而处分自身财物。刘某虽在此次犯罪中，为犯罪结果的实现提供了一定便利和帮助，但对犯罪结果的实现作用较低，也可见其参与度较低，故应为帮助犯。

（3）从实际获利上看，被告人刘某及其公司的收入主要与其所招揽入群的人数相关，并不与后续“上线”通过诈骗所得挂钩。且在本案中，刘某及其公司所得收益较少。

因此，辩护人认为被告人刘某在客观层面上为诈骗犯罪行为提供了一定的便利和帮助，创造了条件，但从其对此次犯罪犯意形成的作用、危害行为实施的分工、个人获利等方面综合考虑，被告人刘某在此次共同犯罪中应属于帮助犯，在所起作用上应为从犯。

七、法院判决

法院认为，被告人刘某、聂某、魏某、彭某、何某与他人共同以非法占有为目的，实施电信网络诈骗犯罪，具有其他特别严重情节，其行为均已构成诈骗罪，依法应予惩处。公诉机关指控各被告人的犯罪事实清楚，证据确实、充分，指控罪名成立，量刑情节及建议适当，应予采纳。据此，依照《中华人民共和国刑法》第二百六十六条，第二十五条第一款，第二十六条第一款、第四款，第二十七条，第二十三条，第六十七条第三款，第六十四条和《中华人民共和国刑事诉讼法》第十五条之规定，判决如下：

一、被告人刘某犯诈骗罪，判处有期徒刑七年，并处罚金人民币二十万元。

……

六、违法所得责令退赔，发还被害人。

八、律师感悟

当前，电信网络诈骗的手法持续演变升级，犯罪分子也紧跟社会热点，随时变化诈骗手法和“话术”。本案的被告人犯罪情节与普通常见的电信诈骗犯罪手段有所区别，本案的犯罪模式主要是各被告人通过上家提供的信息联系被害人，通过“推荐证券、股票”的由头，拉被害人入群，当被害人人数达到一定数量后，便将群交付到上家，由上家具体实施诈骗行为，导致被害人产生损失。

本案各被告人起初是以帮助信息网络犯罪活动罪被立案的，后经侦查以诈骗罪起诉。该犯罪团伙明知其上家收集被害人信息系用于诈骗，且对上家实施诈骗的行为模式有具体的了解，对上家实施诈骗行为起到了关键的作用，主观上具有一起实施诈骗的合意。而帮助信息网络犯罪活动罪，是为犯罪提供互联网接入、服务器托管、网络存储、通信传输等技术支持，或者提供广告推广、支付结算等帮助的行为，因此，该案最终定性为诈骗罪。

关于本案中各被告人均被认定为诈骗罪未遂，或许有读者对此有疑惑，为何是未遂犯？其实此处是有明确的法律依据的，最高人民法院、最高人民检察院于2011年3月发布《关于办理诈骗刑事案件具体应用法律若干问题的解释》规定：“利用发送短信、拨打电话、互联网等电信技术手段对不特定多数人实施诈骗，诈骗数额难以查证，但具有下列情形之一的，应当认定为刑法第二百六十六条规定的‘其他严重情节’，以诈骗罪（未遂）定罪处罚：（一）发送诈骗信息五千条以上的；（二）拨打诈骗电话五百人次以上的；（三）诈骗手段恶劣、危害严重的。实施前款规定行为，数量达到前款第（一）、（二）项规定标准十倍以上的，或者诈骗手段特别恶劣、危害特别严重的，应当认定为刑法第二百六十六条规定的‘其他特别严重情节’，以诈骗罪（未遂）定罪处罚。”故本案中虽未明确统计诈骗犯罪的金额，但被告人刘某等人拨打诈骗电话18万余人次，将1.2万余人拉入“荐股群”，其本人的违法所得更是高达60余万元，完全达到了该罪名所规定的“其他特别严重情节”。被告人刘某从实施诈骗犯意的起始到中间的具体实施，包括涉案公司的设立都由同案谭某提出，但都不可否认，其在本案中构成共同犯罪的主犯地位。

案例13 杨某某电信诈骗案*

一、公诉机关指控

同案关系人李某某（另案处理）于2019年2—7月招募被告人杨某、杨某某、王某1、苏某、王某2等人分别担任“外宣”“客服”，由“外宣”利用QQ等网络平台以招聘为名吸引被害人进入该团伙在IS语音平台上设立的聊天室，再由“客服”在聊天室中以通过平台内部工作软件进行任务接单为饵诱骗被害人支付“马甲费”，并使用同案关系人董某某（另案处理）等人提供的二维码进行“代收款”，后由培训人员向被害人提供实际由北京KK信息服务有限公司免费向社会公众开放下载的接单软件“众人帮”，骗取多名被害人钱款共计243358元。其中，被告人杨某于2019年3月9日至7月2日担任“客服”，参与骗取共计222576元；被告人杨某某于2019年4月18日至6月1日担任“客服”，参与骗取共计112198元；被告人王某1于2019年3月26日至4月18日担任“客服”，参与骗取共计52894元；被告人苏某于2019年4月11日至6月4日担任“客服”，参与骗取共计129217元；被告人王某2于2019年3月9日至6月23日担任“客服”，参与骗取共计207972元。

被告人王某2、杨某、杨某某先后于2019年9月11日、9月12日、9月21日被公安机关抓获归案。被告人王某1、苏某先后于2019年9月12日、9月13日主动至公安机关投案，到案后均如实交代了上述事实。

二、案情拓展

2018年10月至2019年7月，犯罪嫌疑人李某某纠集韩某、程某某等多

* （2019）沪0109刑初915号案件。

人在网络上以招募通过其平台内部软件进行任务接单的兼职工作为名，诱骗他人支付“马甲费”入职，实际提供开放下载的免费软件“众人帮”。

各被告人的主要犯罪模式为，由“外宣”人员对被害人谎称有自己的招聘兼职、全职人员运行平台，被害人可以在该平台内找到兼职、全职工作。“外宣”人员将被害人拉入聊天室，由客服人员对接，并谎称被害人如需要接平台任务，必须通过平台内部的工作软件接单，客服人员会向被害人出示由被告人韩某、程某某提供的微信、支付宝二维码，要求被害人采用扫码方式支付148～178元不等的“马甲费”（俗称会员费），等被害人交完钱客服人员会把被害人送到培训人员聊天室进行培训。最后，“讲师”会对被害人讲述软件的使用方式，并让被害人下载一个叫“众人帮”的免费公众平台软件。前述所骗钱款由韩某、程某某转账给李某某后，由李某某进行分赃。

被告人杨某某于2018年12月经被告人刘某介绍在该平台兼职，经过培训，工作时间不到1个月。2019年4月，杨某某又重新联系上刘某，开始“客服”工作，违法获利1.5万元左右。

三、量刑情节

（1）被告人杨某某在本案共同犯罪中，系从犯，依法可从轻、减轻处罚。

（2）被告人杨某某到案后如实供述自己的罪行，系坦白，依法可从轻处罚。

（3）被告人杨某某自愿认罪认罚，依法可从宽处理。

（4）被告人杨某某退缴违法所得并预缴了罚金，有悔罪表现。

四、证据认定

本案中，公诉机关提交了相应证据，法院审理后作出如下认定：

（1）51名被害人陈述及提供的相关聊天记录截屏，证实上述被害人在网络平台上被他人以招聘通过内部工作软件进行任务接单的兼职工作为名骗取钱款的经过。

（2）北京KK信息服务有限公司出具的情况说明，证实“众人帮”软件系在互联网可由任何人下载并可免费使用，与李某某无关的情况。

（3）同案关系人李某某的供述，证实其招募被告人杨某、杨某某、王某2等人，以招聘通过内部工作软件进行任务接单的兼职工作为名骗取钱款的事实。

（4）公安机关出具的搜查证、搜查笔录、扣押决定书及扣押清单，证实公安机关依法搜查并扣押涉案物品的情况。

（5）公安机关出具的工作情况及提供的数据光盘，证实各被告人的犯罪金额。

（6）公安机关出具的破案经过，证实被告人杨某、杨某某、王某2被抓获归案，被告人王某1、苏某系主动投案的情况。

（7）被告人杨某、杨某某、王某1、苏某、王某2的供述及相关辨认笔录、指认的话术单、截屏、作案工具照片，证实其对上述犯罪事实均供认不讳。

上述证据收集程序合法，内容客观真实，足以认定指控事实。

五、争议焦点

本案被告人对指控的犯罪事实及定性均无异议，并自愿认罪认罚，该案事实清楚，控辩双方没有明显争议。

六、辩护意见

（1）被告人杨某某系经邻居同案关系人刘某介绍进入公司，入职时间短，工作期间仅根据刘某提供的话术文本向被害人介绍公司的工作项目，被告人杨某某既不负责将被害人引入公司，也不负责收取被害人的费用，且相比其他从犯，被告人杨某某涉案金额和违法所得相对较少，在整个案件中情节更为轻微，起到的作用更小，在本案中起次要作用，属于从犯，应按照从犯予以减轻处罚。

（2）被告人杨某某到案后如数供述自己的罪行，对所知悉的同案犯情况也均如实供述，审查起诉阶段主动提出自愿认罪认罚，并多次表示已经认识到自己的错误，愿意悔改，家属也愿意帮助被告人退还全部违法所得，并缴纳罚金，依法可以从轻或减轻处罚。

（3）纵观本案，无论是从主观的犯罪动机还是客观的犯罪行为，抑或是归案后的认罪态度，都可看出被告人的主观恶性及犯罪行为的社会危害性都很小，没有再犯罪的危险，可以在量刑上予以考量。

（4）鉴于被告人杨某某有以上法定量刑情节，且认罪悔罪态度明显，对其适用缓刑更能起到教育和警示作用，请求对其减轻处罚，并依法宣告缓刑。

七、法院判决

法院认为，被告人杨某、杨某某、王某1、苏某、王某2与他人结伙，以非法占有为目的，利用网络通过虚构事实的方法骗取他人钱款，数额巨大，其行为均已构成诈骗罪。本案系共同犯罪。在共同犯罪中，被告人杨某、杨某某、王某1、苏某、王某2起次要作用，均系从犯，依法应减轻处罚。被告人王某1、苏某犯罪后能自动投案，并如实供述自己的罪行，系自首；被告人杨某、杨某某、王某2到案后能如实供述自己的罪行，且各被告人均能自愿认罪认罚，可分别情节对被告人从轻处罚。本院审理期间，各被告人均退缴违法所得并预缴了罚金，确有悔罪表现，亦可酌情从轻处罚并适用缓刑。辩护人关于对被告人杨某、杨某某、苏某减轻处罚并适用缓刑的辩护意见及公诉机关的量刑建议，本院均予采纳。为维护社会秩序，保护公民财产所有权不受侵犯，依照《中华人民共和国刑法》第二百六十六条，第二十五条第一款，第二十七条，第六十七条第一款、第三款，第七十二条第一款、第三款，第七十三条及第六十四条之规定，判决如下：

一、被告人杨某犯诈骗罪，判处有期徒刑二年，缓刑二年，并处罚金人民币六千元。

二、被告人杨某某犯诈骗罪，判处有期徒刑一年六个月，缓刑一年六个月，并处罚金人民币四千元。

三、被告人王某1犯诈骗罪，判处有期徒刑一年，缓刑一年，并处罚金人民币三千元。

四、被告人苏某犯诈骗罪，判处有期徒刑一年六个月，缓刑一年六个月，并处罚金人民币四千元。

五、被告人王某2犯诈骗罪，判处有期徒刑二年，缓刑二年，并处罚金人民币六千元。

六、追缴赃款发还被害人；退缴的违法所得及缴获的犯罪工具一并予以没收。

八、律师感悟

本案被告人杨某某参与诈骗行为的经过与很多网络诈骗案件的被告人相似，均是由亲友等关系亲近之人以介绍工作为名推荐加入所谓的公司，经过简单的话术培训后，听从上级安排开始工作。而起初自己往往都没有仔细考虑过所从事的工作本质，又或者因为参与的只是诈骗行为的部分环节，因此大部分如杨某某这样的下级工作人员被抓获后，一时都无法明确讲述团伙诈骗的整个行为过程，不少人甚至认为自己没有构成犯罪，但经过执法人员对其行为的分析提示，又往往能回过味来，此时便痛苦后悔不已。笔者分析，这些下级工作人员大都年纪尚轻，社会经验不足，法律意识淡薄，周遭环境使其对工作产生迫切的需要，又对经济独立充满渴望，这样的渴求可能一度超越了辨别自己行为的冷静思考。从学校到步入社会确实会让人产生焦虑，但因为他们本意是为了积极生活，并非犯罪，误入歧途也是偶然因素更多，因此格外让人觉得惋惜。

笔者在会见被告人杨某某时，她就表现得非常悔恨，既恨他人将自己引入歧途，又恨自己掉以轻心，仅因该份“工作”操作便利，无须实际到岗，报酬尚可，便丧失理智，轻信别人的介绍。特别是杨某某文化程度并不低，加入诈骗团伙工作时尚在准备英语专业八级的考试，如果不是因为这份“工作”，断不会失去自由，前途本应更加光明。但杨某某悔不当初的表现同时可以证明其主观恶性较小，对于诈骗犯罪的指控尚能理性积极面对，勇于承认错误，也难能可贵。

法律不外乎人情，刑法的目的并不仅仅是惩罚犯罪，还要起到教育和警示作用。基于这样的考量，笔者在接受委托后，耐心疏导杨某某的心理，在审查起诉阶段，辩护人积极与公诉人沟通，将被告人杨某某的态度向公诉人转述，在认罪认罚具结时为杨某某争取到了理想的量刑建议。同时积极为杨某某奔走，与案件承办人多番沟通，并在杨某某家属的配合下，帮助杨某某退出了全部违法所得，并预缴罚金。最终争取到了从轻处罚并适用缓刑的判决结果。

相信杨某某经过此事，必定可以吸取教训，焕然新生，今后能更加理智地面对生活中遇到的各类问题，同时更谨慎地选择适合自己的工作。

案例14　张某某电信诈骗案*

一、公诉机关指控

2019年10月起，被告人张某某和杨某、魏某（均已判刑）、刘某（另案处理）等合伙，通过网络发布虚假招嫖广告，吸引客户进入聊天软件，由何某、刘某（均已判刑）招募胡某、邓某（均已判刑）等一起担任“客服”，与客户聊天，虚构帮助安排卖淫女事由，向客户收取服务费、房费、会员费、安全费等各种费用，并提供收款二维码让客户扫码支付，先后从被害人余某某处骗得20068元，从被害人朱某某处骗得51967.9元，从被害人许某某处骗得1700元。

2021年1月20日，被告人张某某被公安机关抓获，其到案后自愿如实供述自己的罪行。

二、案情拓展

（1）2019年10月，张某某借款给杨某2万元，后杨某告知其在从事招嫖诈骗工作，其间，二人与魏某等合伙，通过网络发布虚假招嫖广告，吸引客户进入聊天软件。

（2）由何某、刘某招募邓某和胡某等一起担任“客服”，与客户被害人余某某等人聊天，虚构帮助安排卖淫女事由，以服务费、房费、会员费、安全费等名义向被害人收取各种费用，并向客户提供收款二维码让客户扫码支付，提供二维码的人收取5%提成后将钱款转给“客服”，或者“客服”用自己持有的二维码收款，自己收取5%的提成。“客服”收到的钱款通过不同支付宝、微信账户或者银行账号之间多次划转后转入杨某控制的账户内。

（3）被告人张某某等股东在微信群或支付宝群“米饭”内核对业绩、收

---

* （2021）沪0117刑初570号案件。

取分红。

三、量刑情节

（1）被告人张某某在此次共同犯罪中，系主犯。

（2）被告人张某某到案后如实供述自己的罪行，并当庭自愿认罪认罚。

（3）张某某在家属帮助下退出违法所得9000元。

四、证据认定

本案中，公诉机关提交了相应证据，法院审理后作出如下认定：

（1）证人戚某、何某等人的证言证实，2019年10月起，被告人张某某出资入股，与杨某、魏某等人合伙虚构事实以达到骗取被害人钱款的事实。

（2）被害人余某某等人的陈述证实，2019年11—12月其通过点击网站上发布的招嫖信息进入“客服”聊天界面，与“客服”商量色情服务项目，并应对方要求支付服务费、房费、安全费等，在对方没有提供服务时其要求退款，又应对方要求支付会员费等。其中，被害人余某某共支付2万余元、被害人朱某某共支付5万余元，被害人许某某共支付1700元。

（3）微信和支付宝账户信息、微信和支付宝交易明细、转账凭证、银行账户情况、银行卡转账明细及何某手机内相关聊天记录截图证实，被害人余某某等人被骗每笔钱款的收款情况及通过不同微信、支付宝或银行账户之间划转的情况。被告人张某某的微信、支付宝、银行卡帮助收款和划转涉案钱款的情况。

（4）司法鉴定所出具的《司法鉴定意见书》证实，经对杨某、何某等的手机进行数据恢复、搜索等检验，检出并提取到上述人员的微信、支付宝情况、涉案微信群、支付宝群情况，及被告人张某某与杨某等人之间涉及诈骗内容、分红情况的聊天记录。

（5）扣押笔录、扣押决定书、扣押清单、扣押物品照片证实，公安机关从各被告人处扣押的涉案物品。

（6）刑事判决书证实，同案行为人杨某、何某、刘某、胡某、魏某均因犯诈骗罪被判处刑罚。

（7）公安机关出具的案发抓获情况证实，被告人张某某被抓获到案的情况。

(8) 人口信息表证实，被告人张某某的自然身份情况。

(9) 被告人张某某多次供述证实，其对上述犯罪事实供认不讳。

五、争议焦点

本案案件事实清楚，证据确凿充分，同案行为人均因诈骗罪已被判处刑罚，本案的被告人张某某到案后对犯罪事实如实供述，当庭认罪认罚，因此，控辩双方对本案案件事实无明显争议焦点。

六、辩护意见

(1) 被告人张某某在案发后能如实供述自己的罪行，认罪态度良好，有坦白情节，依法可以从轻处罚。

(2) 被告人张某某在案发后自愿认罪认罚，依法可以从宽处理。

(3) 被告人张某某系初犯，平时遵纪守法，案发前无违法犯罪记录，案发后能积极挽回自己犯下的错误，可以在量刑上酌情从轻处罚。

(4) 被告人张某某在家属帮助下积极退赔并缴纳罚金，可见其认罪态度良好诚恳，依法可以从轻或减轻处罚。

(5) 被告人张某某在本案所涉诈骗中参与程度不高，其借款给杨某，将银行卡给杨某、绑定支付宝、微信等均是在其知道杨某进行诈骗之前。虽被告人张某某在知道后加入了“米饭”群，进行了分红，但是其仅仅是因一时贪念以及法律意识淡薄，且其除了分红未参与其他诈骗活动，均是由杨某去操作。2019 年 12 月，被告人经冷静思考后就退出了该群，由此，被告人主观恶性较小，犯罪情节较轻，可酌情从轻处罚。

七、法院判决

法院认为，被告人张某某伙同他人，通过电信网络骗取他人财物，数额巨大，其行为已构成诈骗罪。公诉机关的指控成立。被告人张某某在共同犯罪中起主要作用，系主犯。被告人张某某到案后如实供述自己的罪行，可依法从轻处罚。被告人张某某当庭自愿认罪认罚，并在家属的帮助下退出了人民币9000元，可酌情从轻处罚。辩护人所提对被告人从轻处罚的相关辩护意见，本院予以采纳。综上，根据被告人犯罪的事实、性质、情节、社会危害性、认罪悔罪态度等，依照《中华人民共和国刑法》第二百六十六条，第二十五条第一款，第二十六条第一款、第四款，第六十七条第三款，第六十四条，第五十二条，第五十三条的规定，判决如下：

一、被告人张某某犯诈骗罪，判处有期徒刑三年，并处罚金人民币三千元。

二、被告人张某某退缴在案人民币九千元，按比例分别发还被害人余某某一千二百七十元六角四分、发还被害人朱某某人民币七千三百八十二元七角七分、发还被害人许某某人民币三百四十六元五角九分；不足部分人民币八千七百三十五元九角，继续予以追缴。

八、律师感悟

被告人张某某，其在初期是出于好意借款2万元给同案行为人杨某，再因对法律认识的浅薄，将其银行卡交付杨某。在此之前，张某某对杨某的违法犯罪行为是不知情的，之后张某某的行为超过法律界限是在得知杨某从事违法活动后，不但没有迷途知返，反而积极参与，完全出于侥幸心理，从而使其坠入深渊。

再看本案被告人的诈骗行为模式，以本就涉及违法的招嫖行为在网络平台大量发布广告，吸引客户进入聊天软件，再安排"客服"人员对接客户，引诱欺骗被害人，使得被害人信任其虚构的事实，以平和手段交付财物，各被告人也是利用了各被害人欲发生不正当性关系的想法，投其所好，设置好圈套，从而实施犯罪行为。本案中3名被害人，尤其是朱某某被骗金额竟高达5万余元，如此圈套即造成这么大的损失，也是比较难以理解的。

案发以后，其他同案关系人已共同退出5.6万元赃款，并已交付被害人，被告人张某某在家属的帮助下退出了赃款9000元，尚余8700余元未能退缴。由于本案中被告人张某某系主犯，涉及的犯罪金额达7万余元，远超电信网络诈骗3年的量刑起点，在张某某没有自首、立功等法定减轻、从轻情节，也未能在审查起诉阶段自愿认罪认罚，仅有坦白情节，能判处有期徒刑3年，并处罚金3000元，相对于其他同案关系人已经作出的判决，其结果也属从轻处罚了。

【类案摘录】

案例 15 桂某某电信诈骗案*

2019 年 6 月至 2020 年 2 月，卢某（另案处理）在马来西亚吉隆坡成立实施电信网络诈骗的犯罪集团，该诈骗集团通过话术培训、配发手机及微信号码、制定基本工资和提成规则，并设置总监、代理、督查、组长、业务员等岗位，安排业务员通过聊天软件搭识被害人，以虚构的身份与被害人聊感情骗取信任，随后向被害人发送“盛世国际”“乐买宝”等 APP 链接并诱导被害人充值，通过阻止提现或者后台控制输赢等方式骗取被害人钱款。其中，被害人应某某、徐某、尚某某、吴某、陈某某、陈某、吴某某共计被骗 150 余万元。

具体事实分述如下：

（1）2019 年 8 月 13 日至 2020 年 2 月 15 日，被告人曹某任组员期间，该诈骗集团骗得被害人钱款共计 150 余万元。

（2）2019 年 11 月 8 日至 2019 年 12 月底，被告人桂某某任组员期间，该诈骗集团骗得被害人钱款共计 50 余万元。

（3）2019 年 8 月 20 日至 2019 年 12 月 17 日，被告人李某任组员期间，该诈骗集团骗得被害人钱款共计 40 余万元。

（4）2019 年 10 月 14 日至 2019 年 12 月 21 日，被告人罗某任组员期间，该诈骗集团骗得被害人钱款共计 20 万余元。

2020 年 3 月 7 日，被告人桂某某被公安机关抓获。

法院认为，被告人曹某、桂某某、李某、罗某伙同他人以非法占有为目的，采用虚构事实、隐瞒真相的方法，骗取他人财物，其中被告人曹某、桂

---

* （2020）沪 0107 刑初 1554 号案件。

某某诈骗数额特别巨大，被告人李某属于有其他特别严重情节，被告人罗某诈骗数额巨大，其行为均已构成诈骗罪，依法应予处罚。被告人曹某、桂某某、李某、罗某在共同犯罪中起次要作用，系从犯，应当减轻处罚。被告人罗某因故意犯罪被判处有期徒刑，在刑罚执行完毕后5年内再犯应当判处有期徒刑以上刑罚之罪，系累犯，应当从重处罚。被告人曹某、桂某某、李某、罗某到案后能如实供述自己的罪行，依法均可从轻处罚。被告人桂某某、李某、罗某自愿认罪认罚，依法可以从宽处理。法院最终判决被告人桂某某犯诈骗罪，判处有期徒刑3年7个月，并处罚金5万元。

第四章

“套路贷”诈骗典型案例解析

本章共收录4个案例，均为笔者及团队律师承办的真实案例。“套路贷”一词并不是犯罪罪名，而是一种概括性称谓。根据最高人民法院、最高人民检察院、公安部、司法部联合印发的《关于办理“套路贷”刑事案件若干问题的意见》，“‘套路贷’是对以非法占有为目的，假借民间借贷之名，诱使或迫使被害人签订‘借贷’或变相‘借贷’‘抵押’‘担保’等相关协议，通过虚增借贷金额、恶意制造违约、肆意认定违约、毁匿还款证据等方式形成虚假债权债务，并借助诉讼、仲裁、公证或者采用暴力、威胁以及其他手段非法占有被害人财物的相关违法犯罪活动的概括性称谓。”

“套路贷”犯罪通常包含制造民间借贷假象、制造资金走账流水等虚假给付事实、故意制造违约或者肆意认定违约、恶意垒高借款金额，软硬兼施“索债”等，尤其是在“索债”环节还有可能构成敲诈勒索、非法拘禁、绑架等犯罪。

案例16，熊某及同案犯形成犯罪集团，且涉及非法拘禁及敲诈勒索犯罪；

案例17，顾某等人在诈骗行为实施中，又将被害人介绍至另一团伙借贷，用于“平账”，使得被害人陷入连环局；

案例 18，袁某某对被害人实施诈骗行为时利用了公证手段，非法处分被害人的房屋财产；

案例 19，顾某团伙主要向未成年人或学生出借资金，且鼓励借款人还款困难时向该团伙介绍客户。

案例16 熊某“套路贷”诈骗案*

一、公诉机关指控

2016年以来，被告人熊某先后在上海市浦东新区张杨路、静安区天目西路两处办公地址以“上海君达资产管理有限公司”（以下简称君达公司）、“上海信达资产管理有限公司”（以下简称信达公司）（均未经工商登记）名义从事私人放贷业务，通过诱骗、逼迫被害人签署翻倍借条并制造银行流水、肆意认定违约、暴力催收的方式牟取非法利益，熊某为公司实际控制人，其妻子闫某（另案处理）为公司业务员，刘某平、胡某君、李某龙（均另案处理）在上述公司内负责催收债务，刘某平为催收负责人并参与放贷，刘某平、李某龙、胡某君按月领取固定工资并按催收金额抽取相应提成。

（1）2016年8月，被害人任某刚至君达公司向被告人熊某实际借款3.8万元，被熊某诈骗签署了金额为8万元的借据，后因任某刚无力偿还借款，熊某采用诱骗、威胁方式让任某刚重新签署了金额为10万元、16万元的借据。2017年3月，刘某平带人至任某刚家中索债。后任某刚还款共计8.2万元。该节认定犯罪既遂4.4万元，犯罪未遂7.8万元。

（2）2016年9月3日、11月29日，被害人赵某震先后向被告人熊某实际借款2.4万元、8200元，分别被熊某诱骗签署了金额为8万元和2万元的借据，后熊某以赵某震还款逾期构成违约已还款变成罚息为由不断拔高应还款金额，被害人赵某震被迫向熊某还款175595元。该节认定犯罪既遂143395元。

（3）2017年3月11日，被害人胡某至信达公司向被告人熊某实际借款

---

* （2018）沪0118刑初423号案件。

3.6 万元，被熊某诱骗签署了金额为 16 万元的借据，胡某归还熊某 7200 元后因本案案发未继续还款。该节认定犯罪未遂 12.4 万元。

（4）2017 年 3 月 19 日，被害人解某龙在上海市火车站附近向被告人熊某实际借款 8 万元，被熊某诱骗签署了金额为 24 万元的借据，2017 年 4 月，解某龙向熊某还款 3 万元，熊某在取保候审期间找到解某龙以其违约为由提高应还款金额，后解某龙又向熊某还款 21.2 万元。该节认定犯罪既遂 16.2 万元。

（5）2017 年 3 月 30 日，被害人潘某至信达公司欲向被告人熊某借款 10 万元，被熊某诱骗签署了金额为 20 万元的借据并走账 20 万元银行流水，后刘某平、李某龙、胡某君等人受熊某指使调查了潘某的婚姻、住房状况后由刘某平给了潘某 3 万元，刘某平以辛苦费为名向潘某索要 500 元，当日潘某实际得款 2.95 万元。2017 年 3 月 31 日，潘某将另一本房产证送至熊某公司交给熊某，熊某给了潘某 3.7 万元现金。后因本案案发，被害人潘某未能还款。该节认定犯罪未遂 13.35 万元。

（6）2017 年 4 月 10 日，被害人李某强至信达公司向被告人熊某实际借款 3.78 万元，被熊某诱骗签署了金额为 15.1 万元的借据，后因本案案发未还款。该节认定犯罪未遂 11.32 万元。

（7）2017 年 4 月 12 日，被害人郝某玲至信达公司向被告人熊某实际借款 1.8 万元，被熊某诱骗签署了金额为 6 万元的借据，后因本案案发未还款。该节认定犯罪未遂 4.2 万元。

（8）2017 年 4 月 15 日，被害人沙某在上海市静安区天目西路向被告人熊某实际借款 9000 余元，被熊某诱骗签署了金额为 3 万元的借据，后因本案案发未还款。该节认定犯罪未遂 2.1 万元。

（9）2017 年 4 月 18 日，被害人应某被他人带至信达公司借钱平账，其向被告人熊某实际借款 2.4 万元，被熊某诱骗签署了金额为 8 万元的借据，后因本案案发未还款。该节认定犯罪未遂 5.6 万元。

（10）2017 年 4 月 8 日，被害人倪某敏至信达公司向被告人熊某实际借款 4 万元，被熊某诱骗签署了金额为 10 万元的借据和违约金 3 万元的承诺书，后熊某以倪某敏未能按时提供身份证为违约理由要求倪某敏归还 12 万元，倪某敏归还熊某现金6万元。该节认定犯罪既遂2万元，犯罪未遂6万元。

（11）2017年2月3日，被害人刘某璐经闫某招揽至君达公司向被告人熊某实际借款3.6万元，被熊某诱骗签署了翻倍借据，同年3月10日，被告人熊某以刘某璐超期还款为由要求刘某璐归还了6.6万元。2017年3月19日，被害人刘某璐至信达公司向被告人熊某实际借款4.05万元，被熊某诱骗签署了金额为9万元的借据，并要求刘某璐归还了8.2万元。该节认定犯罪既遂7.15万元。案发后，闫某家属向刘某璐退赃4.5万元。

公诉机关认为，被告人熊某伙同他人以非法占有为目的，骗取他人财物，数额巨大，应当以诈骗罪追究其刑事责任。被告人熊某及其同案犯在共同犯罪中形成了较为固定的犯罪组织，是犯罪集团。被告人熊某在犯罪集团中起组织、指挥作用，是首要分子，应当按照集团所犯的全部罪行处罚。

二、案情拓展

（1）2015年5月，被告人熊某因犯非法侵入住宅罪被上海市金山区人民法院判处拘役1个月。

（2）被告人熊某及同案犯还被指控四节犯罪事实构成非法拘禁罪，涉及被害人4名。

（3）本案中，被告人熊某还被指控六节犯罪事实构成敲诈勒索罪，涉及被害人6名，犯罪既遂14万余元，犯罪未遂179万余元。

三、量刑情节

（1）被告人以非法占有为目的，采用虚构事实、隐瞒真相的方法，骗取他人钱财，数额已达到巨大的标准，诈骗罪法定刑期为3年以上10年以下有期徒刑。

（2）同案犯闫某已向部分被害人退赃，并征得谅解。

（3）被告人同意将扣押的37万元现金退赃。

（4）被告人已着手实施犯罪，由于意志以外的原因而未得逞，系犯罪未遂。

四、证据认定

为证实本案指控的诈骗事实，公诉人当庭举证，法院经审理认定如下：

（1）被害人任某刚、赵某震、胡某、解某龙、潘某、李某强、郝某玲、沙某、应某、倪某敏、刘某璐的陈述及辨认笔录，证人闫某的证言，照片，微信截图，借据、承诺书、责任书、房屋租赁合同、还款计划合同书、个人资料表、户口本、身份证复印件、结婚登记证书、房地产权证、银行交易凭证、档案袋照片，银行流水，微信聊天、转账记录，支付宝、微信转账记录，支付宝转账电子回单，账本照片，刑事谅解书，收条等证据，证实各被害人被诈骗的事实经过，以及被告人的犯罪数额。

（2）被告人熊某的供述笔录及辨认笔录，证人刘某平、李某龙、胡某君、闫某的证言笔录及辨认笔录，微信聊天记录，上海市房屋租赁合同，现场照片证实，2016年以来，熊某分别以君达公司、信达公司名义从事放贷业务，刘某平、李某龙、胡某君、闫某在上述公司内的分工、报酬分配以及熊某使用赵某某、方某银行卡放贷的情况。

（3）搜查证、搜查笔录、扣押决定书、扣押清单、扣押物品照片、清点记录证实，公安机关对被告人熊某的暂住地依法进行搜查，查扣现金37万元、上海市房地产买卖合同、装有个人借据等材料的档案袋、居民身份证及各种身份证件等物品。

（4）扣押决定书、扣押清单、扣押笔录、扣押物品照片证实公安机关在被告人熊某处扣押了三星手机、苹果手机各1部、各类银行卡等物品。

（5）刑事判决书证实被告人熊某的前科情况。

（6）华东政法大学司法鉴定中心司法鉴定意见书证实，被告人熊某对本案具有完全刑事责任能力，具有受审能力。

（7）户籍资料证实被告人熊某的身份情况。

（8）案发经过表格、抓获经过证实，本案案发及被告人熊某的到案情况。

全案证据均经当庭出示、辨认、质证等法庭调查程序查证属实，应予确认。

五、争议焦点

(1) 被告人是否构成非法拘禁罪?

(2) 被告人是否属于犯罪集团的首要分子?

(3) 犯罪数额应当如何认定?

六、辩护意见

本案为笔者代理的案件，内有很多情节与本书的主旨内容无关，全案的争议焦点远不止前述三个，在此不作过多赘述，仅就前述归纳的争议焦点略作阐述。

辩护人认为被告人的行为并不构成非法拘禁罪。被告人及同案犯在实施借款行为之后，出于索债的目的，对相关被害人实施了限制出行、人身加害等拘禁行为，但这种拘禁行为仅是一种手段，不论是实施诈骗行为或是敲诈勒索行为的手段行为，应当按照牵连犯处罚的原则，从一重罪处罚，不宜另行追究非法拘禁罪。

被告人与各同案犯共同实施了犯罪行为，但尚未形成严密和固定的犯罪组织，不应将共同犯罪团伙定性为犯罪集团，更不应将共同犯罪主犯定性为犯罪集团的首要分子。该共同犯罪团伙中各被告人的分工，系完成犯罪行为的正常安排。

本案中认定被告人的犯罪数额应做到实事求是，各被害人的供述并不是完全真实，多名被害人都是出于自身利益角度出发，甚至根本不想归还任何款项，因此对于实际到手的款项金额所述并非真实。认定被告人的犯罪数额可以被告人手机中调取的账本照片为依据，结合被害人的陈述，以有利于被告人的原则综合予以认定。

被告人在敲诈勒索犯罪中，存在明显的犯罪未遂情节，在诈骗犯罪中，也存在犯罪既遂金额和犯罪未遂金额，对于犯罪未遂的部分，依法可以从轻或减轻处罚。

七、法院判决

针对公诉机关的指控及控辩双方争议的主要焦点，法院结合查明的事实和证据作如下评判：

第一，关于被告人熊某提出未诱骗被害人签署翻倍借条、肆意认定对方违约及还款期限是协商确定的辩解。

经查，根据涉案被害人的陈述证实被害人借款时熊某系以行业规矩或采用威胁方式与被害人签署翻倍借据，再以被害人逾期还款、未提供身份证等事由单方认定被害人违约，指使刘某平等人采用暴力威胁方式向被害人索债，被害人的陈述与证人刘某平等人的证词相符，故对被告人的上述辩解，本院不予采信。

第二，关于被告人熊某提出未指使刘某平等人采用暴力威胁手段向被害人索债的辩解及辩护人提出熊某不构成敲诈勒索罪的辩护意见。

经查，根据证人刘某平、李某龙、胡某君的证词均证实刘某平等人系受熊某指使向被害人索债，并根据熊某的指令“教训”不按约还款的借款人，在讨债过程中，刘某平等人采用电击棍电击、用剪刀戳刺被害人身体及言语威胁等方式迫使被害人还款，熊某关于不知情的辩解，与事实不符。刘某平等人采用暴力威胁方式向被害人索债，该行为不仅侵犯了被害人的财产权利，也侵犯了被害人的人身权利，应定性为敲诈勒索罪，作为指使者，熊某理应对此承担刑事责任。

第三，关于公诉机关指控被告人熊某非法拘禁罪罪名是否成立的问题。

公诉机关认为，在被告人熊某指使刘某平等人向张某培、董某、柴某、张某臻索债的犯罪事实中，刘某平等人实施了敲诈勒索行为和非法拘禁行为，且均已达到追诉标准，故应数罪并罚。本院认为，刘某平等人实施非法拘禁行为的目的系向被害人非法索债，非法拘禁行为系敲诈勒索行为的手段行为，按照牵连犯处罚的原则应从一重罪处罚，不宜数罪并罚，结合本案案情应定性敲诈勒索罪。辩护人的相关辩护意见，本院予以采纳。

第四，被告人熊某是否属于犯罪集团的首要分子。

经查，被告人熊某是以君达公司、信达公司的名义从事私人放贷业务，采用诱骗或威胁方式与被害人签署翻倍借据，肆意认定对方违约，并雇用人员采用暴力威胁手段讨债。被告人熊某是两家公司的实际控制人，负责放贷业务；闫某为公司业务员，负责拉客户；刘某平除负责与李某龙、胡某君催收债务外，还参与放贷业务，犯罪所得除发放刘某平、李某龙等人的工资、提成外，利益主要归属于被告人熊某个人。熊某、刘某平等人已组成较为严密和固定的犯罪组织，该犯罪组织成员固定、分工明确，且已连续实施“套路贷”犯罪，故应认定为犯罪集团。被告人熊某在犯罪集团中，起组织、指挥作用，系首要分子，应对集团所犯的全部罪行承担刑事责任。

第五，关于犯罪数额的计算。

关于被告人及辩护人提出实际借款数额应以被告人确认的数额予以认定的辩解及相关辩护意见，经查，关于实际借款数额，被害人的陈述与被告人的供述不一致，在被告人熊某的手机中调取到熊某的账本照片，记载了部分被害人实际借款的数额和中介费，根据被害人的陈述，借款时熊某会扣除部分利息、收取看房费、服务费、平台管理费等费用，鉴于现有证据尚不能证实被害人陈述的上述费用的实际数额，故只能根据有利于被告人的原则认定，对有证据证明收取中介费的借款，应将中介费计入犯罪数额，熊某提出中介费应从犯罪数额中扣除的辩解，缺乏相应的法律依据，本院不予采纳。

关于起诉认定被害人赵某震向熊某现金还款64000元，被害人倪某敏向熊某现金还款6万元及认定任某刚被熊某诱骗签署8万元、10万元、16万元借据的事实，因仅有被害人的陈述予以证实，无其他证据予以印证，且被告人对此均予否认，故对该部分的还款数额及借据数额均不予确认，任某刚处的借据数额以现有证据6万元予以认定。

本院认为，被告人熊某伙同他人以非法占有为目的，为实施犯罪而组成较为严密和固定的犯罪组织，连续实施“套路贷”犯罪，其中，以暴力威胁方式勒索他人财物，数额特别巨大，又骗取他人财物，数额巨大，其行为已分别构成敲诈勒索罪、诈骗罪，依法均应惩处。被告人熊某在判决宣告前一人犯数罪，应当实行数罪并罚。被告人熊某及其同案犯在共同犯罪中形成了较为固定的犯罪组织，是犯罪集团。被告人熊某在犯罪集团中起组织、指挥作用，是首要分子，应当按照集团所犯的全部罪行处罚。在敲诈勒索罪行中，被告人熊某已经着手实施大部分犯罪，因其意志以外的原因未能得逞，是犯罪未遂，可以比照既遂犯从轻处罚。公诉机关指控被告人熊某的敲诈勒索、诈骗的罪名及关于数罪并罚和认定其系犯罪集团首要分子的公诉意见正确，本院予以确认。但对公诉机关指控的非法拘禁的罪名，本院不予确认。鉴于被告人熊某的同案犯已向部分被害人退赃，且扣押的钱款被告人熊某愿意退赃，本院在量刑时酌情予以考虑。为维护社会治安秩序，保护公私财产不受侵犯，依照《中华人民共和国刑法》第二百七十四条，第二百六十六条，第二十五条第一款，第二十六条第一款、第二款、第三款，第九十七条，第二十三条，第六十九条第一款、第三款，第五十二条，第五十三条，第六十四条之规定，判决如下：

一、被告人熊某犯敲诈勒索罪，判处有期徒刑十年，并处罚金人民币十万元；犯诈骗罪，判处有期徒刑八年，并处罚金人民币十万元，决定执行有期徒刑十七年，并处罚金人民币二十万元。

二、扣押在案的钱款人民币三十七万元发还上述被害人，继续追缴被告人熊某的违法所得并发还被害人。

八、律师感悟

该案案发于6年前，一审判决也已过去4年，但笔者对于本案的印象非常深刻，不仅因为本案案情极其复杂，庭审过程非常激烈，还因为本案是涉及多个家庭的悲剧，这里不只是被告人熊某的家庭，更有几十位被害人的家庭。打击“套路贷”犯罪是当时社会的重中之重，尤其是该类型犯罪行为导致了许多家破人亡的悲剧发生，必须严厉予以打击，如今该类型的案件已明显减少，说明集中打击的成效是显著的。

本案中，被告人熊某此前就曾经因为放贷讨债行为不当，构成非法侵入住宅罪被判处拘役一个月。此后，熊某的行为更加肆无忌惮，雇用多人协助拉拢客户，放贷、讨债，并安排自己的妻子参与其中，各被告人均因犯罪而判刑，熊某的妻子因参与了部分犯罪，且系从犯，在家属的帮助下主动向部分被害人退出了赃款，争取到了谅解，被以诈骗罪判处有期徒刑二年。熊某的妻子在刑满释放后不久，便向熊某提出了离婚，双方婚姻关系解除，熊某的家庭也散了。

单从判决结果来看，本案涉及被害人众多，诈骗犯罪金额巨大，且未能退出全部赃款取得谅解，在无自首、立功情节，连坦白情节也没有的情况下，以诈骗罪判处有期徒刑八年的结果并不算重，但是与敲诈勒索罪十年有期徒刑数罪并罚后决定执行有期徒刑十七年算是很重了，笔者认为数罪并罚后合并执行十三年到十五年是比较正常的，当然笔者并不是质疑一审判决的公正性，而是理解法院对此行为的严厉打击。

本案的庭审分三次进行，第一次庭审时由于被告人当庭对同案人员讨债伤人的基本事实予以否认，公诉人便在法庭的允许下当庭播放了部分讨债视频，视频中被害人在刘某平等人的控制下被电击而惨叫连连，从而给了法官和陪审员以极大的视觉冲击，这对于熊某是极其不利的。在案件开庭前的会见中，笔者作为辩护人曾与被告人沟通过，面对公诉机关的发问，尤其是有在案证据证明的基本事实，无须极力作出辩解，或将辩解之词交由辩护人来发表，如熊某真能做到如此，就不至于发生第一次庭审时的状况，这是可以避免的。代理过数百起的案件之后，笔者一直坚持认为刑事辩护工作是一个辩护人与被告人合作的过程，被告人在庭审过程中，应当听从辩护人的建议，更多地去展现对自身有利的一面，对部分不利事实无须极力进行狡辩，否则可能会适得其反。

从被告人的犯罪收益来看，本案中被告人熊某并未获得不菲的利益，大部分的出借钱款也均未实际收回，但其行为的性质严重，尤其是又构成敲诈勒索罪，使得其获刑如此之重。

案例17 顾某“套路贷”诈骗案*

一、公诉机关指控

2017年3月，被告人顾某、林某、曾某经合谋，在向被害人陆某放贷过程中，为非法获利，使用“套路贷”的方式，诱骗陆某签订虚高金额的借贷协议，制造虚假的60万元银行流水，陆某实际仅得款10余万元。嗣后，因陆某无法按期还款，被告人顾某、林某、曾某又以40万元的金额将债权转移至陈某处，后陈某伙同他人，要求陆某通过上海某投资管理有限公司，以房产抵押方式借款250万元，并最终迫使陆某于2019年2月27日将其住房出售以清偿债务。

2021年11月24日，被告人林某在湖南省长沙市被民警抓获；次日，被告人曾某在湖南省株洲市被民警抓获；同年12月1日，被告人顾某在上海市松江区被民警抓获。被告人顾某到案后拒不供述上述事实，被告人林某、曾某到案后如实供述上述事实。

二、案情拓展

2020年11月3日15时许，被害人陆某到派出所报案称：其于2015年年底向小额贷款公司借款10万元，后陆陆续续被贷款公司催债，导致垒高债务至250万元，因无法偿还债务，所居住的市价500万元的房产被对方以330万元价格出售给他人。

2017年年初，林某、曾某通过顾某介绍认识了被害人陆某，后顾某、林某伙同曾某一起出资借钱给陆某，本金为20万元，一个月内还清只需归还本

---

* （2022）沪0104刑初207号案件。

金20万元以及15%的利息，一个月无法还清就需要归还40万元，双方约定好之后，陆某签署了40万元的借条，陆某实际到手16万元左右（3万多元为利息及服务费），后逾期无法归还40万元，林某、顾某及曾某就使用威逼、胁迫的方式让陆某写下了60万元的欠条，并撕毁了40万元的欠条。之后林某、顾某及曾某多次带着被害人陆某去各公司借款来还债，最终找到陈某（另案处理），通过沟通，林某、顾某和曾某同意了40万元现金清账，并由林某出具收条给陈某。从中，去除本金20万元，其三人共获利20万元。总计林某和顾某各分得10万多元，曾某获利2.2万元。

2017年5月27日，被害人陆某为偿还“借款”，由林某、顾某等人带领至陈某处，陈某等人在向陆某放贷过程中，为非法获利，使用“套路贷”的方式，诱骗被害人陆某签订虚高金额的借贷协议、制造虚假银行流水，并要求陆某将其位于上海市徐汇区的房产办理抵押登记。其间，刘某、杨某（另案处理）等人在陈某位于上海市曹杨路的办公室内先后通过手机银行转账的方式转入陆某中国工商银行账户共计100万元，数小时后即全部取出，刻意制造陆某获得借款100万元的假象，陆某实际仅得款10余万元。同年6月8日，陈某、尤某、刘某等人以陆某未能及时拆除抵押房屋内的违章搭建为由，强行要求陆某签订30万元的借条，并以上述同样方法制造虚假流水，陆某实际仅得款约8万元。后陈某等人要求陆某通过上海××有限公司，以房产抵押的方式借款250万元，并最终迫使陆某于2019年2月27日将上述房屋出售以清偿债务。

三、量刑情节

（1）被告人顾某被抓获到案，到案以后未能如实供述自己的犯罪事实。

（2）本案系共同犯罪，顾某系主犯。

（3）顾某开庭时当庭表示认罪认罚，但对法庭的询问均未如实供述。

四、证据认定

本案中，公诉机关提交了相应证据，法院审理后作出如下认定：

（1）被害人陆某的陈述及辨认笔录；证人陈某、刘某、尤某、杨某等的证言及辨认笔录；调取证据清单、银行凭证、接受证据清单、银行交易明细、借条、收条、手机截图、扣押笔录、扣押清单、搜查笔录、房地产买卖居间协议、房地产买卖协议等物证、书证，证明被告人顾某、林某、曾某合伙以“套路贷”的方式骗取他人钱款的事实。

（2）受案登记表、抓获经过，证明本案的案发经过及被告人顾某、林某、曾某的到案情况。

（3）被告人顾某、林某、曾某的供述及辩解。

上述证据收集程序合法，内容客观真实，足以认定指控事实。

五、争议焦点

本案系共同犯罪，顾某和林某为主犯，在有两名或以上主犯的情况下，是否可以根据各主犯对犯罪行为所起的作用程度再做区分？

六、辩护意见

（1）被告人顾某虽是主犯之一，但其后续在要债的过程中，主要系听从林某的安排，其地位作用相较于另一主犯林某较轻。

（2）被告人顾某当庭表示认罪认罚，依据《刑事诉讼法》第15条，可以从宽处理。

（3）被告人顾某已经认识到自己所犯罪行的严重性，并表示其愿意退还违法所得，希望以此弥补自己犯下的错误，无奈因家境困难，暂时无法凑齐钱款，以上可表明被告人顾某有强烈的改过自新的愿望。

（4）被告人此前没有任何前科劣迹，此次系初犯偶犯，其作为贷款中介，因法律意识淡薄才会误入歧途，给其一次改过自新的机会，既能起到惩罚的效果，又能达到教育的目的。

七、法院判决

法院认为：被告人顾某、林某、曾某结伙，以非法占有为目的，虚构事实、隐瞒真相，骗取他人钱款共计人民币20余万元，数额巨大，其行为均已构成诈骗罪，应追究被告人顾某、林某、曾某共同犯罪的刑事责任，公诉机关的指控成立。被告人林某、曾某认罪认罚，可以从宽处理。被告人顾某、林某在共同犯罪中起主要作用，应根据《中华人民共和国刑法》第二十六条第一款、第四款的规定处罚。被告人曾某在共同犯罪中起次要作用，系从犯，应当减轻处罚。被告人林某、曾某如实供述自己的罪行，可以从轻处罚。被告人林某退缴部分违法所得、被告人曾某退缴违法所得，可以酌情从轻处罚。根据被告人的犯罪事实、性质、情节及对社会的危害程度，依照《中华人民共和国刑法》第二百六十六条、第二十五条第一款、第二十六条第一款、第四款、第二十七条、第六十七条第三款、第五十二条、第五十三条、第六十四条及《中华人民共和国刑事诉讼法》第十五条之规定，判决如下：

一、被告人顾某犯诈骗罪，判处有期徒刑五年，并处罚金人民币一万元。

二、被告人林某犯诈骗罪，判处有期徒刑四年二个月，并处罚金人民币八千元。

三、被告人曾某犯诈骗罪，判处有期徒刑一年六个月，并处罚金人民币三千元。

四、违法所得予以追缴。

八、律师感悟

本案涉及连环“套路贷”诈骗，被害人陆某被一步步逼至绝境，刚开始仅想暂时借款提高生活质量，最后不得不卖房还债，该结果系多个被告人的共同犯罪行为所致。套路贷本质上是披着民间借贷“马甲”行骗的犯罪行为，多以团伙犯罪呈现，团伙成员中不乏一些专业人士，他们对于如何通过诉讼、公证等合法途径催要“债务”了然于心，往往利用被害人生活急需或有高消费欲望但正规金融机构贷款受限，引诱或者迫使被害人签订虚高金额的借款合同，制作银行流水，要求被害人以自有财产设立抵押等，被害人一步步深陷其贷款陷阱，背负巨额债务而倾家荡产，甚至被逼自杀，严重侵害了人民群众的合法权益，更有甚者，涉及黑恶势力，进而扰乱正常的金融秩序，影响社会稳定，因此“套路贷”一直是全国公安机关严厉打击的对象。

本案实施连环“套路贷”行为的两批被告人未同案处理，仅就笔者团队律师代理的被告人顾某而言，顾某构成诈骗罪，在证据认定方面是非常充实的，认定主犯也是无疑的，此种情况下，早日认罪认罚，积极退赔受害人，应该能获得更好的判决结果。遗憾的是，顾某并未抓住在审查起诉阶段认罪认罚的机会，其在到案后并未如实供述自己的犯罪事实。辩护人在审判阶段接受家属的委托，会见后告知顾某律师的意见，此时顾某也认识到自己行为违法的严重性，而后在法院审理时当庭表示认罪认罚，但对于法庭的询问未能作出如实回答。

本案诈骗金额达 20 余万元，属于诈骗罪数额巨大的情形，按《刑法》规定可处 3 年以上 10 年以下有期徒刑，并处罚金。本案律师介入虽晚，接受委托后积极与被害人家属一起协商退赔受害人以争取宽大处理，亦在庭前对被告人做了心理辅导。很多被告人或因受教育程度不高，或因法律意识淡薄等原因，会抱有侥幸心理，认为只要自己不认罪，司法机关就无法定罪或无法定“重罪”，殊不知，这种想法会让自己失去很多“宽大处理”的机会。顾某最终被判处有期徒刑 5 年，罚金 1 万元，结合其本人的量刑情节来说，也是意料之内的结果。对比同样在本案中起主要作用的被告人林某，其在到案后如实供述犯罪事实，并在法院审理期间退缴部分违法所得，具有两项从轻处罚的情节，最终获得了比顾某更为理想的判决结果。这也体现了律师在刑事案件中的作用，听取律师的意见很重要，及时听取律师的意见尤为重要！

案例18 袁某某“套路贷”诈骗案*

一、公诉机关指控

2014年3月起，被害人徐某某先后向郑某（另案处理）等人借款，实际得款共计10万余元。后，郑某通过被告人袁某某等人联系出资方平账。2014年10月，郑某等人以提供保障、支付利息等理由欺骗徐某某写下140万元的借条，并以其位于上海市场中路的房产作为抵押，办理了具有强制执行效力的债权文书公证书、房产抵押等，由被告人陈某担任受托人处理上述房产抵押、出售等事项。出资方将140万元借款转账入被害人徐某某的工商银行卡后由被告人袁某某等人取出，被害人徐某某未获钱款。2015年3月，被告人苏某明知上述房产是犯罪所得情况下，以200余万元的价格出售并作为中介从中获利9万元，所得售房款部分归还出资方借款和利息，被害人徐某某未获钱款。经鉴定，上述房屋当时的市场价为240余万元。

2014年7月，被害人张某因无法归还郑某借款，由被告人陈某为出借人，签下100万元的借款合同并办理了借款公证，将张某位于上海市通河六村的房产作为抵押。后，被告人陈某向被害人张某转账100万元，张某将该100万元取现交给陈某，其中15万元归还张某的上述房屋贷款。2014年12月，被害人张某将上述房产过户给郑某母亲作为法定代表人的上海某公司，后被害人张某的母亲出资61万元将上述房产购回。2015年2月，被告人陈某利用上述已结清的100万元借款合同，以未归还欠款为由，向上海市宝山区人民法院起诉并申请强制执行，张某母亲和妻子名下位于江苏省昆山市某处房产被查封。

---

* （2019）沪0110刑初456号案件。

2018 年 7 月，被告人袁某某、陈某、苏某分别被公安机关抓获。

二、案情拓展

被害人徐某某陈述，2014 年 3 月，其因需要平账经人介绍向郑某借款，按照郑某要求出具一张 28.8 万元的借条；同年 10 月，其向郑某提出再借款 3 万元，郑某要求做 25 万元的银行流水，郑某将 25 万元转至其银行卡后，其取现 22 万元交给郑某，郑某口头答应到期还款 17 万元即可，并让其 10 月 16 日至黄浦公证处办理借款协议及相关公证手续；10 月 16 日，其在公证处见到袁某某、张某、付某等五六人，其按照郑某的要求签署了一份向付某借款 140 万元的房产抵押合同，并办理了委托陈某抵押、出售、出租其名下位于上海市场中路房产等事项的相关公证手续，其当时对 140 万元金额提出异议，但郑某欺骗说，这只是给别人的保障，万一还不出钱，即使把房子卖掉，其中一部分归还之前的本金加利息即可；之后，又去房产交易中心办理了房产抵押手续；再去银行，付某在柜台将 140 万元转至其账户后，其马上提现 50 万元交给一名上海阿姨，剩余 90 万元分两笔转账至上海阿姨拿出的一张银行卡内；其后，没有人催过还款，2015 年 4 月 27 日，其母亲回家发现门锁被换掉，其才知道自己的房屋已经过户给他人。

证人张某庆作证，2014 年，其结识陆某、赵某某，二人从事民间借贷生意；同年 10 月，赵某某称有笔 140 万元的借款让其出资放贷，其凑足 140 万元打入付某的银行账户；之后，其带着付某与赵某某、陈某、借款人徐某某在黄浦公证处见面，在公证处做了借款公证、全权委托公证，再去房产交易中心办理房产抵押手续，借款公证和房产抵押手续上由付某负责签字，全权委托公证的受托人是陈某，接着去银行由付某向徐某某转账 140 万元，徐某某收到钱款后先取现 50 万元，又在陈某及一名女子陪同下去另一家银行将剩余钱款转出；当天有两名女子在场，其中一名女子即袁某某，是陈某的老板，其见过几次；整个过程中，其觉得在场的人都是鬼鬼祟祟的，徐某某完全受赵某某等人控制，其曾听陈某称，通过这种方式放贷，借期一到，要么会把抵押的房子卖掉，要么会把单子高价转出，所获钱款除还给出资人的部分，余下全被这些人拿走，借款人是拿不到钱的。

证人赵某某作证，其通过陆某结识袁某某、张某，又通过袁某某结识陈某、苏某，陈某是帮袁某某做事的，苏某是房产中介，140万元的单子是袁某某介绍给陆某，陆某又找了张某作为出资人。

证人雷某某作证，其和陈某都是袁某某的业务员，郑某、陆某、赵某某都是和袁某某有贷款业务往来的人。

证人刁某某作证，其为工商银行某支行工作人员，2014年10月16日18时30分许，雷某某持户名为袁某某的工商银行卡办理业务，雷某某先将45万元存入袁某某卡内，然后徐某某要求从徐的银行卡内取现45万元，又要求从徐某某的银行卡内以现金交易的形式转账45万元至袁某某的银行卡。

证人季某、施某某作证，2015年1月，施某某为儿子季某结婚筹备买房，选中了场中路的房屋，之后施某某与自称“上家”的苏某洽谈房屋价格，并最终确定为208万元，苏某联系了一家只需支付1万元中介费的房屋中介公司，又陪同施某某去了两次房产交易中心，最后一次需缴税所有人都到齐时，其才得知苏某不是全权委托的受托人，而是陈某；施某某曾问过为何房屋产权人做委托，苏某称产权人徐某某在外地，但急需处理房屋，因此比当时市场价低了近20万元。

2019年6月12日，被告人袁某某向被害人徐某某退赔10万元，同年7月19日，又将13.5万元退赔款交至法院，共计23.5万元，并取得徐某某的谅解。

三、量刑情节

（1）被告人袁某某被公安机关抓获，到案后辩解否认其与被告人陈某等人的雇佣关系，亦称不明知实施诈骗的犯罪行为，从整体上否认了其实施诈骗犯罪的主观故意，也避重就轻地回避了其实施诈骗犯罪的部分客观行为，因此袁某某未作如实供述。

（2）被告人袁某某向被害人退赔并取得谅解。

（3）本案诈骗金额特别巨大，法定量刑起点为有期徒刑十年。

四、证据认定

本案中，公诉机关提交了相应证据，法院审理后作出如下认定：

（1）被害人徐某某的陈述及辨认笔录、证人张某庆的证言及辨认笔录、证人赵某某的证言、证人雷某某的证言、证人刁某某的证言、证人季某的证言、证人施某某的证言、借款抵押合同、委托书等公证材料、被告人袁某某的供述、被告人苏某的供述及辨认笔录，证明郑某及被告人陈某、袁某某等人采用签订虚高借款金额的借条，虚假银行走账，办理房产抵押及公证的手续骗取被害人徐某某财产的经过。

（2）上海市公安局杨浦分局搜查笔录、扣押笔录、扣押清单，证明公安机关从被告人陈某住处查获借款合同、房产抵押合同、公证书、户口簿复印件等，并予以扣押。

（3）上海市公安局杨浦分局接受证据清单、上海市房地产买卖合同、补充协议、收款收据、银行交易明细、房屋登记材料等，证明被告人陈某、苏某代被害人徐某某与购房方季某签订场中路房屋出售协议并收取购房款，以及上述房屋已转让给季某的事实。

（4）银行交易明细，证明被害人徐某某账户收到140万元后，全部取出，徐某某实际得款11万元许，以及相关钱款去向的情况。

（5）上海财瑞房地产土地估价有限公司出具的房地产估价报告，证明场中路房屋在2015年3月的市场价值为242.83万元。

（6）谅解书、收条等，证明被告人袁某某向被害人徐某某退赔及获得徐某某谅解的情况。

（7）公安机关出具的抓获经过等工作情况，证明本案案发及被告人袁某某、陈某、苏某的到案情况。

上述证据收集程序合法，内容客观真实，足以认定指控事实。

五、争议焦点

（1）本案为共同犯罪，如何认定被告人袁某某在整起犯罪中的参与度，是否可以认定其为从犯？

（2）被告人袁某某是否如实供述犯罪事实？

六、辩护意见

（1）在客观行为上，被告人袁某某仅参与了公证，以及最后一次银行转账环节，并未实际与被害人接洽，也未参与对被害人造成实际损失的卖房环节，因此其实施的是辅助次要作用，参与度较低，属于从犯，应当从轻、减轻处罚。

（2）被告人袁某某与陈某同属中介，且陈某还与郑某参与了其他的“套路贷”案件，而袁某某对其他“套路贷”案件是不知情的，因此陈某是完全独立于袁某某的，双方并无上下隶属关系，且陈某的行为严重性、参与度等均高于袁某某。

（3）被告人袁某某系初犯、偶犯，认罪态度较好，应从轻处罚。

（4）公诉机关对被告人袁某某的建议量刑过重，明显高于本案其他被告人，有违公平。

（5）被告人袁某某已经得到被害人徐某某的谅解，并竭尽全力退赔了23万余元，悔罪态度良好，可酌情对其从轻处罚。

七、法院判决

法院认为，被告人袁某某、陈某等人以非法占有为目的，共同骗取被害人徐某某财物，数额特别巨大，其行为已构成诈骗罪。公诉机关指控的罪名成立，对被告人袁某某、陈某等人依法应予处罚。被告人袁某某向被害人徐某某退赔部分钱款，并取得被害人谅解，可以酌情从轻处罚。对于各被告人犯罪的事实、性质、情节、危害程度、在共同犯罪中的作用、认罪悔罪态度、退赔等情况均在量刑时一并考虑。为严肃国法，保护公民财产所有权，维护社会管理秩序，依照《中华人民共和国刑法》第二百六十六条、第二十五条第一款、第三百一十二条第一款、第六十七条第三款、第五十五条第一款、第五十六条第一款、第五十二条、第五十三条、第六十四条之规定，判决如下：

一、被告人袁某某犯诈骗罪，判处有期徒刑十一年，剥夺政治权利一年，罚金人民币二十万元。

二、被告人陈某犯诈骗罪，判处有期徒刑十二年，剥夺政治权利二年，罚金人民币二十万元。

三、被告人苏某犯掩饰、隐瞒犯罪所得罪，判处有期徒刑五年，罚金人民币十万元。

四、被告人袁某某、苏某退出的人民币15.5万元发还被害人徐某某，责令被告人袁某某、陈某、苏某继续退赔违法所得。

八、律师感悟

本案属于典型的“套路贷”诈骗，犯罪分子以非法占有为目的，假借民间借贷之名，诱使或迫使被害人签订一系列与借贷相关的协议，通过虚增借贷金额，虚构银行走账流水等方式形成虚假债权债务，之后借助诉讼、公证的方式或者暴力、威胁等手段非法占有被害人财物。“套路贷”犯罪不仅直接侵害被害人的合法财产权益，而且暴力、威胁、虚假诉讼等索款手段又容易诱发其他侵犯公民人身安全，危害国家司法、行政机关公信力等相关法益，带来一系列社会问题。因此，国家自2019年下半年起对“套路贷”犯罪进行了严厉打击，旨在肃清民间金融机构借贷乱象，引导诚实守信的行事原则。

回到本案，法院经审查认定被告人袁某某指使被告人陈某等人行事，且是连接借款人、出资人的重要一环，是直接参与诈骗过程的实行正犯，又在银行虚假走账及房屋出售等环节骗得被害人徐某某财产的行为中起到重要作用，因此袁某某应对全部犯罪数额承担刑事责任，其并非从犯。根据法庭审理结果，袁某某参与甚至在本案犯罪实施过程起到重要作用，其否认辩解亦未被法庭采纳，法院更以此认定其未作如实供述，不能构成坦白，少了一个从轻或减轻处罚的情节，最终被判处11年有期徒刑。而袁某某家庭负担本就繁重，除了需要照顾与前夫生育的年仅8周岁的女儿，父亲亦因病早逝，母亲及祖辈均身体抱恙，治疗手术开销颇大。因为家庭的负担，袁某某对金钱的需求也并非不能理解，但纵使如此，其铤而走险触碰法律的底线，给他人造成巨大的经济损失实属不该，不免令人哀其不幸，但更令人怒其目无法纪。

律师在担任刑事案件的辩护人时，常常会被犯罪嫌疑人、被告人问及如何供述会对自己的最终处理结果有利，律师总是告知当事人应当尽可能实事求是地供述自己参与实施的行为。这不仅是出于律师维护公平正义的价值追求，也是律师实务经验的积累。因为犯罪嫌疑人、被告人的供述和辩解仅是刑事案件证据的一种，对一切案件的判处不会仅凭供述和辩解来认定，更何况供述和辩解的证明力不及其他证据。哪怕在没有被告人供述的情况下，如果其他证据确实、充分，依然可以认定被告人有罪，并对其处以刑罚。当口供和辩解能与其他证据相互印证时，其无疑会成为有利于当事人最终处理结果的因素，反之则可能成为认定当事人未作如实供述的佐证，不再被认定为坦白，失去一个可以从轻处罚的情节，实在是得不偿失的结果。当然律师也会在事实和法律的基础上寻求一切机会提出当事人无罪、罪轻或者从轻、减轻、免除处罚的辩护意见和材料，尽职尽责地维护当事人的诉讼权利和合法权益。

【类案摘录】

案例 19　顾某“套路贷”诈骗案*

2015 年 1—3 月，被告人顾某、舒某、凌某某为牟取不法利益，以静安区某游戏机房为据点，诱骗多名青年学生向被告人王某某、刘某某或者小额贷款公司等资方借款，由资方与青年学生签下实际借款金额翻倍甚至更多的借条并制造银行虚假流水，所得款项除支付 1000 元或 3000 元给被害人外，均被顾某等人瓜分。此外，顾某等人还诱骗被害人介绍其他同学前来借款。借款到期后，上述资方即向被害人及其家属索要借款金额，或者以虚假借条诉讼至法院，以此达到诈骗他人钱财的目的。

被告人顾某平时从事高利贷中介工作，主要在微信群中发布帮忙介绍办理贷款的广告，借款人通过广告或其他中介找到顾某后，顾某即将借款人带去找资方借款，资方通常会要求借款人按照意图借款金额的 2 倍出具借条，并到银行虚假走账；借款到期后即向借款人催讨借款；如果借款人无力还款，资方便向法院起诉，或带借款人找其他人借款平账。顾某明知资方通过此方式骗取借款人钱财，亦知晓借款人通常无力还款，仍帮助实施介绍行为，赚取中介费。

与此同时，顾某获悉有其他从事高利贷中介的人会特意找一些未成年人，虚构“未成年人借钱不用还”的说法，诱使未成年人向资方借款，骗取钱财。顾某在得知被告人王某某、刘某某愿意出借款项给年龄在 18 周岁左右、本市户籍的青少年时，将此类人员介绍给王某某、刘某某，骗取钱财。

此外，在有些借款人（包括上述青少年）无力还款的情况下，资方以介绍他人借款即可减免借款为由，引诱上述被害人另介绍他人前去借款。顾某

* （2018）沪 0106 刑初 681 号案件。

等人明知该情况，仍配合采取上述操作方式，骗取钱财。

1. 对被害人颜某某实施诈骗

2015 年 1 月，颜某某通过他人介绍认识顾某、舒某、凌某某。2015 年 1 月 29 日，先由舒某联系王某某借款未果，又由凌某某打电话联系刘某某借款。刘某某看过颜某某的住房后，带颜某某至工商银行走账，刘某某向颜某某的新开户卡内转账 10 万元，当即全部取现。后在刘某某的车上，刘某某让颜某某手捧现金拍照，并让颜某某写下一张 10 万元的借条，又以借条上有涂改为由让颜某某再次写下一张 10 万元的借条。后刘某某交给颜某某约 1.5 万元，该款由顾某、舒某、凌某某等人瓜分，颜某某拿到 1000 元。

2015 年 2 月借款到期后，刘某某多次带人上门讨债。2015 年 8 月，刘某某起诉至黄浦区人民法院要求颜某某归还借款 20 万元，法院一审判决颜某某归还刘某某 10 万元，后颜某某又向上海市第二中级人民法院提起上诉及申请再审，法院均维持原判。

2. 对被害人曹某实施诈骗

2015 年 2 月初，吴某（已判刑）伙同他人以凭借身份证写张借条可以赚钱为幌子，诱骗曹某借款，并将曹某介绍给顾某等人。曹某先后由舒某、凌某某联系借款均未果。后顾某将曹某介绍给张某某，张某某多次带曹某借款后，最终于 2015 年 2 月 12 日向 C 投资管理公司肖某（另案处理）借款成功。曹某出具一张借款 13.2 万元的借条，在招商银行与肖某走账 13.2 万元，实际取得 4 万元。该款被张某某、顾某、舒某、凌某某等人瓜分，曹某得款 3000 元。

2015 年 3 月 11 日借款到期，曹某为了取回借条，经顾某介绍，向赵某、丰某实际借款 6.6 万元并签下一张 10 万元的借条，顾某作为担保人。当日，曹某在赵某等人的陪同下至 C 投资管理公司肖某处，用 6.6 万元将之前的 13.2 万元借条取回。2015 年 7 月，赵某、丰某因讨债不成后以曹某借款 10 万元未还为由起诉法院，后变更诉请为 6.7 万元，浦东新区人民法院审理后判决曹某归还借款 6.6 万元，顾某承担连带责任。后顾某归还赵某 3.3 万元。

3. 对被害人倪某某实施诈骗

2015 年 2 月，被害人倪某某由曹某等人介绍给顾某、舒某等人。2015 年

2月28日，顾某、舒某联系到王某某借款，在王某某车上，王某某、舒某诱骗倪某某签下一张10万元的借条，并带倪某某至工商银行康桥支行走账，王某某向倪某某的新开户卡内转账10万元，并让倪某某将该10万元取现交还。随后王某某交给顾某1万元，顾某分给倪某某3000元，其余部分被顾某、舒某、曹某等人瓜分。

2015年3月16日，倪某某发觉自己被骗后报警。2015年3月30日，王某某派人上门向倪某某讨债，倪家报警。此后倪某某父亲为免骚扰与王某某谈判用6万元了结此事。

2018年3月31日，王某某家属返还倪某某父亲6万元，倪父表示谅解。

4. 对被害人马某某实施诈骗

2015年2月，被害人马某某由曹某等人介绍给顾某等人。经顾某、舒某介绍，2015年3月5日，王某某与马某某签订5万元的借条，并给马某某3000元。2015年3月6日，王某某带马某某至工商银行走账，用倪某某的卡和王某某的卡走账2万元，并将2.7万元交给马某某。出银行后钱款即被舒某拿走，该款后被顾某、舒某、曹某等人瓜分。

2015年10月17日，王某某带马某某至工商银行支行。在银行内，史某某将王某某转账给其的40万元取现后交给马某某，随后在王某某的车上，马某某交还40万元后签下一张40万元的借条，债权人为史某某。马某某实得500元。事后，史某某电话催讨欠款。2016年1月起，有人多次上门讨要40万元。

法院经审理认为，被告人顾某、舒某、凌某某、张某某以非法占有为目的，伙同他人向借款人虚构凭借居民身份证即可借款并不用归还的事实，诱骗借款人向小额贷款公司或者其他出借人借款，骗取他人财物，其中顾某、舒某、凌某某参与诈骗数额巨大，张某某参与诈骗数额较大；上述被告人的行为均已构成诈骗罪，依法应予惩处。被告人顾某、舒某、史某某到案后如实供述其主要犯罪事实，依法可以从轻处罚。7名被告人分别具有如实供述、当庭认罪悔罪，可对其从轻处罚。最终，法院认定被告人顾某犯诈骗罪，判处有期徒刑3年6个月，并处罚金3.5万元，违法所得予以追缴。

第五章

投资平台类诈骗典型案例解析

本章所称的投资平台，多数为涉案人员自行搭建的虚假投资平台，投资标的不限，有期货现货交易，更有虚拟货币等，还出现了虚假的赌博平台用于诈骗。现实中，不法人员搭建虚假投资平台，通过不切实际的广告宣传，引诱网络上不特定的投资者进入平台进行“投资”入金，是典型的虚假投资平台类诈骗。

投资平台类诈骗层出不穷，噱头多样，除了让我们认识到犯罪分子的贪婪和狡猾之外，也给广大投资客敲响了警钟：投资理财应该选择正规合法的平台或机构，不要轻信陌生电话的投资理财推荐，更不要随意加入投资交流群，因为其中更多的是“李鬼”而非李逵。笔者接触到的不少案例均表明，被害人起初可能被高额回报诱惑入局，但之后由于受群组氛围影响而陷入群体无意识，一再追加投资，最终损失惨重。当然，对投资人来讲最重要的还是应该端正自己的求财之道，正确看待得失。投资有风险，理财需谨慎，这句话大家都耳熟能详。但有些案例中的被害人可能只记得回报，特别是高额回报诱惑当前，认为风险可能是小概率事件，便愿意赌一把，往往就忽略了谨慎，或者说故意忽略谨慎，因为谨慎是需要付出时间精力的，这与他们求快钱一夜暴富、天上掉馅饼的理念相悖。也正因此，投资者的心态给了犯罪分子算计他们的缺口，使得他们更容易掉进犯罪分子的陷阱里。希望我们都能引以为戒，避免上当受骗，也避免害人害己。

本章共收录 6 个真实案例：

案例 20，余某等人为创业而走入歧途，通过操控“京石国际”虚假交易平台，致使 40 余名被害人损失达 200 余万元。

案例 21，诈骗团伙通过搭建并操控“正大国际”期货投资平台，操控平台数据，以客损作为盈利。

案例 22，温某等人利用正规现货交易平台实施诈骗，采取自买自卖等手段，制造虚假交易量、虚假交易热度及走势，诱骗被害人开户交易。

案例 23，农某某在“至尚国际”期货交易平台团伙中担任业务员，该团伙采用冒充美女引流、晒虚假盈利图、伙同讲师采用“群托术”炒群带单等手段诱骗被害人入金，诈骗数额巨大。

案例 24，张某帮助他人搭建名为“金沙国际”的赌博网站，并设置可以修改数据的后台程序，被苏某某利用进行诈骗活动。

案例 25，张某某在“英泰资本”虚假期货交易平台团伙中担任业务员，通过虚假包装分析师、发送虚假投资盈利图等方式诱导客户在平台开户，并入金交易，进而骗取钱财。

案例 20　余某“京石国际”平台诈骗案*

一、公诉机关指控

2020 年起，彭某（另案处理）作为“京石国际”虚假交易平台的控制人，指使被告人余某、胡某创建“汇众达”组织作为“京石国际”下线之一，进而招募组织被告人胡某辉、张某良、胡某江、胡某伟、胡某波、易某韬、王某程、罗某雷、王某勇、王某星、胡某勇、林某伟等人员，虚构身份、通过在微信群、网络直播间内鼓吹、烘托氛围等手段诱使他人参与“京石国际”投资转账，实际通过技术操控指数造成投资亏损假象，造成李某、周某某等 40 多名被害人损失共计达 200 余万元。

二、案情拓展

（1）2019 年 4 月，余某与胡某等四人与因工作结识的金某名等三人，至深圳通过金某名认识被告人彭某，后在彭某带领下以引诱他人炒股、炒外汇方式实施诈骗行为；2019 年 6 月，金某名等三人携款逃跑，余某、胡某等四人以“汇众达公司”名义，与彭某继续上述行为；2019 年 8 月，彭某指使余某至老家拉拢更多人，并租用办公用房继续上述犯罪行为，直至被抓获。

（2）该团伙的诈骗方式主要为：花钱买股民，每个股民 240 元至 300 元不等，平均一次购买 500 个以上，其上家在 3 ~4 天内分批将所买股民拉至微信群内（100 个股民一个群），其群由上述各被告人冒充的炒股“老师助理”“授课老师”、公司四五十个其他员工冒充的股民、四五十个诈骗团伙安排的用于凑人数的微信购买的 100 个股民组成。

---

* （2020）沪 0115 刑初 4726 号案件。

（3）由“老师助理”在群内通知有专业炒股的老师直播，并将直播间二维码链接发群内，引诱所购买股民主动添加“老师助理”微信领取直播间账户密码，增加对“授课老师”的信任度。“授课老师”伺机拿出提前准备好的炒外汇单子，由群内冒充股民者提问，第二天公布内幕机构股票的方式，让股民将准备好的资金数额报备“老师助理”，冒充的股民起哄报名，从而进一步引导被害人下载“MT4”软件，再由客服提供“京石国际”网页版后台，指引被害人在该网页版后台开户充值，实际到账至彭某所掌控账户内，再由上家操控“MT4”平台走势，从而使被害人亏钱。

（4）2020 年 5 月 12 日，余某等人被公安机关抓获。

三、量刑情节

（1）被告人余某被公安机关抓获，到案后如实供述自己罪行，系坦白。

（2）在审查起诉阶段，被告人余某自愿认罪认罚，并签署《具结书》。

（3）被告人余某虽是在他人指使下招募相关人员，但在整个犯罪团伙中层级较高，所起作用较关键。

四、证据认定

本案中，公诉机关提交了相应证据，法院审理后作出如下认定。

（1）被害人李某等人的陈述及报案材料，证实众多被害人遭涉案诈骗团伙人员欺骗的经过及损失情况。

（2）同案犯彭某的供述，证实“京石国际”虚假交易平台的基本情况及行骗手段。

（3）会计师事务所出具的司法鉴定审计报告，证实“京石国际”及“汇众达”部分对应的致损情况。

（4）微信群组及聊天记录截图、辨认材料、情况说明材料，证实各被告人对被害人行骗环节的情况。

（5）公安机关出具的扣押笔录及扣押清单、接受证据清单、调取证据清单、电子数据检验工作记录、财务冻结情况材料，证实涉案财务查扣、冻结情况及证据调取的情况。

（6）相关案发经过，证实 14 名被告人的到案情况。

（7）相关户籍信息，证实 14 名被告人的身份情况。

（8）14 名被告人的供述，证实其对各自参与上述诈骗犯罪事实供认不讳。

上述证据均来源合法，内容客观真实，足以证明案件事实，依法予以采信。

五、争议焦点

被告人余某在本案中所起作用大小，是否构成主犯？

六、辩护意见

（1）被告人余某此前表现良好，没有任何违法犯罪前科，此次犯罪是初犯、偶犯，对社会危害性较小，可对其从宽处理。

（2）在整个犯罪活动中，被告人余某定性为主犯，但其也是受到主犯彭某的指使，整个犯意的形成，以及犯罪模式等均是由彭某决定的，被告人余某只是服从者，余某对团队的管理并非完全自主，在共同犯罪中所起的作用相对较小，与一般意义上的主犯有所区别，应对其从轻处罚。

（3）被告人到案后如实供述，有坦白情节，可以从轻处罚。

（4）被告人自愿认罪认罚，依法可以从宽处理。

（5）被告人从事犯罪行为时间较短，违法获利也较小，且有部分款项被查封，可用于赔偿被害人，请求对被告人余某从宽处理。

七、法院判决

法院认为，被告人余某、胡某、胡某辉、张某良、胡某江、胡某伟、胡某波、易某韬、王某程、罗某雷、王某勇、王某星、胡某勇均诈骗数额特别巨大，被告人林某伟诈骗数额巨大，其行为均已构成诈骗罪。被告人谭某维利用信息网络技术协助他人设立用于实施诈骗违法犯罪活动的通讯群组，其行为已构成非法利用信息网络罪。公诉机关的指控成立，予以支持。被告人余某、胡某虽然是在他人指使下招募组织相关人员实施诈骗犯罪，但二人在整个犯罪团伙中所处层级较高，所起作用也是较为重要和关键的，并非仅起到次要作用或辅助作用，应当认定为主犯。二被告人及其辩护人所提二人系从犯的意见，不予采纳。被告人胡某辉、张某良、胡某江、易某韬、王某程、胡某伟、胡某波、罗某雷、王某勇、王某星、胡某勇、林某伟在共同犯罪中起次要作用，均系从犯，依法减轻处罚。十五名被告人到案后均能如实供述自己的罪行，且自愿认罪认罚，依法从轻从宽处理。被告人胡某辉、张某良、胡某江、易某韬、王某程、罗某雷、王某勇、王某星、胡某勇、林某伟均已退缴个人违法所得，酌情从轻处罚。辩护人所提对被告人从宽处罚的相关辩护意见，予以采纳。依照《中华人民共和国刑法》第二百六十六条、第二百八十七条之一第一款第（一）项、第二十五条第一款、第二十六条、第二十七条、第六十七条第三款、第七十二条、第七十三条、第五十二条、第五十三条、第六十四条、《中华人民共和国刑事诉讼法》第十五条的规定，判决如下：

一、被告人余某犯诈骗罪，判处有期徒刑十年六个月，罚金人民币十一万元。

二、被告人胡某犯诈骗罪，判处有期徒刑十年六个月，罚金人民币十一万元。

……

十六、已退缴的违法所得发还被害人，不足部分继续追缴或责令退赔。

十七、查获的作案工具予以没收。

八、律师感悟

“创业”一词，在当今社会并不陌生，似乎已形成一种风气。年轻人厌倦了朝九晚五，甚至“996”“007”等工作要求，当面临好的项目或团队时便选择自主创业，这其中“自由”二字的诱惑极大，创业当老板，不受他人管束，是一件多么开心的事。余某、胡某是表兄弟，本想自筹资金开展创业项目，不承想加入了彭某组织的犯罪团伙，本就没什么金融知识的二人，开始大刀阔斧地招兵买马，按照彭某的指示开展业务，走向了犯罪的道路。涉案另外 13 名被告人应该对业务开展过程中存在的虚构事实完全知晓，或未曾多想，或心怀侥幸，持续对40多名被害人实施诈骗，诈骗金额高达200余万元，已远超数额特别巨大的标准，作为主犯，在没有自首、立功等法定减轻处罚情节的情况下，10年以上有期徒刑的判决结果是无法避免的。

可惜的是，余某等人本有一次停止犯罪的机会，那就是2019年6月，金某名等三人携款消失，合作关系解除，余某等人非但没有停止犯罪，反而拉拢更多的人以更大的规模继续实施诈骗行为，直至案发。金钱的诱惑力和驱使力，不可谓不大，也正是对于钱财的贪婪，余某等人没有停止犯罪，而最终被判处有期徒刑10年6个月，并处罚金11万元。

在案件的办理过程中，笔者认为余某还是很单纯的，这种单纯主要体现在他对于彭某等人的信任，案发之初并没有认识到自身犯罪行为的严重性，当案件进入审查起诉阶段，尤其是在认罪认罚程序时，面对公诉机关的量刑建议，余某一时竟没有反应过来。

随着办案的深入，笔者对余某的经历有了更深入的了解，27岁的他曾在深圳某数据线小作坊内打过工，也学过烧烤技术在地铁口摆过摊，进入过装修公司工作，还做过一段时间的房产销售，与他人合伙开过食品外贸公司和汽车租赁公司，自己开过小吃店等，这说明他是十分勤劳的，一路走来也是非常不容易的。案发后，在看守所的日子里，余某深深地感到自责和后悔，家中妻儿断了生活来源，自己十年青春困于囹圄，这就是“创业”带来的沉重代价。余某自幼由姑妈照顾养大，成家以后与妻子感情甚笃，案发后妻子给了他很多的鼓励和信心，让余某能安心改造，争取减刑，早日与妻儿团聚。

案例21 王某“正大国际”期货平台诈骗案*

一、公诉机关指控

被告人赵某于2020年1月搭建“正大国际”期货平台，或直接招募平台代理，或通过薛某（另案处理）等人招募被告人王某与牛某、马某、陈某等多人为平台代理，以从事期货投资为名招揽客户，向客户谎称平台系合法期货交易平台，以低手续费、安全系数高等理由诱使客户充值入金，令客户误以为资金进入期货交易市场，但实际将客户的投入金额转移到自己可操控的私人银行卡内，之后诱导客户在平台内多次操作，进行虚拟期货交易，令客户产生多笔交易手续费，并采用拖延出金、设置高比例强制平仓线、鼓励追加投资额等手段，致使客户误以为系自己操作产生了亏损，从而将客户入金占为己有，达到骗取客户资金的目的。

经审计，该平台以上述手段骗取被害人杨某某等人钱款共计900余万元，其中，被告人王某以上述手段骗取周某某钱款共计2.9万余元。

2021年6月24日，被告人王某被公安机关抓获到案。

二、案情拓展

（1）2020年3月起，赵某作为平台商，以非法占有为目的，假借“正大国际”期货虚拟盘，通过发展渠道被告人薛某骗得被害人共计2012368.25元，其中总入金2493665元，总出金481296.75元。

（2）赵某通过发展代理被告人陈某骗得被害人共计1836929.53元，其中总入金3573866.05元，总出金1736936.52元。

---

* （2021）沪0115刑初4921号案件。

（3）赵某通过发展代理被告人王某，骗得被害人共计 29190 元，其中总入金 30740 元，总出金 1550 元。其间，王某共计获利 23107.8 元。

（4）2021 年 3 月，王某在 QQ 期货群内询问自称是“徐某”的散发期货广告之人，后二人约定，由王某电话自称是客服来联系“徐某”手上的客户，向该客户推销“正大国际”，客户亏损，王某得 85% 的抽成，客户赢钱，所赢的钱由王某承担。后王某名下客户周某某共入金 2.9 万余元。王某共获利 2.3 万余元。

（5）王某在家属的帮助下积极退赔，并取得了被害人周某某的谅解。

三、量刑情节

（1）被告人王某被公安机关抓获到案，到案后对自己所犯罪行如实供述，系坦白。

（2）被告人王某认罪认罚，并签署了《认罪认罚具结书》，且当庭继续自愿认罪认罚。

（3）被告人王某积极退赔，并取得被害人的书面谅解。

四、证据认定

本案中，公诉机关提交了相应证据，法院审理后作出如下认定：

（1）被告人王某的供述，证实其通过网络与一徐姓男子获取“正大国际”期货平台的代理权，可以获取客户入金亏损和手续费的 85%，该平台无正规资质、资金未正式入市，客户赢钱就拖延出金，据此骗取客户周某某钱款等事实，另证实该自称徐姓男子手机号、实际身份等情况。

（2）同案犯薛某的供述，供述该虚假平台是赵某私人搭建，据其所知有三个入金账户，不会流入资本市场进行交易，赚的是客损以及服务费等情况。

（3）牛某、陈某、马某等多名同案犯的供述，供述其经薛某推荐，在正大国际招代理等具体流程情况。

（4）证人陈某某的证言及辨认，证实其将湖北省 × × × 村的一个门面在 2021 年 6 月出租给了赵某等情况。

（5）被害人杨某某、周某某等人的自述材料，证实相关被害人被骗取钱款的情况。

(6) 相关微信聊天记录、微信号、QQ号、公安机关的工作情况、司法鉴定意见书，证实蝙蝠APP账号的具体情况。

(7) 相关支付宝、微信、银行卡账户交易明细及会计师事务所出具的审计报告、补充审计报告及情况说明，证实本案犯罪数额及涉案金额的流转等情况。

(8) 公安机关出具的搜查证、调查笔录、清点记录、扣押决定书、扣押清单及笔录，证实公安机关从被告人赵某、王某处扣押的手机、银行卡等作案工具。

(9) 谅解书，证实被告人王某的家属已对周某某作出退赔，被害人周某某已作出谅解的事实。

(10) 公安机关的案发及抓获经过，证实本案被告人到案情况。

五、争议焦点

本案被告人王某到案后如实供述，在案件审理期间自愿认罪认罚，控辩双方无明显争议。

六、辩护意见

(1) 被告人王某到案后如实供述，有坦白情节，依法可以从轻处罚。

(2) 王某是本案主犯的下线，未发展不特定客户，在本案中获利较少，社会危害性较小，且其系初犯偶犯，主观恶性小。

(3) 王某到案后主动退赔，并取得被害人周某某的书面谅解，依法可以从轻或减轻处罚。

(4) 王某在审查起诉阶段认罪认罚，并签署了书面具结书，审理期间，当庭继续认罪认罚，依法可以从宽处理。

(5) 根据被告人王某某的涉案情况，及其认罪悔罪的态度，请求对其减轻处罚，并依法宣告缓刑。

七、法院判决

法院认为，被告人赵某、王某以非法占有为目的，虚构事实、隐瞒真相，伙同他人通过互联网利用虚假的金融平台骗取公民钱财，其中被告人赵某犯罪数额特别巨大，被告人王某犯罪数额较大，其行为均已构成诈骗罪，依法分别应予以处罚，公诉机关指控的罪名成立。关于被告人赵某及其辩护人就本案事实、证据及定性提出的相关意见，经查，本案中涉案期货平台系虚假，资金也未流入真实交易市场，支付代理商畸高比例的佣金、吃客损，足以证实被告人赵某具有虚构事实的客观行为及非法占有的主观故意；综合全案证据，有多名同案犯指控被告人赵某系平台老板，且涉案银行账户及登录有涉案主犯社交账号的手机均由被告人赵某实际控制，取款视频亦证实其多次提取赃款的情形，证据之间能相互印证，足以证实本案指控事实；而被告人赵某所谓实际控制另有他人、其仅系帮助转账的辩解，并无任何证据予以支持，故被告人赵某及其辩护人对于本案基本事实及定性的异议，本院不予采纳。关于辩护人提出应扣除部分钱款的意见，经查其中林某某、张某某处共计325万余元经审计并未匹配到交易明细，对该部分金额应予扣除，对该部分辩护意见本院予以采纳，而其余金额经依法审计，程序合法，方法得当，均应予认定，辩护人所作相关异议，本院不予采纳；被告人赵某所作部分钱款系自己所有的辩解，与本案查证事实不符，本院不予采信。被告人王某到案后能作如实供述，可以从轻处罚；能当庭自愿认罪认罚，可以从宽处理；能在家属帮助下积极退赔并取得被害人周某某谅解，可以酌情从轻处罚；其辩护人所作从轻处罚的相关辩护意见，本院予以采纳。但根据本案的犯罪情节及社会危害性，对被告人王某不宜适用缓刑，故其辩护人所作缓刑建议，本院不予采纳。本院为保护合法财产权利不受侵犯，依照《中华人民共和国刑法》第二百六十六条、第二十五条第一款、第六十七条第三款、第五十六条第一款、第五十五条第一款、第五十二条、第五十三条、第六十四条及《中华人民共和国刑事诉讼法》第十五条的规定，判决如下：

一、被告人赵某犯诈骗罪，判处有期徒刑十三年，剥夺政治权利二年，并处罚金人民币十五万元。

二、被告人王某犯诈骗罪，判处有期徒刑一年八个月，并处罚金人民币五千元。

三、责令被告人赵某退赔尚未退缴的犯罪所得，连同在案赃款，分别予以发还；扣押在案的作案工具，均予以没收。

八、律师感悟

这是一起以非法占有为目的，隐瞒真实情况，欺骗他人在平台上进行投资交易，然后通过操纵平台后台，使得被害人出现资金损失，后以客损金额一定比例提成作为回报的新型作案手法，此类案件一般涉及被害人众多，且资金庞大，社会危害性较大。

本案事实清楚，证据确实充分，认定诈骗罪是无疑的。当事人王某在整个侦查阶段均如实供述，在审查起诉阶段自愿签署了认罪认罚具结书，其本人诈骗金额为2.9万余元，获利较小，且在到案后主动退赔，并取得了被害人的书面谅解，另王某在本案中不是主犯，也没有发展下线，社会危害性相对较小。在案件发展的初期，王某也是因上线主动联系，其暂时没有工作而接下，主观上非法占有他人财产的恶性较小，案发后也能及时认罪悔罪，退赔被害人损失，足见其良好的认罪悔罪态度。

因定罪方面没有争议，笔者的辩护重点围绕量刑展开，王某诈骗金额为2.9万余元，法律规定诈骗金额3000元至1万元以上的为数额较大，应处3年以下有期徒刑、拘役或者管制，并处或者单处罚金；诈骗金额3万元至10万元以上的为数额巨大，应处3年以上10年以下有期徒刑或者无期徒刑，就王某的诈骗金额来说，其应是3年内的刑期，结合王某本人的其他犯罪情节，公诉机关在审查起诉阶段给出了有期徒刑2年2个月的量刑建议。笔者为其向法庭提交了从轻处罚并适用缓刑的辩护意见，因王某到案后如实供述、悔罪态度良好、积极退赔被害人，故从轻处罚的辩护意见被采纳，最终宣告刑期为1年8个月。关于适用缓刑的意见，未被采纳，王某实施诈骗系通过投资平台进行，此类诈骗区别于普通诈骗，受害者人数众多，资金流水繁复，受害者追回损失难度较大，因此是国家重点打击的对象，法院在审判阶段也会结合案件的整体情况，严格适用缓刑。本案虽未适用缓刑，但通过有效辩护，宣告刑期比检察院的建议刑期足足少了6个月，对王某来说，也是一个比较理想的结果。

案例22 温某利用ACTC现货平台诈骗案*

一、公诉机关指控

2020年8—9月，游某（另案处理）纠集被告人蔡某某、洪某、杨某某等人共同实施投资理财诈骗。

由被告人洪某等人联系河南NY大宗农产品交易中心有限公司（以下简称NY公司），在该公司现货挂牌交易网络平台（以下简称ACTC）上先后挂牌交易并无现货的灵芝、丹参“商品”，再开设免除交易手续费的何某某账户，继而在该账户内对灵芝、丹参“商品”采取“自买自卖”“巨量”“先发”“全时”等操作手段，一方面，制造虚假交易量、虚假交易热度、虚假成交价格及走势、虚假平均价格及走势；另一方面，控制灵芝、丹参“商品”的“成交价格及走势”“平均价格及走势”。继而，一方面，通过“讲师”即被告人杨某某的“反向带单”制造被害人投资亏损的假象；另一方面，在自己控制的何某某、陈某某、翟某某账户制造投资盈利的假象。

被告人蔡某某等人负责发展“代理商”，由“代理商”直接诱骗被害人至ACTC开户交易。被告人温某受蔡某某雇用后从事人事工作以及和“代理商”之间的客服工作。

经鉴定，游某等人入金金额共计2339940元，出金金额共计4616575元，155个净亏损账户合计亏损5214126元。

2020年9月14日，被告人蔡某某、洪某、杨某某、温某被抓获，到案后被告人洪某、杨某某、温某如实供述了犯罪事实，被告人蔡某某在侦查阶段如实供述犯罪事实，在审查起诉阶段未如实供述犯罪事实。

---

* （2021）沪0115刑初521号案件。

案件审理过程中，被告人温某在家属的帮助下退赔了自述的违法所得2万元，并自愿进一步退赔被害人3万元。

二、案情拓展

被告人蔡某某供述，其跟着游某做产品推广，并于2020年4月注册成立深圳CB茶叶有限公司（以下简称CB公司），CB公司成立后游某每月通过银行转账支付1万元来做公司的运转资金，其负责找人、付工资，相当于游某出场地，其出人工，帮游某找“代理商”，产品就是NY公司的灵芝、丹参。其平时负责管理公司，其他时间是一般员工，工作内容是负责去找“代理商”。其赢利点就是拿“代理商”名下客户的交易手续费的10个点，“代理商”赚客户的手续费及本金。具体赚客户本金的方式是，游某有一个技术团队，能操控大盘行情来让客户亏损，慢慢平仓，客户的钱就输光了。其就是负责把“代理商”拉进一个名字为“720课堂论坛群”的QQ群，成员主要是“代理商”、客服及四个“讲师”。客服有林某某、洪某、温某。后面是游某和“代理商”负责让客户买产品，大致第一步是让“老师”讲课、讲股票、炒群等。等客户熟悉之后，“老师”会慢慢推出ACTC平台，让客户跟着买产品，后面通过操作大盘让客户亏损以达到赚钱的目的。洪某还负责帮下面的“代理商”制作假的盈利图并发到群中。温某负责人事和客服，也负责找“代理商”。温某客服的工作是“720课堂论坛群”建立之后才开始做的，主要负责将“代理商”所反映的问题与大区对接的人之间进行上传下达。员工的薪水是底薪（无“代理商”的是4000元，有“代理商”的是5000元），加产品提成，即自己“代理商”下面客户亏损的2% ~3% 。

被告人温某供述，其系2020年4月中旬入职CB公司。老板蔡某某负责对接游某及统计下面业务员找来的“代理商”，自己也找“代理商”，然后将“代理商”拉进QQ聊天群，并管理员工。其负责人事和客服工作，前者包括业务员的考勤等，后者是在“720课堂论坛群”建立之后开始做的，主要负责将“代理商”反映的问题传达给与大区对接的人，之后大区对接的人通过其传达解决办法或者直接与“代理商”联系，其还负责将蔡某某的话在群里传达给“代理商”。业务员直接与蔡某某对接。其工资是每月5000元。

三、量刑情节

（1）被告人温某被抓获到案后，如实供述自己的罪行，系坦白。

（2）被告人温某在共同犯罪中起次要作用，系从犯。

（3）被告人温某参与诈骗的数额特别巨大。

（4）被告人温某自愿认罪认罚。

（5）被告人温某在家属的帮助下退赔了自述的违法所得 2 万元，并自愿进一步退赔被害人 3 万元。

四、证据认定

本案中，公诉机关提交了相应证据，法院审理后作出如下认定：

（1）被害人王某等人陈述、电话记录、转账记录、聊天记录等，证实被骗的过程、金额等。

（2）搜查证、搜查笔录、扣押决定书、扣押笔录、扣押清单、照片，证实公安机关从被告人蔡某某、温某、杨某某、洪某处扣押手机、电脑等物品。

（3）被告人蔡某某、温某、杨某某、洪某的手机截屏，证实该几名被告人在实施犯罪行为过程中使用的微信号及昵称、QQ 号及昵称等情况。

（4）上海市公安局浦东分局网络安全保卫支队《电子数据检验工作记录》、公安机关制作的《QQ 群“冲刺阶段”整理打印记录》《QQ 群“720 课堂论坛群”整理打印记录》，证实对扣押的被告人洪某、杨某某、涉案人林某某手机进行电子数据检验，群成员包括被告人蔡某某、洪某、杨某某、温某等人使用的虚拟身份，以及相关群聊内容。

（5）接受证据清单、证人周某某（NY 公司客服培训部经理）提供其与“可可”的微信聊天记录，证实“可可”即被告人洪某，洪某联系其办理灵芝挂牌、帮何某某账户免除交易手续费等情况。

（6）接受证据清单、证人王某某（NY 公司财物结算部员工）提供的“NY 大宗 6677 沟通群”微信聊天记录，证实该群成员，群成员为联系开户、删除负面信息等内容。

（7）上海公信会计师事务所有限公司司法鉴定专项审计报告，证实交易总体情况、资金流向、盈利及亏损情况。

（8）调取证据清单、《NY公司交收货物入库单》、光盘，证实入库黑灵芝10kg以及灵芝、丹参交易数据等。

（9）证人廖某（游某妻子）、廖某某（游某岳父）的证言，证实廖某某账户划入何某某账户的60万元是游某授意廖某办理的。

（10）证人游某某（游某父亲）的证言，证实游某某账户收到NY公司出金200余万元是游某给的钱。

（11）案发及抓获经过，证实本案案发、各被告人到案情况。

（12）被告人蔡某某、洪某、杨某某、温某供述，证实各被告人参与实施本案诈骗行为的情况等事实。

上述证据收集程序合法，内容客观真实，足以认定指控事实。

五、争议焦点

被告人温某到案后如实供述，且自愿认罪认罚，控辩双方无重大分歧，无明显争议焦点。

六、辩护意见

（1）对指控被告人温某的事实及罪名均无异议。

（2）被告人温某如实供述了自己的罪行，具有坦白情节，可以从轻处罚。

（3）被告人温某自愿认罪认罚，可以从宽处罚。

（4）被告人温某系从犯，可以从轻处罚。

（5）被告人温某在家属的帮助下退赔了自述的违法所得，并自愿进一步退赔被害人3万元，其认罪悔罪态度明显，依法可从宽处理。

综上，辩护人希望对被告人温某减轻处罚，并依法适用缓刑。

七、法院判决

法院认为，被告人蔡某某、洪某、杨某某、温某受他人纠集后共同以非法占有为目的，虚构事实，隐瞒真相，骗取财物，均属数额特别巨大，其行为均已构成诈骗罪。被告人蔡某某、洪某、杨某某、温某在共同犯罪中起次要作用，系从犯，依法减轻处罚。被告人蔡某某、洪某、杨某某、温某能如实供述自己的罪行，系坦白，依法从轻处罚。其中，被告人洪某、杨某某、温某认罪认罚，依法从宽处罚。鉴于被告人温某在家属的帮助下退赔违法所得，酌情从轻处罚。辩护人所提相关辩护意见予以采纳。根据被告人犯罪的事实、性质、情节和对于社会的危害程度，依照《中华人民共和国刑法》第二百六十六条、第二十五条第一款、第二十七条、第六十七条第三款、第五十二条、第五十三条、第六十四条、第七十二条、第七十三条、《中华人民共和国刑事诉讼法》第十五条之规定，判决如下：

……

四、被告人温某犯诈骗罪，判处有期徒刑三年，缓刑三年，并处罚金人民币二万元。

五、退赔在案的违法所得发还被害人，不足部分继续追缴或责令退赔。

六、扣押在案的作案工具予以没收。

八、律师感悟

本案又是一起典型的金融理财类诈骗案件，不过更换一种理财产品名头。犯罪分子在某公司交易平台上先后挂牌并无现货的产品，在开设的账户内执行各种交易操作，制造交易假象迷惑诱骗被害人投资入金，之后伪造交易图表欺骗被害人，再乘机将被害人的投资款项转入犯罪分子控制的账户内，从而将被害人的钱财占为已有。

温某与其他几名被告人由他人纠集后参与犯罪，因属于共同犯罪，各参与诈骗行为的先后环节，且无法区分各自的诈骗犯罪金额，因此各被告人均对全部诈骗金额承担刑事责任，这就导致温某的犯罪金额达到了特别巨大的程度，按照法律规定，应在十年以上有期徒刑或无期徒刑的范围内量刑。笔者在接受温某及其近亲属的委托后，迅速预约会见，向温某了解相关案情及其参与的行为内容，制订了初步的辩护策略。虽然温某参与诈骗的数额特别巨大，但其系听从其他涉案人员指挥行事，应系从犯，且到案后如实供述，自愿认罪认罚，均属可以获得从轻量刑的情节。因此，笔者建议其尽可能地退缴退赔违法所得，争取更大的从宽处理机会，与此同时，笔者多番与公检法交涉并落实退赔事宜。温某及其家属接受笔者的建议，并自愿进一步退赔，也表明其自我反省、真诚悔罪的态度。最终相比其他几名被告人，温某得以从轻处罚，并适用缓刑，免去了牢狱之苦，也是不幸中的万幸。

希望此番经历可以让温某引以为戒，切莫再次以身试法，触碰法律底线。生活中，人们享受着法律规范带来的秩序性、可预测性、保障性，相应地，应当给予法律一定的敬畏之心，规范自己的言行，守住法律底线。

本案最大的感受是刑事案件律师的辩护工作要尽早介入，律师通过执业活动努力维护当事人的合法权益，这是律师的职业道德，也是律师执业的根本宗旨。律师担任辩护人期间，应成为被告人及其家属的领路人，依据事实和法律提出被告人罪轻或从轻、减轻处罚的材料和证据。同时这也离不开被告人及家属对辩护律师的信任，信任是有效沟通的基础，大家合力才能将辩护工作做到位，依法最大限度地维护被告人的诉讼权利和合法利益，获得合理的裁判结果。

案例23　农某某利用“至尚国际”期货平台诈骗案*

一、公诉机关指控

2021年4月起，黄某（另案处理）等人运营虚假的“至尚国际”期货投资网络平台，招募被告人李某某作为业务团队“雄鹰队”主管，被告人陈某作为主管助理，被告人陈某2、玉某某、农某某、蒋某、黄某2、黄某3、阮某、阮某2作为业务员，采用冒充美女引流、晒虚假盈利图、同团伙讲师采用“群托术”炒群带单等手段诱骗被害人入金、交易，入金由黄某控制且未进入真实市场。经审计：2021年4月16日至7月8日，涉案人刘某某支付宝账户和微信账户共收入4533386.37元，转入黄某招行和建行账户共计1075972.60元；2021年4月16日至7月8日，至尚平台客户未收回本金2325617.89元，“雄鹰队”客户未收回本金380220元。

2021年7月9日，公安机关抓获被告人陈某，7月8日抓获其余9名被告人。到案后，10名被告人均如实供述了犯罪事实。

案件审理过程中，被告人农某某向法院退缴了犯罪所得1.7万元，并预缴罚金3300元。

二、案情拓展

农某某到案后供述，其于2018年3月经朋友介绍入职广西WY科技有限公司（以下简称WY公司）担任业务员，上级领导为被告人李某某，主要工作由李某某安排指导，主要是在QQ群中维护公司代理平台的客户。农某某

---

* （2021）沪0115刑初4770号案件。

的薪资结构为底薪2500元加上客户操作手续费的30%。2021年4月起，WY公司开始代理至尚期货交易平台，农某某的主要工作仍是维护公司代理平台的客户。同年7月，农某某被提拔为高级顾问，在原有的底薪基础上增加300元，提成比例未变，也未管理任何下级业务员。农某某称维护平台客户的手段主要是冒充美女人设，根据公司提供的话术单与客户交流，有时上传虚假的盈利图配合讲师带单，炒作群内氛围等。据其了解的情况，平台不存在限制客户出金的情况，也不存在此情形的客户投诉。

此外，农某某为了赚取手续费及投资盈利，自己亦借用朋友开设账户在至尚期货交易平台投资入金，其自身入金金额约为1万元。

自WY公司代理至尚期货交易平台起，农某某的薪资收入共计约2万元。

三、量刑情节

（1）被告人农某某被抓获到案后，如实供述自己的罪行，系坦白。

（2）被告人农某某在共同犯罪中起次要作用，系从犯。

（3）被告人农某某参与诈骗的数额巨大，应处三年以上十年以下有期徒刑。

（4）被告人农某某自愿认罪认罚。

（5）被告人农某某退缴了违法所得，并预缴罚金。

四、证据认定

本案中，公诉机关提交了相应证据，法院审理后作出如下认定：

（1）扣押决定书、扣押笔录、扣押清单、照片，证实公安机关从被告人处扣押手机等物品。

（2）公安机关制作的工作情况、被告人玉某某手机微信群“雄鹰队”聊天记录截屏、被告人阮某2手机聊天记录截屏，证实微信群“雄鹰队”及QQ群“福满源”的群成员以及聊天内容等情况。

（3）公安机关制作的工作情况、被告人阮某2电脑中话术单，证实该话术单系冒充美女人设的“杀猪盘”话术。

（4）公安机关制作的工作情况、被告人阮某手机中与被害人聊天记录，证实阮某冒充美女人设与被害人聊天的情况。

(5) 被害人项某等人的陈述及提供的聊天记录、转账凭证，证实被害人被骗的经过、金额等事实。

(6) 上海沪港金茂会计师事务所有限公司审计报告、补充审计报告，证实2021年4月16日至7月8日，刘某某与黄某某个人账户内资金收入情况，以及至尚平台及“雄鹰队”客户未收回本金的情况。

(7) 案发经过，证实本案案发、各被告人到案情况。

(8) 10名被告人供述，证实各被告人参与实施本案诈骗行为的情况等事实。

上述证据收集程序合法，内容客观真实，足以认定指控事实。

五、争议焦点

被告人农某某到案后如实供述，且自愿认罪认罚，控辩双方无重大分歧，无明显争议焦点。

六、辩护意见

(1) 对指控被告人农某某的事实及罪名均无异议。

(2) 被告人农某某如实供述了自己的罪行，具有坦白情节，可以从轻处罚。

(3) 被告人农某某自愿认罪认罚，可以从宽处理。

(4) 被告人农某某系从犯，应当减轻处罚。

(5) 被告人农某某退缴了违法所得，并预缴罚金，可以酌情从轻处罚。

综上，希望法院对被告人农某某减轻处罚，并适用缓刑。

七、法院判决

法院认为，被告人李某某、陈某、陈某2、玉某某、农某某、蒋某、黄某2、黄某3、阮某、阮某2以非法占有为目的，虚构事实、隐瞒真相，共同骗取他人财物，数额巨大，其行为均已构成诈骗罪，分别应处三年以上十年以下有期徒刑，并处罚金。公诉机关指控十名被告人犯诈骗罪的事实清楚，证据确实、充分，指控罪名成立。被告人李某某在共同犯罪中起主要作用，系主犯，应当按照其所参与的全部犯罪处罚；其余九名被告人在共同犯罪中起次要作用，系从犯，应当减轻处罚。十名被告人自愿认罪认罚，均可以依法从宽处理。十名被告人能如实供述罪行，均可以从轻处罚。各被害人的损失已得到全部挽回，十名被告人能够退缴犯罪所得，另被告人陈某、陈某2、玉某某、农某某、蒋某、黄某2、黄某3、阮某、阮某2能预缴罚金，对十名被告人均可以分别酌情从轻处罚。根据被告人李某某、陈某、陈某2、玉某某、农某某、蒋某、黄某2、黄某3、阮某、阮某2的犯罪事实、性质、情节及社会危害性，均可以适用缓刑。被告人李某某的辩护人提出建议从轻处罚的相关意见，被告人农某某的辩护人提出建议对其减轻处罚并适用缓刑的意见，本院均予以采纳。为保护公民的财产权利不受侵犯，根据《中华人民共和国刑法》第二百六十六条，第二十五条第一款，第二十六条第一、四款，第二十七条，第六十七条第三款，第七十二条第一、三款，第七十三条第二、三款，第五十二条，第五十三条，第六十四条，以及《中华人民共和国刑事诉讼法》第十五条的规定，判决如下：

……

五、被告人农某某犯诈骗罪，判处有期徒刑一年一个月，缓刑一年一个月，并处罚金人民币三千三百元（已预缴）。

……

十一、在案退赃款，予以没收；扣押在案的作案工具，予以没收。

陈某、陈某2、玉某某、农某某、蒋某、黄某2、黄某3、阮某、阮某2回到社区后，应当遵守法律、法规，服从公安、社区矫正等部门的监督管理，接受教育，完成公益劳动，做一名有益社会的公民。

八、律师感悟

本案涉及的诈骗行为是利用虚假的期货交易平台，冒充“资深讲师”授课指导、虚构各种投资盈利假象、团伙成员烘托炒作投资氛围等手段，引诱被害人“投资入金”，从而骗取钱款。其手法套路与投资虚拟货币等金融理财类诈骗如出一辙，操作模式基本相同，只不过更换了一个金融概念。而且此类诈骗均是团伙作案，团伙内部职能分工明确，领导者统管全盘，各部门或小组的负责人管理下属业务员，业务员根据上级的安排执行工作任务，工作内容也十分简单，一切均依照话术开展。

犯罪团伙之所以一再使用此类方式诈骗钱财，正是瞄准了人们投资理财的高涨热情，再佐以高利回报为诱饵，以及恶意地烘托炒作氛围。团伙精心编制的高利投资谎言足以令一部分投资者丧失理智，一旦投资入金，便是血本无归。

反观诈骗团伙中处于“底层”的业务员农某某等人，他们其实大都年纪尚小，文化水平不高，缺乏社会经验，起初可能以为只是找到了一份普通工作，殊不知更多的是充当别人犯罪的工具。

本案 10 名被告人均在犯罪团伙中担任业务员，通过随机拨打手机号及利用虚构的身份在各社交软件上寻找不特定人群作为被害人，发布虚假的买卖国际期货盈利截图，诱使被害人投资虚假平台，利用平台的预设功能限制投资者频繁刷单，随意更改、冻结、撤销投资者的账户资金和已成交项目，再将投资者的入金转出分赃，造成被害人经济损失。随着工作的深入，不少人也意识到所谓的投资平台不过是刻意搭建的虚假谎言，自己参与的行为造成了客户非正常的损失，所谓的工作实际是违法犯罪行为，但此时往往已抽身乏术，导致自己大好年华身陷囹圄，这笔学费不可谓不高昂。所幸被告人都真诚认罪悔罪，律师接受委托后，积极协调退缴违法所得并预缴罚金，帮助被告人将自己认罪认罚的态度落实在实际行为中，在犯罪数额巨大的量刑范围内，最终争取到了缓刑判决的合理结果。

虽然本案十名被告人最终都获缓刑，但在案件办理过程中他们丧失了自由，内心必定充满懊悔与煎熬。多经一事，多长一智，相信他们经过此事，对法律有了更为清晰的认识，迷途知返，踏实生活方为正道。

案例24　张某利用“金沙国际”平台诈骗案*

一、公诉机关指控

2020年，被告人张某为牟利，受他人委托，搭建名为“金沙国际”的赌博网站，该网站可通过后台修改数据以控制客户输赢。2020年11—12月，被害人黄某某在上海市长宁区被实施电信网络诈骗的人员诱骗至该网站上进行赌博，先后被诈骗共计600余万元。

2020年12月23日，被告人张某被公安机关抓获，到案后如实供述。

二、案情拓展

（1）2020年3月张某与苏某某、肖某共谋，由张某搭建诈骗网站出售给二人，非法获利7000元，并制作跳转域名链接至网站，再次卖给苏某某、肖某，获利6000元。该诈骗网站设计项目为“28”（赌大小），并设有后台，可在用户下注大或小后，由苏某某、肖某等人操作后台，设置三个数字控制开注结果。

（2）被害人黄某某于2020年11月在抖音结识网友“X”，互加微信后对方向其发送诈骗网站地址，黄某某按对方要求向对方提供的账户转账，用于在网站赌大小，后发现被骗。

三、量刑情节

（1）被告人张某被公安机关抓获，到案后如实供述自己的罪行，系坦白。

---

* （2021）沪0105刑初453号案件。

（2）被告人张某自愿认罪认罚。

（3）被告人张某在此次共同犯罪中起次要、辅助作用，系从犯。

四、证据认定

本案中，公诉机关提交了相应证据，法院审理后作出如下认定：

（1）被害人黄某某的陈述、报案材料及其建设银行、工商银行账户明细，证实被害人在名为“金沙国际”的赌博网站上被骗600余万元。

（2）公安机关反欺诈服务报告，证实被告人张某为涉案网站的管理员。

（3）相关聊天记录、交通银行账户明细，证实被告人张某为牟利，为他人搭建“金沙国际”赌博网站。

（4）公安机关出具的案发经过表格、户籍信息，证实被告人张某的到案情况及身份情况。

五、争议焦点

（1）被告人张某的行为是否成立诈骗罪的共同犯罪？

（2）被告人张某主观是否具有非法占有公私财物的目的？

六、辩护意见

（1）辩护人认为张某主观上并不具有非法占有公私财物的目的及恶性，经辩护人查阅本案卷宗，张某自2020年3月起开始从事网站搭建工作，系本案的苏某某在群内搭识张某并提出购买网站搭建、域名提供服务等需求，而张某系根据苏某某需求搭建相关网站。从张某本人供述及相关物证中可看出，张某主观上虽然明知网站涉嫌违法犯罪，但其并未与苏某某等人共同谋划并实施诈骗行为，辩护人认为不能以张某明知他人需求是设立赌博诈骗网站而认定张某系与他人共谋实施诈骗行为，且本案也并无任何物证、证人证言能够证明张某主观及客观行为上系与他人有诈骗共谋、同谋。

（2）辩护人认为张某客观行为上也无参与谋划诈骗的行为及非法占有被害人被诈骗钱款的行为，张某系根据苏某某的需求，在论坛中下载了相关代码源码、购买域名并搭建网站，其搭建网站后将网站最高权限全部移交给苏某某。本案中寻找被害人黄某某、与被害人黄某某建立信任关系、引诱被害人投注等，均不是张某实施，张某在设立搭建相关网站之时以及在出售相关网站后，也并不知晓苏某某后期如何实施诈骗及整体计划和方案。其行为不足以认定其系诈骗罪的共犯。辩护人认为，就本案中目前的证据而言，无法证明张某系涉嫌诈骗罪的共犯，其行为应当认定为涉嫌非法利用信息网络罪。

(3) 即使认定张某涉嫌诈骗罪，也应认定为从犯，首先，张某搭建的网站已出售给苏某某，相关最高权限由苏某某实际控制，且该网站运营及后台均系由苏某某及其团队负责，后台管理及相关诈骗行为的分工并非被告人张某管控和管理，张某亦未与苏某某有任何的共谋通谋，因此，辩护人认为，即使认定张某涉嫌诈骗，其在本案中也系起次要作用，属于从犯，应按照从犯予以减轻处罚。

(4) 张某到案后如实供述了自身相关的主要犯罪行为，应当认定为坦白，张某在被侦查机关抓获到案后，多次讯问中均能如实交代自己的主要犯罪行为，其自始至终均系将自己为出售网站赢利、为他人设立搭建实施违法犯罪活动的网站这一主要犯罪事实如实供述，应当认定张某到案后如实供述了主要犯罪事实，系属于坦白，可以从轻处罚。

(5) 被告人张某到案后已认识到自身行为的违法性和危害性，其也多次表示对自身行为的懊恼和悔过，在辩护人会见时，其多次表示自愿退缴全部违法所得，辩护人认为应当对其使用认罪认罚从宽制度。

(6) 被告人张某社会表现一贯良好，此次涉案也系由于法律意识淡薄，其本人此前无任何犯罪前科，此次犯罪是初犯、偶犯，望酌情对其从轻减轻量刑。

七、法院判决

法院认为，被告人张某以非法占有为目的，采用虚构事实和隐瞒真相的方法骗取他人财物，其行为已构成诈骗罪，且数额特别巨大，依法应予惩处。公诉机关的指控，事实清楚，定性正确。被告人张某到案后能够如实供述自己的罪行，且自愿认罪认罚，依法可从轻处罚。辩护人与此相关的辩护意见，本院予以采纳。为维护社会治安秩序，保护公民的合法财产不受侵犯，依照

《中华人民共和国刑法》第二百六十六条、第二十五条第一款、第二十六条、第六十七条第三款、第五十二条、第五十三条、第六十四条以及《中华人民共和国刑事诉讼法》第十五条之规定，判决如下：

一、被告人张某犯诈骗罪，判处有期徒刑三年，并处罚金人民币十万元。

二、责令被告人张某退赔违法所得。

八、律师感悟

本案中张某的行为最终被认定为诈骗罪，与非法利用信息网络诈骗罪极为相似，非法利用信息网络诈骗罪的行为主要包括：设立用于实施诈骗、传授诈骗方法等违法犯罪活动的网站、通信群组的；发布有关制作或销售毒品、枪支、淫秽物品等违禁物品、管制物品或其他违法犯罪信息的；为实施诈骗等违法犯罪活动发布信息的。

本案中被告人张某一直从事网站搭建工作，在苏某某找到张某提出需要网站搭建服务时，其接下也属常理，但苏某某所提出搭建的网站，是诈骗赌博网站，这与其承接一般的网站搭建有本质的区别。笔者在会见被告人及阅读案卷材料时得知，被告人张某自始对该网站的性质是知情的。在共同犯罪的构成要件里，有意思互通的共同犯罪，即对犯罪行为从无到有的犯意及行为实施的共通；也有加功于他人犯罪的共犯，即没有与他人沟通成立某种共犯，如帮助犯；因此，本案有在理论上承认片面的有形帮助犯的余地。这也是本案的主要争议焦点，笔者在检索上海市市辖区内人民法院相关类案判决时，注意到类似案例如案号（2020）沪0105刑初820号刑事判决书，该案例中主要的犯罪事实与本案类似，亦是被告人经他人指使，架设用于违法犯罪的网站并收取报酬，后该网站被用于诈骗活动，致使被害人经济损失。该判决案例中认定被告人系受他人指使，利用信息网络，设立违法犯罪活动的网站，构成非法利用信息网络罪。这也说明，在该类诈骗罪里，与非法利用信息网络罪的区分标准值得详细剖析。

回归本案，张某本人从事程序开发工作，平时会在QQ群里接该类订单，张某初期与苏某某是抱着单纯挣钱的目的而提供搭建服务的，通过笔录可知，张某在提供服务的过程中，对该网站如何运营是非常清楚的，其明知该赌博网站可以修改后台数据，骗取参与人的钱款，仍旧提供了搭建服务，最终被认定为诈骗罪，系共同犯罪的从犯，而非非法利用信息网络罪。在审判阶段，定罪上没有过多可以争取的空间，笔者着重从量刑上为其辩护，张某诈骗金额特别巨大，法定基准量刑为四年半至五年，结合其他酌定量刑情节，最终为其争取到了三年刑期。

张某年龄较小，受教育程度低，社会经验不足，是家里的主要经济支柱，家中尚有刚出生的幼儿需其抚养，其努力赚钱本想给妻儿一个美好的未来，不料却误入歧途，反而给家里带来了负担。君子爱财，取之有道，望他能铭记于心，日后做个遵纪守法、踏实奋斗的青年。

【类案摘录】

案例25　张某某利用“英泰资本”期货交易平台诈骗案*

2019年10月起，包某与金某、杨某、莫某等人（均另案处理）经预谋，非法搭建“英泰资本”期货交易平台，并通过包某实际控制的九度财经直播平台设立“期市大咖”直播间招揽客户开户入金。2020年5—9月，被告人朱某某、张某某在该直播间分别担任直播间业务负责人、直播负责人，伙同客服、业务员、分析师等人采用客服拨打电话、业务员添加微信、分析师在直播间内宣传等方式招揽客户，通过虚假包装分析师、发送虚假投资盈利图、伪装盈利客户等方式诱导客户至上述虚假期货交易平台开户入金并进行交易，骗取被害人钱款共计270余万元。

2020年4月底，被告人张某某经朋友介绍入职，主要担任客服和销售，属于普通业务员，由组长领导工作，组长上面还有一名负责人。张某某的薪资报酬包括8000元底薪及3%～5%的提成。张某某所在团伙通过手续费赢利，手续费无统一的收费标准，但共收取了几十万元。

2020年9月3日，被告人朱某某、张某某分别在工作地被抓获，二人到案后如实供述主要犯罪事实。

法院认为，被告人朱某某、张某某伙同他人利用电信网络诈骗被害人钱财，数额特别巨大，其行为均已构成诈骗罪。公诉机关指控的事实及罪名成立。被告人朱某某、张某某在共同犯罪中起次要作用，系从犯，均应当减轻处罚。被告人朱某某、张某某到案后如实供述了自己的罪行，均可以从轻处

---

* （2021）沪0116刑初498号案件。

罚。被告人朱某某、张某某认罪认罚，均可以从宽处理。二被告人通过家属积极退缴违法所得，均可以酌情从轻处罚。综合被告人朱某某的犯罪情节、性质、危害后果等因素，不宜对其使用缓刑。最终，法院认定被告人张某某犯诈骗罪，判处有期徒刑 3 年 10 个月，并处罚金 4 万元。

第六章

恋爱诈骗典型案例解析

恋爱诈骗作为诈骗罪的一种形式，在当今社会中呈现多发的态势，尤其是随着互联网的发展，恋爱早已不再局限为男女双方面对面真实交往，多数发展为线上的网恋形式，这也就使得真实身份有了被虚构的空间，有的案例中男性假扮女性与男性被害人恋爱交往，使得被害人的心理受到严重伤害。当然，不论恋爱关系是否真实，在这种类型的诈骗案件中，被害人都将被骗取钱财，或对方借而不还，此处的不还并非还不起，而是本来就没有打算归还，这就具有非法占有的故意，明显构成诈骗罪。

本章共收录7个真实案例：

案例26，孙某被控虚构身份及收入情况，与多名被害女性同时交往，编造种种借口使得被害人给付钱款，数额达40余万元。

案例27，长达三年的网恋，被害人不断向邬某转账累计达30余万元。

案例28，张某某伙同蔡某某以虚假女性身份，以谈恋爱为名获取被害人信任，再编造理由索要钱款近5万元。

案例29，张某编造虚假身份，以考验被害人是否真心交往、遇车祸急需用钱等理由，骗得被害人钱款5000余元，后删除联系方式，拒不还款。

案例30，李某等人以恋爱为由，向被害人谎称“新葡京”赌博平台有漏洞可以稳赚钱，让被害人投入资金至赌博平台，后关闭平台而骗得钱款。

案例31，与案例27相似，窦某某假扮女生，骗取男性被害人。

案例32，与案例26相似，童某与被害人通过网络结识后在线下真实交往，其间虚构理由及还款能力向被害人借款。不同的是，童某还窃取被害人财物，同时构成盗窃罪。

案例 26 孙某恋爱借款诈骗案*

一、公诉机关指控

2017 年年底至 2018 年年初，被告人孙某通过他人或网络先后结识被害人何某、岑某、曲某。在与上述被害人交往期间，孙某以婚恋为幌，以虚构职业情况、家庭背景或编造虚假借款理由等方式，骗取上述被害人钱款共计 49 万余元。具体分述如下：

（1）2017 年年底，被告人孙某通过他人结识被害人何某。2018 年 1—4 月，孙某以恋爱为名，借口“帮副导演买机票”“副导演出轨被老婆发现需借款”“给家人买衣物、发红包”等各种理由，通过微信转账方式骗取何某钱款共计 5 万余元。在与何某交往期间，孙某还与被害人岑某建立“恋爱”关系，并于 2018 年 4 月在何某不知情的情况下，趁何某在外地之际，将岑某带至何某在广州的租住处共同居住，后又在何某返回广州前，从该租住处突然离开。

（2）2018 年年初，被告人孙某通过网络结识被害人岑某。2018 年 4 月至 2019 年 6 月，孙某以恋爱为名，谎称自己系演员并虚构在剧组拍戏等事实，以“请导演吃饭”“投资影视项目”等各种理由，通过微信转账方式骗取岑某钱款共计 34 万余元。在和岑某交往期间，孙某隐瞒其与何某交往的情况，并于 2018 年 4 月在何某不知情的情况下，趁何某在外地之际，将岑某带至何某在广州的租住处共同居住。2019 年 2—5 月，孙某在与另一被害人曲某“恋爱”及建立婚姻关系期间，其仍向岑某隐瞒实情，与岑某保持“恋爱”关系，并仍以各种理由频繁索要钱款。在上述过程中，岑某有流产经历，其

---

* （2020）沪 0106 刑初 735 号案件。

间还欠下“网贷”，后被医院评估为“可能存在比较严重的抑郁症状”“可能存在比较严重的焦虑症状”。

（3）2019 年 2 月，被告人孙某通过抖音、微博结识被害人曲某，谎称自己“从事影视行业”、此前“拍话剧”、目前系演员，并虚构家庭背景及经济实力等骗取曲某的信任，后于 2019 年 5 月 7 日与曲某领取结婚证。婚后不久，孙某即从曲某处获取大量钱款。经查，2019 年 3—5 月，孙某从曲某处通过微信方式骗取钱款共计 9 万余元。在与曲某“恋爱”及建立婚姻关系期间，孙某始终与被害人岑某保持“恋爱”关系并向曲某隐瞒实情。

二、案情拓展

（1）该案由于被告人孙某的妻子，即被害人曲某在与孙某的争吵中，得知孙某与他人交往且存在钱款往来，便与另外两名被害人取得联系，共同至公安机关报案。

（2）2018 年 1 月 16 日，被告人孙某向被害人岑某出具《借条》一张，主要内容为“今收到岑某以微信转账出借的 17000（壹万柒仟）元，2019 年 1 月 29 日还清”。

（3）2019 年 1 月 16 日，被告人孙某向被害人岑某出具《借条》两张，其中一张的主要内容为“今收到岑某以微信转账出借的 170000（拾柒万）元，约定还款日期为 2019 年 1 月 29 日”；另一张的主要内容为“今收到岑某以微信转账出借的 80000（捌万）元，约定还款日期为 2019 年 1 月 29 日”。

（4）2019 年 6 月 19 日，被告人孙某向被害人曲某出具《借款条》一张，主要内容为“孙某于 2019 年 5 月 15 日向曲某借款共计 10 万元，定于 2019 年 6 月 26 日偿还，借款用于微商投资，借的钱是婚前个人财产”。

三、量刑情节

（1）公安人员至被告人孙某家中将其传唤到案。

（2）公安机关第一份讯问笔录显示被告人孙某对于三起诈骗事实供认不讳，自第二次讯问笔录开始至庭审，均否认诈骗事实。

（3）案发后，被告人孙某在亲属帮助下退赔被害人岑某 10 万元、退赔被害人何某5万元，并取得何某谅解。

四、证据认定

本案中，公诉机关及辩护人均提交了相应证据，法院审理后作出如下认定：

（1）被害人何某、岑某的陈述笔录及相关微信聊天记录、银行账户交易明细、消费记录、借条、房产租赁合同等，证实被告人孙某以恋爱为名与两人同时交往，其间以“副导演出轨被老婆发现需借款”“请导演、制片人吃饭”“投资影视项目”等各种理由骗取钱款的事实。

（2）证人曲某、丁某的证言，证实被告人孙某以谈恋爱为手段获取钱款，甚至在婚后仍与其他女性保持恋爱关系进行诈骗的事实。

（3）证人孙某某（被告人孙某父亲）、证人胡某（影视传播公司法人、制片人）的电话记录，证实被告人孙某无固定工作及正常生活来源且没有拍过电影的事实，以及胡某虽曾与被告人孙某草签影视项目合作协议，但没有与其继续合作的意向，孙某以“副导演出轨被老婆发现需借款”、“请导演、制片人吃饭”、拍戏投入及出资租借车辆等各种理由均为虚构的事实。

（4）上海公信会计师事务所有限公司快速法鉴定专项审计报告、深圳市腾讯计算机系统有限公司微信转账交易光盘资料、重庆科信电子数据司法鉴定所关于恢复提取手机数据的司法鉴定意见书以及微信语音转换文字相关光盘资料，证实被告人孙某实施诈骗的具体事实及金额。

（5）住院病案、出院记录、北京大学首钢医院抑郁自评量表结果分析报告单和焦虑自评量表结果分析报告单及照片等，证实被害人岑某有堕胎经历及被医院评估为可能存在比较严重的抑郁症状和焦虑症状的事实。

（6）公安机关办案说明，证实被告人孙某的到案经过。

五、争议焦点

（1）出具借条的行为，可否对抗非法占有为目的？

（2）用于共同花销的部分，是否应作为诈骗金额？

六、辩护意见

通过前述案情的介绍，不难发现本案主要的辩护意见应围绕诈骗罪是否构成，尤其是被告人主观方面是否有非法占有的故意，以及构成诈骗的情况下，犯罪金额如何认定两方面展开。

基于被告人孙某一直坚持无罪辩解，辩护人对于本案提出无罪辩护的律师意见。从诈骗罪的犯罪构成来看，主观方面要探讨被告人孙某是否具有非法占有被害人钱款的目的，也就是前述争议焦点第一项。被告人向被害人出具了《借条》，并且在《借条》中详细写明了借款金额、出借方式、还款时间等，也就是说被告人将从被害人处所得款项进行了统计，确认了双方债务的金额。被告人孙某出具《借条》以及与各被害人的微信聊天记录均证实有还款意愿，并完全认可《借条》内容，被害人岑某的陈述也可予以佐证，岑某曾说孙某承诺偿还全部钱财，并写了三张借条，一张 8 万元，一张 17 万元，一张 1.7 万元，还款日期均为 2019 年 1 月 29 日；同时，被告人孙某多次与家人提及需要使用大额资金用于还债，且告知了家人资金需求的大体时间，其家人也绝对有相应的经济能力拿出该笔资金，这也可见被告人孙某确实有相应的还款安排。退一步讲，即使被告人未能如期还款，被害人有借据在手，也可以通过民事诉讼的途径，向被告人孙某索要，从本质上来讲各被害人并未丧失法律救济的手段。

不可否认，被告人孙某确实虚构了一些借款理由要求被害人转款，但虚构理由并不完全导致非法占有为目的的认定。日常生活中，自然人之间的借贷行为往往多数也伴随着虚假的理由，其目的无外乎不好意思说出实情，或为了提高借款的成功率等，这也可以看出是存在部分“骗”的成分。另外，本案中从查明的事实来看被告人孙某虽无稳定的生活来源，但也不能完全认定他没有还款能力，他的家人均有一定的经济能力，本案所有款项均可在其家人的承受范围之内完全支付，而现实是孙某的家人与孙某每年团聚不及两三次，并不知孙某欠款的具体情况，更不知孙某已与曲某结婚登记，从而未能及时介入处理，导致被害人共同报案。

本案中，被告人孙某的妻子曲某，至公安机关报案的起因是生活纠纷而引发泄愤，纠集另外多名被害人一起报案也不符合此类案件案发的常理，可以说被告人孙某的“脚踩多只船”行为引起了诸多女性的愤怒，令她们“同病相怜”，决定抱团一起打倒“陈世美”。在公安机关刑事侦查卷宗中，“被害人”不只前述的三名女性，还有孙某的多名女性朋友也被曲某拉拢前来报案，只不过孙某与她们之间的借贷行为非常明显，且转款次数极少，进而未被认定为诈骗行为，难道仅仅是因为转款次数少或金额不高？答案是否定的，从这几位女性的讯问笔录来看，辩护人认为孙某在借款时也有虚假理由存在，只不过孙某最终还清了款项，仍存在欠款的证据不足。

在道德上，被告人孙某的“婚恋”行为确实不被允许，甚至会遭人唾弃，但他并未完全丧失还款能力，也未断绝与被害人的联系，非法占有的目的未体现，不应以诈骗定其罪。

退一步讲，被告人孙某的行为构成诈骗罪，那么诈骗金额应当予以明确，应剔除孙某与被害人何某、岑某共同开销的部分、互相之间有特殊节日意义的转账金额，以及明确表达了赠与用途的款项等。被害人曲某系孙某的合法妻子，双方一直共同生活，相互的转款收款行为无法与诈骗行为相联系，应为共同生活开销。从被害人的损失，以及被告人的得益角度出发，用于双方共同生活的开支并非完全由被告人孙某得益，这部分金额不应计入被告人孙某非法占有的金额。孙某与被害人恋爱关系期间，转账次数很多，有些金额的转账并非孙某要求的，而是被害人主动提出，其中有赠与的意思表示，这些金额也应扣除。

七、法院判决

法院认为，被告人孙某诈骗他人财物，数额巨大，其行为已构成诈骗罪，依法应予惩处。公诉机关指控的事实清楚，证据确实、充分，指控的罪名成立。经查，被告人孙某无固定工作及正常生活来源，在与女性交往的过程中，其虚构身份和经历，博取对方欣赏与信任。其间，被告人隐瞒与其他女性同时“恋爱”的事实，谎称投资影视项目，编造与拍戏运作相关的各种借口获取钱款，其行为符合诈骗罪的构成要件。相关钱款虽有系女方用于共同开销或出具借条的部分，但基于被告人以非法占有为目的，虚构事实、隐瞒真相的前提，均应一并计入犯罪数额。被告人与曲某已领取结婚证书，在婚姻关系存续期间，曲某转给被告人的钱款不排除用于双方共同生活所需，故不计入诈骗金额，采纳被告人的辩解及其辩护人的相关辩护意见。被告人有部分退赔情节且取得一名被害人谅解，可酌情从轻处罚。据此，依照《中华人民共和国刑法》第二百六十六条和第六十四条之规定，判决如下：

一、被告人孙某犯诈骗罪，判处有期徒刑七年九个月，并处罚金人民币三万元。

二、责令退赔其余违法所得，发还被害人。

八、律师感悟

笔者于2019年9月3日接受被告人孙某家属的委托，此时被告人孙某已被检察机关批准逮捕，案件尚未进入审查起诉阶段。在与被告人孙某的首次会见中，孙某否认对各被害人有诈骗行为，并列举了部分事实进行辩解，且提出家属手上有相应的借条等证据可以佐证其辩解。在此后的多次会见中，被告人孙某一直坚持无罪的陈述。笔者与被告人孙某家属沟通，收集了相应的证据材料，孙某家属也通过多次努力，积极退出部分款项，并征得了部分被害人的谅解，对案件的判决结果起到了一定的作用。

本案另有一个重要的细节，公安机关的第一份讯问笔录显示被告人孙某对于三起诈骗事实供认不讳，这给律师的辩护工作带来了不小的“麻烦”，即孙某属于先作有罪供述，后全盘翻供，其给出的理由是对于侦查机关的讯问存在认知错误。如果辩护律师仅从被告人孙某对“骗”和“借”这两个字的含义出现认知错误角度进行辩解，显然是站不住脚的，如何对此作出辩解是非常困难的。

随着案件办理的深入，阅看本案的全部卷宗以后，出于对本案全部细节的把控，笔者曾在审查起诉阶段与公诉人探讨过认罪认罚的量刑建议，并与被告人孙某多次会见讨论，但均无法达成一致意见，因而本案在审查起诉阶段未进入认罪认罚程序。在案件的审判阶段，笔者会见被告人孙某时，其本人也曾出现过认罪认罚的想法，但并没有付诸实施，为此被告人及笔者均对本案作无罪辩护。

本案是一起典型的线下婚恋关系中，因一方向另一方借款而引发的诈骗案例。婚恋关系尤其是线下的婚恋行为，只要男女双方情投意合，定下了恋爱的约定，即可视为恋爱关系存在，双方也常以恋人或爱人相称，他人作为非当事人，很难判断这种恋爱关系是真实的，还是虚假的，本案中被告人孙某与多名被害人同时保持恋爱关系在道德上站不住脚，但并不能因此而认定其就有诈骗目的，反而是这种多人同时对孙某进行单向转款的行为，无形中使得孙某被认定为非法占有为目的可能性增大。本案中被告人对于身份及家庭其实没有做虚假包装，其所述均是真实的，只是大部分的借款理由并不真实，其本人没有还款经济来源，也未有实质还款行为，使得法院认定其有诈骗钱款的故意，进而定罪。

本案的多名被害人确实受到了很大的伤害，金钱损失可以弥补，但感情创伤以及身体损伤是不可逆的，抛开案件本身来讲，笔者非常同情她们的经历。

孙某的行为在道德上应受到谴责，但如果其能早日醒悟，也不至于案发而入狱。案发前，被告人孙某已经与曲某结婚，已不存在与另两位被害人继续保持恋爱关系的条件，孙某应当及时与两位被害人说明情况，结束与两位被害人之间的“恋爱”关系，将与两位被害人之间形成的借款及时归还，或者达成书面的分期还款协议，并切实履行，这一操作还是有很大的可行性的，因为在当初写下借条时，孙某已经和家人提及过还款的时间，以及大体的金额，家人也表示支持。如果当初孙某能如上操作，也就不会出现后来的多名被害人相约一起报案的情形，如今身陷囹圄，可谓悔之晚矣！

案例 27 邬某恋爱诈骗案*

一、公诉机关指控

2018 年 4 月 17 日至 2020 年 3 月 31 日间，被告人邬某通过网络冒充他人身份与被害人彭某建立恋爱关系，取得其信任后，虚构公司交罚款、家人生病等理由，以借款为名先后多次通过微信、支付宝转账方式骗取被害人彭某钱款合计 30 余万元。

2021 年 5 月 13 日，被告人邬某被公安机关抓获，到案后如实供述了自己的犯罪事实。

二、案情拓展

2021 年 4 月底，被害人彭某至派出所报案，陈述：2018 年 2 月在某交友软件上认识了一个好友"婷婷"，后与"婷婷"发展成男女朋友关系互加微信和 QQ，从认识至今对方以各种理由向彭某借钱，彭某用微信和支付宝转账的方式向"婷婷"汇款达 20 余万元，2021 年 4 月中旬彭某发现对方的微信信息与之前发来的身份信息不一致，怀疑被骗，遂前来报警。经过警方的详细询问，彭某陈述三年间共向"婷婷"转账达 117 笔，金额中有 520，也有 10000、5000 之类的整数，更有 2103、1745、384、5862 之类的数字，总额达 30 余万元。

被告人邬某供述：2017 年与彭某在某软件认识，并向彭某推荐投资外汇业务，后来一直没有投资，到 2018 年前后和彭某确定网恋关系，自称"婷婷"，微信中个人信息显示为谢某某（女性）。起初邬某试着以外汇资金不足向彭某借款几千元，没想到彭某直接微信转了过来。之后，邬某就以炒外汇、

* （2021）沪 0115 刑初 3921 号案件。

公司交罚款、家人生病等理由，陆续向彭某借款，均收到了相关汇款。据邬某供述借来的款项均用于炒外汇，但被平台通过控制大盘的手段导致亏损，为此邬某还至重庆市报案。三年间，邬某也向彭某还过欠款，金额均比较小，一共约 5000 元。当民警讯问剩余欠款准备如何处理时，邬某说准备有钱了还给他，但对于彭某的质疑，不知道该怎么回复，只能逃避。

三、量刑情节

（1）被告人邬某被公安机关抓获到案，到案以后如实供述自己的犯罪事实，系坦白。

（2）在审查起诉阶段，被告人邬某自愿认罪认罚，并签署了《认罪认罚具结书》。

四、证据认定

本案中，公诉机关提交了相应证据，法院审理后作出如下认定：

（1）被告人邬某的供述，证实上述犯罪事实。

（2）被害人彭某的陈述，证实被告人邬某冒用他人身份与其建立恋爱关系，并骗取钱财的经过。

（3）接受证据清单、微信聊天记录截图，证实被告人邬某冒用“谢某某”的身份骗取被害人彭某钱财的事实。

（4）银行交易明细、微信支付明细等，证实被告人邬某骗取被害人彭某的具体数额。

（5）扣押决定书、扣押清单、扣押笔录，证实从被告人邬某处扣押到手机一部。

（6）案发经过，证实被告人邬某的到案经过。

（7）户籍信息，证实被告人邬某的身份情况。

上述证据收集程序合法，内容客观真实，足以认定指控事实。

五、争议焦点

被告人邬某到案后如实供述，这是一起典型的认罪认罚案件，控辩双方无重大分歧，无明显争议焦点。

六、辩护意见

（1）被告人到案后如实供述自己全部的罪行，有坦白情节，依据《刑法》第 67 条第 3 款，可以从轻处罚。

（2）被告人在审查起诉阶段自愿认罪认罚，当庭也继续表示认罪认罚，依据《刑事诉讼法》第 15 条，可以从宽处理。

（3）被告人在向彭某借款后，有还款的打算，以及数次还款的行为，虽金额较小，但也反映了被告人的还款意愿，非法占有的主观恶性较小。

（4）被告人借款后没有用于个人挥霍或其他非法用途，投资外汇被骗的事实也是其不能及时偿还被害人的原因，或促使其不断向被害人借款的原因，应该说本案借款金额的不断增加是有一定的现实理由，并非全是被告人的贪婪所致。

（5）被告人身陷囹圄，深深自责，多次通过辩护人带话托家人筹款用于退缴违法所得，但家庭经济实在困难，年迈的父母无法提供经济上的帮助，可见被告人认罪悔罪，并决心改过，相信其今后不会再犯罪。

（6）被告人此前没有任何前科劣迹，此次系初犯、偶犯，给其一次改过自新的机会，既能起到惩罚的效果，也能达到教育的目的。

七、法院判决

法院认为，被告人邬某以非法占有为目的，虚构事实、隐瞒真相，多次骗取公民钱财，数额巨大，依照《中华人民共和国刑法》第二百六十六条的规定，已构成诈骗罪，应处三年以上十年以下有期徒刑，并处罚金。公诉机关指控被告人邬某犯诈骗罪的事实清楚，证据确实、充分，指控的罪名成立。被告人到案后如实供述自己的犯罪事实，根据《中华人民共和国刑法》第六十七条第三款的规定，可以从轻处罚。被告人能自愿认罪认罚，依据《中华人民共和国刑事诉讼法》第十五条的规定，可以从宽处理。辩护人建议对其从轻处罚的辩护意见，本院予以采纳。被告人应当依照《中华人民共和国刑法》第五十二条、第五十三条的规定向本院缴纳罚金。依照《中华人民共和国刑法》第六十四条的规定，应当追缴被告人的犯罪所得，发还被害人；作案工具应予没收。本院为保护合法财产权利不受侵犯，判决如下：

一、被告人邬某犯诈骗罪，判处有期徒刑五年五个月，并处罚金人民币六万元。

二、追缴被告人邬某的犯罪所得，发还被害人；作案工具移动电话机一部，予以没收。

八、律师感悟

翻阅了本案的全部卷宗，了解了被害人的陈述，以及被告人的全部供述，事实比较清晰，证据方面也比较充实。这个案例可以说是常见又不常见，说其常见是因为当今社会网友通过社交软件相识进而建立恋爱关系的比比皆是，就是通常所说的“网恋”；说其不常见是因为长达三年的“网恋”没有走到“奔现”的一步，在没有核实对方身份真假的前提下，男方向“女方”进行多达百次的转账借款，这是极其不寻常的。本案中，被害人心中的“婷婷”其实是一名男性，不知真相大白时被害人作何感想。被害人受到了感情的欺骗，也遭受了巨大的损失，他的遭遇无疑是值得同情的。

看到长达三年的恋爱期间，被害人竟没有发觉被骗，辩护律师也是百思不得其解，是邬某的手段太高明了，还是彭某缺少生活经验？

本案中，被告人邬某到案以后如实供述，幡然醒悟，也自愿接受法律的制裁，笔者相信他在案发以后确实做到了认罪悔罪，今后绝不会再做违法犯罪的事。从刑事辩护的角度来看，本案中被告人邬某犯罪金额达到数额巨大的标准，量刑区间为三年以上十年以下有期徒刑，并且从全案来看并没有可以法定减轻处罚的情节，如自首、立功等，仅有坦白、认罪认罚两个情节，最终获刑五年五个月也是得到了从轻或从宽处罚。

从邬某的角度出发，案发其实可以避免。据邬某本人交代，其曾遭受了外汇平台的诈骗，并前往重庆公安机关报案，但对自己诈骗彭某的行为不自知，或不知该行为的严重性质，如当初能从被害人的角度出发，将心比心，及时主动将钱款还给彭某，就不会案发。如果邬某犯案后能自动投案，便可得到一个自首的减轻情节，刑期也将大幅缩减。案发后，如果邬某的家人能够多方筹措资金一次性或分期归还被害人，得到被害人的书面谅解，也能得到相对较好的判决结果。遗憾的是，以上只能是假设，现实却是如此残酷。

案例28　张某某恋爱诈骗案*

一、公诉机关指控

2020年6月，被告人张某某、蔡某某同他人经预谋，使用被告人张某某提供的微信号，虚构“张婷”的女性身份，被告人蔡某某以谈恋爱为名获取被害人山某的信任，再由他人以“买花篮、亲戚住院”等理由向被害人索要钱款，骗取被害人山某通过微信转账共计46515.14元，后分赃花用。

2020年8月24日，被告人张某某、蔡某某因重大作案嫌疑，在广东茂名被抓获，到案后供述了涉案事实。

二、案情拓展

2020年7月24日上午，被害人山某至派出所报案，陈述：2020年6月10日上班时通过联信交友平台认识了一个网友，在平台上聊完天，对方发微信账号给我，自称张婷。次日，张婷称之前的微信号不用了，让我添加另一个微信。17日，张婷在微信上称自己要去看外婆，因为身上没有钱，所以向我借500元，我同意了，通过微信转给对方500元。20日，张婷在微信上称自己要买花篮，连续向我借3笔388元，我用微信转给了对方。21日，张婷让我表达对她的感情，给她转账，我也同意了，我通过微信分别转给对方520元、1314元、13.14元、1314元、3344元、9999元、9999元、2020元。22日，张婷称自己姨妈住院，需要医药费，我通过微信转账给她10000元和5000元。6月29日，张婷在微信上称拿着房产证来上海还我钱，但是自己身上没有钱，让我转给她，我同意了，通过微信红包转给对方5笔200元。然

* （2020）沪0115刑初5359号案件。

后我就联系不到对方，微信被拉黑，我意识到被骗了，就来报案了。

2020 年 11 月 13 日，被告人张某某在审查起诉阶段自愿认罪认罚，在辩护律师的参与下，签署了《认罪认罚具结书》，认可检察院提出的量刑建议：有期徒刑二年，并处罚金。

2020 年 11 月 27 日，被告人张某某、蔡某某在家属的帮助下向被害人山某退还了全部诈骗款项，取得了山某的书面谅解。

三、量刑情节

（1）被告人张某某被公安机关抓获到案，到案以后如实供述自己的犯罪事实，系坦白。

（2）在审查起诉阶段，被告人张某某自愿认罪认罚，并签署了《认罪认罚具结书》。

（3）被告人张某某退出全部诈骗所得，取得了被害人的谅解。

四、证据认定

本案中，公诉机关及辩护人提交了相应证据，法院审理后作出如下认定：

（1）上海市公安局浦东分局接受证据清单及相关微信聊天记录。微信转账记录，证实被害人山某被以买花篮、亲戚住院需要钱等理由，共计骗取 46515.14 元的事实。

（2）上海市公安局浦东分局三林公安处刑事侦查大队出具的工作情况说明、财付通支付科技公司账户主体查询信息、财付通账户转账信息，证实诈骗微信号关联被告人张某某，且与被告人蔡某某的微信账户有转账交易记录。

（3）上海市公安局浦东分局扣押决定书、扣押笔录和扣押清单，证实从张某某、蔡某某处扣押到作案工具手机的事实。

（4）上海市公安局浦东分局受案登记表、案（事）件接报回执单、立案决定书、三林公安处刑事侦查大队出具的案发抓获经过，证实本案的案发情况及被告人张某某、蔡某某的到案情况。

（5）户籍人员基本信息和被告人张某某、蔡某某的供述，证实被告人张某某、蔡某某的身份情况。

（6）被害人山某的陈述，证实其受骗的过程和金额。

（7）被告人张某某、蔡某某的供述，对上述事实供认不讳。

（8）被害人山某出具的《谅解书》，证实被告人张某某、蔡某某已经全部退还46515.14元，并征得了被害人的谅解。

五、争议焦点

被告人张某某到案后如实供述，这是一起典型的认罪认罚案件，控辩双方无重大分歧，无明显争议焦点。

六、辩护意见

（1）被告人到案后如实供述自己全部的罪行，有坦白情节，依据《刑法》第67条第3款，可以从轻处罚。

（2）被告人在审查起诉阶段自愿认罪认罚，当庭也继续表示认罪认罚，依据《刑事诉讼法》第15条，可以从宽处理。

（3）本案庭审前，被告人通过家属，已经向被害人退还了全部诈骗款项，并征得了被害人的谅解，在庭审中坚持认罪认罚，希望法庭能在原有《认罪认罚具结书》量刑建议的基础上减轻处罚。

（4）被告人此前没有任何前科劣迹，此次系初犯偶犯，给其一次改过自新的机会，既能起到惩罚的效果，也能达到教育的目的。

七、法院判决

法院认为，被告人张某某、蔡某某伙同他人以非法占有为目的，采用虚构事实、隐瞒真相的手段，骗取他人财物，数额较大，其行为已构成诈骗罪。公诉机关的指控成立，予以支持。被告人张某某、蔡某某系共同犯罪。被告人张某某、蔡某某到案后能如实供述罪行，对其依法从轻处罚。被告人张某某、蔡某某当庭自愿认罪认罚，对其依法从宽处罚。被告人张某某、蔡某某已在家属帮助下赔偿了被害人经济损失，取得谅解，对其酌情从轻处罚。依照《中华人民共和国刑法》第二百六十六条、第二十五条、第六十七条第三款、第五十二条、第五十三条、第六十四条、《中华人民共和国刑事诉讼法》

第十五条之规定，判决如下：

一、被告人张某某犯诈骗罪，判处有期徒刑一年，罚金人民币三千元。

二、被告人蔡某某犯诈骗罪，判处有期徒刑一年，罚金人民币三千元。

三、扣押在案的作案工具移动电话予以没收。

八、律师感悟

根据司法大数据统计，2017—2021 年，犯罪分子实施网络诈骗案件的方式中，前三类为贷款类、冒充类和虚假招聘类案件，而冒充类网络诈骗案件中，犯罪分子尤以冒充女性、熟人居多，冒充女性的占比达 22.20% 。之所以冒充女性和熟人，除了编造谎言、角色的需要，可能女性和熟人在很大程度上都可以降低被害人的警惕性，提高犯罪分子诈骗的成功率。

本案就是一起典型的利用恋爱关系来诈骗男性的案件，与前面邬某某的案例极其相似，都是男性被告人假扮女性的身份，进而编造各种借款理由，骗取被害人钱财。从律师辩护的角度出发，本案事实比较清楚，被告人也均在首次讯问时作出了有罪供述。通过认罪认罚程序，主动争取对被告人最有利的量刑建议是辩护律师在审查起诉阶段的重要工作。本案认定的诈骗数额不足 5 万元，量刑区间未达到 3 年的标准，但将近 5 万元的数额结合司法实践该类案件缓刑的概率也是几乎没有的，所以辩护律师在认罪认罚具结时，能为其争取到 2 年的量刑建议，也实属不易。

另外，这也是一起典型的通过后期努力，在检察院原有量刑建议基础上大幅减少刑期的成功案例。在司法实践中，绝大多数的认罪认罚具结均能得到法院的支持，不会有大的变动，但如果被告人的量刑情节发生改变，也会对判决结果产生影响。本案中，检察院将案件递交法院起诉后，一审开庭前，辩护律师和家属与被害人取得联系，并退还了全部诈骗款项，取得被害人书面的谅解，势必会减轻原有的量刑建议，本案的判决结果也由原先的 2 年刑期改为 1 年刑期。当然，如果在审查起诉阶段，辩护人能通过努力征得被害人的谅解，也会起到基本相同的效果，同时还可以在法院庭审前与主审法官沟通提前预缴罚金，多数情况还可以在原有量刑建议的基础上适当减少刑期。

婚恋诈骗近年来较为常见，相较于其他类型的诈骗案件，以恋爱为名实施诈骗的犯罪行为除了对被害人造成财产损失外，也容易对被害人心理造成一定伤害，甚至影响被害人今后正常的人际交往，危害后果值得引起重视。因此在实际生活中也应提高对此类诈骗犯罪的警惕，对于过度包装自己，过分夸大自己的经济实力或社会地位，短时间内索要大量钱款，双方互赠财物数额悬殊等不合理情况应加以防范，避免堕入“人财两空”的境地。

案例 29 张某恋爱诈骗案*

一、公诉机关指控

2021 年 5 月，被告人张某编造“刘某宁”的虚假身份在网络上与被害人胡某某相识后添加微信聊天。同年 6 月 2 日，被告人张某通过伪造“刘某宁”与同事“王某”的微信聊天记录、假冒“王某”与胡某某网络聊天等方式取得被害人信任，并以考验胡某是否真心交往、遇车祸急需用钱等理由骗得钱款共计 5834 元，后通过删除微信好友等方式失联，拒不归还钱款。

2021 年 6 月 16 日，被告人张某被公安机关抓获，其到案后曾否认上述事实，后在审查逮捕阶段自愿如实供述。

二、案情拓展

2021 年 6 月 26 日，在辩护律师的帮助下，张某的家属代向被害人退赔全部经济损失，并取得谅解。

被告人张某于 7 月 1 日被取保候审。

2021 年 7 月 21 日，被告人张某在审查起诉阶段自愿认罪认罚，在辩护律师的参与下，签署了《认罪认罚具结书》，认可检察院提出的量刑建议：拘役五个月，并处罚金，可适用缓刑。

三、量刑情节

（1）2021 年 6 月 16 日，被告人张某被公安机关抓获。

（2）被告人张某到案以后曾否认犯罪事实，后如实供述自己的犯罪事实。

---

* （2021）沪 0112 刑初 1324 号案件。

（3）被告人张某退出全部诈骗所得，取得了被害人的谅解。

（4）在审查起诉阶段，被告人张某自愿认罪认罚，并签署了《认罪认罚具结书》。

四、证据认定

本案中，公诉机关及辩护人提交了相应证据，法院审理后作出如下认定：

（1）被害人胡某的陈述及其提供的微信聊天记录、转账记录等书证证实，被告人张某虚构“刘某宁”身份与其添加微信好友，后以各种理由从其处骗取钱款的事实。

（2）上海市公安局闵行分局出具的《扣押决定书》《扣押清单》证实，从被告人张某处扣押手机一部；上海市公安局闵行分局七宝派出所出具的《抓获经过》《案发简要经过》证实，本案案发及被告人张某的到案经过。

（3）被害人胡某出具的《谅解书》及相关转账凭证证实，其已收到赔偿并表示谅解。

（4）被告人张某的有罪供述证实，其主要犯罪事实。

五、争议焦点

被告人张某到案后如实供述，这是一起典型的认罪认罚案件，控辩双方无重大分歧，无明显争议焦点。

六、辩护意见

（1）被告人到案后如实供述自己全部的罪行，有坦白情节，依据《刑法》第67条第3款，可以从轻处罚。

（2）被告人在审查起诉阶段自愿认罪认罚，当庭也继续表示认罪认罚，依据《刑事诉讼法》第15条，可以从宽处理。

（3）被告人通过家属，已经向被害人退还了全部诈骗款项，并征得了被害人的谅解，可酌情从轻处罚。

七、法院判决

法院认为，公诉机关指控被告人张某犯诈骗罪的事实清楚，证据确实、充分，量刑建议适当。辩护人提出的辩护意见，本院予以采纳。依照《中华人民共和国刑法》第二百六十六条，第六十七条第三款，第七十二条第一款、第三款，第七十三条第一款、第三款，第五十二条，第五十三条，第六十四条，以及《中华人民共和国刑事诉讼法》第十五条、第二百零一条之规定，判决如下：

一、被告人张某犯诈骗罪，判处拘役五个月，缓刑五个月，并处罚金人民币二千元。

二、扣押在案的手机予以没收。

八、律师感悟

本案是一起典型的辩护律师与时间赛跑的案件，张某于 6 月 17 日被刑事拘留，家属于 20 日委托笔者团队律师，并办妥委托手续，辩护律师于次日即至上海市闵行区看守所会见张某。了解了基本案情以后，辩护律师马上与家属沟通向被害人退赔事宜，26 日与家属一起向被害人退赔并取得了谅解，立即起草取保候审申请材料递交至办案机关。至 7 月 1 日，张某被检察机关获准取保候审，走出了看守所，恢复自由。

本案的事实简单清楚，证据材料确实充分，被告人归案后先是否认犯罪事实，后在辩护律师的普法下，其心生悔意，决定如实供述，在审查逮捕阶段开始如实供述了自己的犯罪事实，主要也是因为犯罪金额不高，在检察院审查逮捕提审时，其抓住了坦白交代的机会，在辩护律师及家属办妥退赃并取得被害人谅解的前提下，张某才得以被变更强制措施为取保候审。如此看来，被告人与辩护人、家属之间密切配合、齐心协力才是争取最好结果的关键。

认罪认罚并适用速裁程序审理，也是本案的一大亮点，充分体现了我国司法审判制度的优势，既节约了司法资源，又对被告人从宽处罚。

本案的被告人高中文化，系来沪务工人员，生活相对有些艰难，出于一时的贪念，走上了犯罪的道路，经过了先期的羁押，也体会到了失去自由的残酷，相信这个经历给他的人生上了重要的一课，以后要靠自己的双手创造生活，即使生活再艰难，也绝不能再走上违法犯罪的道路，好在其涉案金额不大，又没有过往前科，取保候审以后能在法院审判时获得缓刑已是最好的结果。用张某自己的话说，幸好本案案发得早，诈骗金额尚未达到巨大的标准，否则其将面临数年的牢狱之苦。

案例30　李某恋爱诈骗案*

一、公诉机关指控

2020年3月初，被告人郑某经与宛某（另案处理）事先商量，由被告人郑某负责找人搭建名为“股亚通”的诈骗平台，由宛某负责物色代理团队实施诈骗，后宛某伙同吴某某、郭某、彭某某（均另案处理）在上海市奉贤区，利用“股亚通”平台作为实施诈骗的工具，通过反向推荐引导被害人配资加杠杆买卖股票、诱导被害人频繁操作产生高额手续费及递延费，诈骗被害人朱某某钱款3万余元。

自2020年3月起，郑某伙同马某、郑某2、蔡某、朱某、李某、张某等人，利用“新葡京”赌博诈骗平台实施诈骗，其中，郑某系该诈骗团伙负责人，马某负责平台技术工作，郑某2、蔡某负责各自诈骗窝点管理，李某等人负责在境外婚恋网站上寻找被害人，以谈朋友的名义骗取被害人信任，发展为恋爱关系后，向被害人谎称该赌博平台有漏洞可以稳赚钱，让被害人投入资金至该赌博平台，后关闭该赌博平台，导致被害人段某、张某、林某分别被骗26万余元、77200元、60万余元。其中郑某、马某的诈骗金额为94万余元，郑某2的诈骗金额为60万余元，蔡某的诈骗金额为33万余元，朱某的诈骗金额为26万余元，李某的诈骗金额为8万余元，张某的诈骗金额为77200元。

被告人郑某到案后带领公安机关指认并抓获其他同案犯。2020年9月11日，被告人李某被公安机关抓获，到案后如实供述了自己的犯罪事实。

* （2021）沪0120刑初198号案件。

二、案情拓展

2020年4月，李某通过马某介绍进入以郑某为首的诈骗团伙，由郑某提供手机、香港手机卡号、VPN链接节点，并按其指示下载微信、LINE、Telegram、Facebook等聊天工具和恋爱网站两颗红豆、蜜糖婚恋、零次约会等，在上述网站登记虚假身份，从社交媒体上找一些长得漂亮、吸引人的照片作为头像及生活照片，伪装成因疫情无法回到境外生活的女性，或者比较自由、生活条件比较富足的女性。通过VPN翻墙软件登录，添加境外聊天好友，物色目标，并通过聊天维护情感，与对方在网络上谈情说爱，取得对方信任后，就以自己和亲戚都在玩的博彩平台有漏洞可以赚钱，并制作假的汇款凭证，让被害人相信是真的赚到了钱，然后以要不要一起玩等理由为借口吸引被害人在郑某控制的赌博平台上充值。

案发后被告人李某主动退赔被害人经济损失5万元，并取得了被害人的谅解。在案件审理期间，被告人李某又主动退赔被害人经济损失3万元。

三、量刑情节

（1）被告人李某被公安机关抓获，到案以后如实供述自己的犯罪事实，系坦白。

（2）被告人李某在被首次询问时便表示自愿认罪认罚，并在审查起诉阶段签署了《认罪认罚具结书》。

（3）被告人李某在共同犯罪中起次要作用，系从犯。

（4）被告人李某主动退赔8万元，并取得了被害人的谅解。

四、证据认定

本案中，公诉机关提交了相应证据，法院审理后作出如下认定：

（1）被害人段某、张某民、林某文的陈述，转账记录，证实被告人郑某、李某等人利用“新葡京”平台分别骗取钱款26万余元、77200元、60万余元的事实。

（2）扣押决定书、扣押笔录、扣押清单，证实从被告人郑某处扣押到手机一部，被告人李某处扣押到手机两部。

（3）案发经过、工作情况，证实本案案发及各被告人到案的经过。

（4）户籍信息，证实各被告人作案时均已达到完全刑事责任年龄。

（5）各被告人的供述，证实其对犯罪事实均供认不讳。

上述证据收集程序合法，内容客观真实，足以认定指控事实。

五、争议焦点

本案系共同犯罪，辩护人对公诉机关指控李某的犯罪事实、罪名无异议，提出结合被告人李某在共同犯罪中的地位和作用、在未从共同犯罪中获利的情况下主动退赔的情况，在量刑时能从轻、减轻处罚并适用缓刑。

六、辩护意见

（1）被告人李某在本案中系共同犯罪的从犯，依据《刑法》第 27 条，应当从轻、减轻处罚或者免除处罚。

（2）被告人李某到案后如实供述自己全部的罪行，且能够配合交代其他同案被告人的涉案情况，有坦白情节，依据《刑法》第 67 条第 3 款，可以从轻处罚。

（3）被告人李某在公安机关第一次询问时起至审判，均已经表示认罪认罚，并依法签署了《认罪认罚具结书》，依据《刑事诉讼法》第 15 条，可以从宽处理。

（4）被告人李某在家属的帮助下，积极主动赔偿了被害人，并取得了被害人的谅解，可以从轻处罚。

（5）被告人李某此前一贯表现良好，没有任何前科劣迹，此次系初犯偶犯，给其一次改过自新的机会，既能起到惩罚的效果，也能达到教育的目的。

七、法院判决

法院认为，被告人郑某、李某等人以非法占有为目的，虚构事实、隐瞒真相、诈骗他人钱财，其中被告人郑某犯罪数额特别巨大，被告人李某犯罪数额巨大，其行为均已触犯刑律，构成诈骗罪，且属共同犯罪。在共同犯罪中，被告人郑某起主要作用，系主犯，应当按照其所组织、指挥的全部犯罪处罚。被告人李某等人均起次要作用，系从犯，依法应当从轻或减轻处罚。上述被告人到案后均能如实供述其犯罪事实，依法可以从轻处罚。案发后，被告人郑某退赔被害人经济损失50万元，被告人李某退赔被害人经济损失5万元……上述钱款已分别退赔被害人林某文、段某、张某民，且三名被害人对上述被告人表示谅解。在审理期间，被告人李某退赔被害人经济损失3万元。对于上述积极退赔被害人经济损失的被告人可以酌情从轻处罚。综上，法院根据各被告人的犯罪事实、性质、情节、社会危害性、认罪认罚态度、退赔情况等在量刑时一并予以考虑，依照《中华人民共和国刑法》第二百六十六条、第二十五条第一款、第二十六条第一、四款、第二十七条、第六十八条、第六十七条第三款、第六十三条第一款、第七十二条第一、三款、第七十三条第二、三款、第五十二条、第五十三条、第六十四条之规定，判决如下：

一、被告人郑某犯诈骗罪，判处有期徒刑四年九个月，并处罚金人民币十万元。

……

五、被告人朱某犯诈骗罪，判处有期徒刑二年九个月，并处罚金人民币三万元。

六、被告人李某犯诈骗罪，判处有期徒刑一年六个月，缓刑一年六个月，并处罚金人民币二万元。

七、被告人张某犯诈骗罪，判处有期徒刑一年九个月，并处罚金人民币二万元。

八、退赔在案款人民币五万五千元发还相关被害人。

九、责令被告人继续退赔被害人经济损失。

十、扣押在案的作案工具七部手机予以没收。

被告人李某回到社区后，应当遵守法律、法规，服从监督管理、接受教育，完成公益劳动，做一名有益社会的公民。

八、律师感悟

本案的犯罪事实涉及赌博平台，各被告人以恋爱的名义取得各被害人的信任，进而邀请被害人进入赌博平台参与赌博，然后再利用对平台的控制，使得被害人的钱财亏损。这种模式不禁让笔者想到了一个网络流行词“杀猪盘”，通常来说“杀猪”有五个步骤：第一步，打造虚拟网络高端完美人设；第二步，通过各种聊天交友渠道寻找意向目标；第三步，随时随地提供高情绪价值（培养感情）；第四步，舍小钱喂“猪”，实施诈骗套大钱；第五步，完美“恋人”销声匿迹，人间蒸发。恋爱交友“杀猪盘”其实早在几年前就已经出现，直至2020年新冠疫情暴发，各类交友类平台再度活跃，“杀猪盘”呈现暴发趋势，随着互联网业务风控能力的加强，公安部与国际警方跨国合作加大针对电信网络类诈骗的打击力度，故不断有犯罪分子落网。

回归本案，我们不归咎被害人的过错，但本案中被害人确实参与了赌博违法行为，与本章的其他案例有明显的区别，虽然该犯罪团伙的诈骗行为方式有所不同，但以非法占有为目的，虚构事实、隐瞒真相，骗取被害人钱财的本质是一样的，构成诈骗罪无疑是成立的。

笔者代理的本案被告人之一李某在被捕后深刻认识到了自己犯罪行为的严重性，也积极地认罪悔罪，案发后退赔被害人5万元，案件审理期间又退赔被害人3万元，将诈骗所得款项悉数退还，并征得了被害人的书面谅解，对其案件的审理结果有莫大的帮助。李某涉及的犯罪金额已经超过5万元，法定刑期为3年以上，因其属从犯，可以降档处罚为3年以下，退赃、谅解，以及认罪认罚之后，最终获得缓刑的判决结果实属不易。

从本案的判决结果来看，7名被告人中只有李某争取到了缓刑的判决结果。反观被告人张某，其犯罪金额比李某略少，法定情节也相同，但在酌定量刑情节方面没有作出任何努力，既没有退出违法所得，也没有向被害人退赃以争取谅解，故其判决结果比李某要重，且没有缓刑。这个案件的过程及结果真实体现了认罪认罚制度的优越性，更体现了在法定量刑情节有限的情况下，通过在挽回被害人的损失取得谅解等酌定量刑情节方面作出努力，也会对判决结果有重大影响。

案例31　窦某某恋爱诈骗案*

一、公诉机关指控

2021年4—8月，被告人窦某某在网络上虚构女性身份，通过QQ聊天软件结识被害人铁某某后，用网络上下载的女性照片假扮自己形象，进一步骗取铁某某的信任。后窦某某虚构母亲生病、自己生病、公司报销需要垫付等事由，骗取铁某某在上海市杨浦区等地向其转账共计60余万元。

同年9月25日，民警在天津市将被告人窦某某抓获，并查获涉案手机一部。

二、案情拓展

2021年4月底，窦某某在上海市松江区通过QQ添加附近的人结识了位于杨浦区的被害人铁某某。窦某某谎称自己为女性，系复旦大学心理学系硕士研究生，愿意与铁某某交往，并向铁某某出示了自己伪造的身份证件。同年5月，窦某某随意编造了一个理由向铁某某索要钱款，铁某某通过QQ转账给窦某某750元。窦某某尝到甜头后陆续编造母亲肾衰竭需要治疗、公司报销需要垫付、自己生病住院等理由向铁某某索要钱款，铁某某不断配合窦某某通过微信、QQ及二维码套现等方式将钱款交付窦某某，金额达60余万元，窦某某骗取钱款后均用于网络赌博。及至同年8月20日左右，铁某某实在无力负担窦某某的金钱需求，经父母提醒，向公安机关报案。

窦某某在亲属帮助下向法院退出50万元，并取得了被害人铁某某的谅解。

---

* （2021）沪0110刑初1296号案件。

三、量刑情节

（1）被告人窦某某被公安机关抓获到案，到案后如实供述自己的犯罪事实，系坦白。

（2）在案件审理期间，被告人窦某某当庭表示自愿认罪认罚。

（3）被告人窦某某在亲属帮助下向法院退出50万元，并取得被害人铁某某的谅解。

四、证据认定

本案中，公诉机关提交了相应证据，法院审理后作出如下认定：

（1）被害人铁某某的陈述及其制作的转账记录表，证实被告人窦某某冒充女性与其聊天，并编造各种理由骗取其钱财的经过。

（2）公安机关接受证据材料清单、聊天记录，证实被告人窦某某通过QQ、微信向被害人虚构女性身份、谎称自己生病等，骗取被害人信任，被害人通过QQ、微信转账给被告人的情况。

（3）公安机关搜查证、搜查笔录、扣押决定书、扣押清单、扣押笔录、提取笔录、提取清单，证实民警在被告人窦某某处扣押手机一部，从中提取窦某某的QQ号的转账记录、赌博网页。

（4）审计报告、公安机关接受证据材料清单、转账记录、被害人铁某某农业银行账户活期交易明细清单、招商银行交易流水、公安机关协助查询财产通知书、窦某某农业银行卡交易明细清单，证实2021年4—8月，窦某某收到铁某某转账金额为774605.71元，窦某某部分退还铁某某金额为85998.86元，窦某某共计骗取铁某某金额688606.85元。

（5）《抓获经过》，证实本案的案发经过和被告人的到案情况。

（6）被告人窦某某的供述，证实窦某某对犯罪事实供认不讳。

上述证据收集程序合法，内容客观真实，足以认定指控事实。

五、争议焦点

被告人窦某某到案后如实供述，这是一起典型的认罪认罚案件，控辩双方无重大分歧，无明显争议焦点。

六、辩护意见

(1) 被告人的诈骗行为与一般意义上的诈骗犯罪行为具有一定的区别，其骗取被害人款项后本人也归还了部分款项，相较于其他诈骗案件的被告人，非法占有的主观恶性较小。

(2) 被告人到案后如实供述自己的犯罪事实，配合相关司法机关的调查，其行为构成坦白，可以从轻处罚。

(3) 被告人系初犯、偶犯，此前没有前科劣迹，实施本次犯罪具有一定的偶然性，其本人亦对自己的行为非常后悔。

(4) 被告人的诈骗金额虽然达到了"数额特别巨大"，但本案被害人数仅为一人，且被告人已取得其谅解，被告人的犯罪行为所造成的损失、社会危害性较小。应结合被告人的认罪态度、悔罪表现、所造成的社会危险性对其从轻处罚。

(5) 案发后，被告人亲属积极筹措资金，帮助被告人向法院退出50万元，尽可能减少被害人的损失，也积极弥补自己的行为造成的社会危害。对被告人积极的态度应在量刑时予以考虑，对其从轻处罚。

七、法院判决

法院认为，被告人窦某某以非法占有为目的，虚构事实、骗取他人财物，数额特别巨大，其行为已构成诈骗罪。公诉机关指控的罪名成立，对被告人窦某某依法应予处罚。被告人到案后如实供述自己的罪行，已退出人民币50万元并取得被害人谅解，依法可以从轻处罚。被告人窦某某当庭自愿认罪认罚，依法可以从宽处理。为严肃国法，保护公民财产所有权，依照《中华人民共和国刑法》第二百六十六条、第六十七条第三款、第五十五条第一款、第五十六条第一款、第五十二条、第五十三条、第六十四条及《中华人民共和国刑事诉讼法》第十五条的规定，判决如下：

一、被告人窦某某犯诈骗罪，判处有期徒刑十年，剥夺政治权利一年，罚金人民币五万元。

二、退出的人民币50万元发还被害人铁某某，责令被告人继续退赔违法所得，犯罪工具应予没收。

八、律师感悟

被告人窦某某刚过而立之年，且确系硕士研究生毕业，受教育程度颇高，本该在更广阔的天地施展所学所长，现因诈骗罪被判处10年有期徒刑，大好年华被束缚在高墙之中，难免让人怒其不争。

本案与案例27邬某的行为十分类似，也是男性冒充女性身份，对男性实施诈骗的案件。被告人窦某某平时有参与网络赌博的恶习，对于钱款的需求很大。赌博，正是窦某某自称实施本案犯罪行为的动机。人们常常说，赌博危害大，一赌毁终身。在公安机关讯问诈骗的原因时，窦某某称“自己没钱，赌博上瘾，就想弄钱赌博”，简简单单的几个字，可见赌博对其的荼毒和他对赌博的鬼迷心窍。最终，利用恋爱方式骗得的钱财均被其赌博挥霍一空。

虽然不清楚窦某某是从何时因何沉迷赌博的，单看其为了满足自己对赌博的贪念，处心积虑伪造身份骗取被害人的信任，利用被害人的浪漫绮思，一而再再而三地编造理由骗取被害人的钱财，达60余万元之多。从一开始可能的侥幸一试心态，渐渐欲壑难填，迷失自我，甚至在无意间将自己的人生作为赌注，忽视或蔑视生命中其他有意义的事物。

本案涉案资金超过50万元，已经达到了数额特别巨大的标准，法定量刑为10年以上有期徒刑或者无期徒刑，并处罚金或者没收财产，法律规定是无法突破的。从本案的事实及量刑情节来看，被告人窦某某没有自首、立功等法定从轻或减轻情节，仅有坦白情节、退赃谅解等酌定从轻处罚情节，实在无法突破10年的刑期限制，法院判处有期徒刑10年，也是本案能争取到的最好结果。

窦某某内心一时的贪婪换得十年的牢狱生活，希望数年失去自由的生活能令其深刻反省，幡然悔过，浪子回头，利用自己的所学所长，找到人生中更值得“孤注一掷”的方向。

【类案摘录】

案例32　童某犯盗窃罪、诈骗罪案*

被告人童某与被害人杨某于2019年12月末在网络上结识。此后，被告人童某隐瞒家庭情况、虚构身份及经济状况、编造各种离奇遭遇，与杨某交往。在博取杨某信任后，被告人童某于2020年1月6日，虚构生意失败需向他人偿款而向杨某借款，并出示了虚假的支付宝余额以示有还款能力，以此骗得杨某9000元。后被告人童某向杨某发送伪造的还款界面，虚构其已还款的情况。同年1月12日，被告人童某在被害人杨某住所暂住期间，趁杨某不备，使用杨某手机，通过支付宝提款转账的方式盗转杨某支付宝关联银行卡内资金5000元。被害人杨某发觉上述情况后不断向被告人童某催要还款，童某编造各种理由拖延直至失联。2020年7月16日，被告人童某在浙江杭州被公安机关抓获。案发后，其赔偿了被害人杨某全部经济损失。

法院认定被告人童某以非法占有为目的，秘密窃取他人财物，数额较大，其行为已构成盗窃罪，判处拘役五个月，并处罚金1000元；以非法占有为目的，虚构事实、隐瞒真相骗取他人财物，数额较大，其行为构成诈骗罪，判处拘役四个月，并处罚金1000元；决定执行拘役六个月，并处罚金2000元。

---

*（2020）沪0107刑初1228号案件。

第七章

直播平台诈骗典型案例解析

直播，大家应该都不陌生，它给了很多人展示自我的机会，也带来了不少商机。就经商而言，直播对传统商业模式是一种颠覆。我们常听说在某平台直播里，哪位明星或人气主播翻车了，也常听说谁被直播诈骗了、被骗取了多少钱财。

直播平台诈骗，并不是指某平台属于诈骗平台，而是不法分子利用正规直播平台，行违法犯罪之事。网络是虚拟的，直播形式与之本质一致，主播通过直播打赏收取费用，看客在观看直播时刷礼物表达自己的喜爱之情，这无形中就是金钱的交付和转移。刷礼物花费巨大者有之，但绝大多数被害人又陷入了另一个圈套——恋爱，这是极易得手的套路，在直播诈骗领域可谓屡试不爽。网络是一个虚拟世界，在虚拟世界交付金钱财物，应极为谨慎。

本章共摘录 6 个真实案例：

案例 33，王某某在“YY”直播平台从事网络主播工作，虚构身份，以假装发展男女朋友关系的手段诱骗被害人。

案例 34，闫某某为推广“大麟商娱”软件直播间，骗取用户充值，并积极提供足以控制比赛输赢的 CDK 兑换虚假礼物，以致多名被害人充值被骗。

案例 35，与案例 33 类似，余某某利用“蜂窝互娱”软件，担任主播，实施诈骗。

案例36，明某等人利用“火烈鸟”直播平台，假扮美女玩家以处网络情侣、收徒等为幌子吸引被害人，欺骗被害人充值并打赏。

案例37，叶某等人利用“集美”直播平台实施诈骗，充当“键盘手”，诱使被害人在直播平台上充值购买礼物送给“女主播”。

案例38，张某利用“寓兔”直播平台，充当女主播，同“键盘手”一起配合，虚构理由诱使被害人在直播平台上充值购买礼物送给女主播。

案例33　王某某通过“YY”直播平台诈骗案*

一、公诉机关指控

2020年6月至2021年1月，被告人王某某在“YY”直播平台从事网络主播工作，在此期间，虚构身份，以假装发展男女朋友关系的手段诱骗被害人顾某为其在“YY”平台上刷礼物以及通过微信向其转账。经查，被告人王某某以与被害人顾某谈男女朋友的名义，通过微信骗得顾某向其转账67482.8元；通过其在“YY”平台的三个账户分别骗得顾某刷礼物支付的84390.8元、6237.4元、13666.6元。

2021年5月20日，被告人王某某被公安机关抓获到案，到案后如实供述了上述犯罪事实。

二、案情拓展

（1）2021年2月7日，被害人顾某至派出所报案：2020年6月11日，我被一个网友拉进一个微信群，通过这个微信群，我认识了一个在YY直播平台做网络直播的女主播（自称叫付某姝，1995年生，在沈阳工作），后来我们在这个微信群里聊得不错就私下加了微信，过了一段时间我和“付某姝”就以男女朋友的关系相处，我和对方通过YY直播视频在直播间里互动，还有电话聊天。我还在2020年8月10日飞赴沈阳和对方见面，但是对方告诉我其发烧了，不方便见面，我们就没有见成，后来到2020年10月1日对方又让我飞赴沈阳见对方父母，但是又因为对方临时有事取消见面，我们以男女朋友相处期间我给对方累计刷礼物26万余元，微信转账让对方自己买礼

* （2021）沪0115刑初3966号案件。

物5万余元，还有对方要求在直播间帮她垫付买礼物4万余元，总计在对方身上投入37万余元。2021年2月6日上午，我通过直播间向另外的主播打听付某姝的信息，对方回答我有这个人，但是公司地址不对，我就产生了怀疑，后来自己网上查了一下，对方给我的地址是个宾馆，我就通过微信和电话联系她，但是对方直接把我拉黑了，我就感觉被骗了。

（2）被告人王某某供述：顾某和我加了微信后，有一天向我表白，然后我把聊天记录发送给公司里的主持，那个主持和我说答应他，让他能刷多少礼物是多少，然后我就答应了他的表白，后续我就和他以男女朋友的关系在聊天，后来他就开始给我刷礼物。其间，他还自己来过两次沈阳想见我，按照公司的意思是想要我和他见面，公司说如果我不和他见面的话这个粉丝很有可能就没有了。

（3）被告人王某某所在的传媒公司，利用“YY”直播平台，培训主播在微信中发送一些暧昧露骨的语言，如果粉丝没有钱继续刷礼物了，就会让主播慢慢地不理他们，或者故意找茬生气不理对方。

（4）被告人王某某因顾某刷礼物等获得提成共计2.2万元。

（5）2021年8月，被告人在家属的帮助下，向被害人顾某退还17万余元款项，并征得顾某的书面谅解。

三、量刑情节

（1）被告人王某某被公安机关抓获，到案后如实供述犯罪事实，有坦白情节。

（2）被告人王某某在家属的帮助下，向被害人退还全部款项，并取得谅解。

（3）在审查起诉阶段，被告人自愿认罪认罚，并签署《具结书》。

四、证据认定

本案中，公诉机关及辩护人均提交了相应证据，法院审理后作出如下认定：

（1）相关户籍资料，证实被告人王某某的身份信息。

（2）公安机关出具的案发抓获经过，证实本案的案发及被告人王某某到案的情况。

（3）被害人顾某提供的聊天记录截图、微信账号、酒店付款记录、购买机票信息等，证实被害人顾某以发展男女朋友为目的向被告人王某某刷礼物、微信转账以及两次前往沈阳被拒绝见面的事实。

（4）被害人顾某的陈述，证实被告人王某某以发展男女朋友为手段骗其钱财的事实。

（5）接受证据清单、调取证据清单证实，公安机关获取被害人顾某微信转账记录、“YY”号入账明细等，证实被害人顾某 2020 年 6 月至 2021 年 1 月，共计通过微信转账和平台刷礼物支付 17 万余元的事实。

（6）转账记录、刑事谅解书，证实被告人王某某的家属对被害人顾某作了赔偿并获得了谅解。

（7）被告人王某某的供述，证实了本案的犯罪事实。

上述证据收集程序合法，内容客观真实，足以认定指控事实。

五、争议焦点

被告人王某某到案后如实供述，这是一起典型的认罪认罚案件，控辩双方无重大分歧，无明显争议焦点。

六、辩护意见

（1）被告人王某某到案后如实供述，前后口供稳定，依据《刑法》第 67 条第 3 款之规定，系坦白，依法可以从轻处罚。

（2）被告人自愿认罪认罚，在审查起诉阶段签署《具结书》，依据《刑事诉讼法》第 15 条之规定，可以从宽处理。

（3）被告人参与实施了诈骗行为，但并非独自完成，仅获得部分赃款，但其家属全额退赔被害人的全部经济损失，且征得了谅解，依法可对其从轻处罚。

（4）被告人此前一直表现良好，无违法犯罪前科，希望法庭能考虑到认罪认罚，退赃谅解等情节，在有期徒刑三年以内量刑，并宣告缓刑。

七、法院判决

法院认为，被告人王某某以非法占有为目的，采用虚构事实、隐瞒真相的方法，骗取公民钱财，数额巨大，其行为已构成诈骗罪。被告人王某某具有坦白情节，且自愿认罪认罚，依法从轻从宽处罚。被告人王某某家属帮助退赔被害人的全部经济损失，并取得谅解，对被告人王某某可酌情从轻处罚。辩护人要求对被告人王某某从轻处罚的相关意见予以采纳。但因被告人王某某不具备缓刑条件，辩护人要求对其适用缓刑的相关意见本院不予采纳。为保护公民的财产权利不受侵犯，依照《中华人民共和国刑法》第二百六十六条、第六十七条第三款、第五十二条、第五十三条之规定，判决如下：

被告人王某某犯诈骗罪，判处有期徒刑三年，罚金人民币一万元。

八、律师感悟

本案是比较典型的直播诈骗型案件，被告人在诈骗团伙中属于主播身份，区别于其他大部分直播诈骗案件，被告人王某某是亲自与粉丝互动，没有人担任“键盘手”陪聊的角色。粉丝是基于对主播身份的依赖，被主播的形象所吸引，以发展恋情的目的，对主播本人进行钱款的转账，或在直播间进行支持。诈骗团伙也正是利用了粉丝仰慕主播的心情，对粉丝投其所好，并设置各种诱惑或甜头，使得粉丝一步步落入其精心布置的圈套。如本案，诈骗团伙为了巩固粉丝的支持行为，设计相关的话术来辅导主播，比如声称可以约线下见面，或给粉丝发送暧昧信息、福利图片等，甚至团伙内部有行业内所谓的“三天剧本”话术，王某某等人的行为严格按照“三天剧本”来实施，团伙内组织有序，分工明确，其目的就是让粉丝支付钱款，以获取利益。

从一定意义上说，被告人王某某也是这场骗局的受害者，她当初入职时仅是觉得做主播很有成就感，了解公司运作以及营利的流程之后，她曾想过离职，但被诈骗团伙不断“洗脑”，便没有下定决心离开，一步步走向犯罪的深渊。她当然要受到刑事处罚，但她实际上只是诈骗环节上的一枚棋子。就本案的犯罪金额而言，王某某仅分得其中极少的一部分非法利益，绝大部分钱款由诈骗团伙获取，团伙的组织者应得到更为严重的惩罚。

近年来，因为观看直播给主播刷礼物，支出大量钱财的人很多，这些人事后有的寻求民事诉讼救济，有的因被诈骗而选择刑事控告。本案的被害人顾某向笔者表示，在与王某某“交往”的过程中，其确实投入了感情，却陷入了诈骗团伙精心布置的局中，但其心怀善良，相信王某某也是被迫为之，并非心存歹意之人。在笔者与顾某联系退赃谅解事宜时，其多次询问可不可以免除被告人王某某的刑事处罚，他现在对被告人已经没有怨恨，想直接与主审法官面谈，表达他的谅解意愿，希望王某某能判处缓刑，或争取减轻处罚，早日回归社会。

回归到本案，被告人王某某的犯罪金额达17万余元，其没有自首情节，也没有立功表现，仅有坦白情节，加上主动退赃，争取被害人书面谅解，且自愿认罪认罚，审查起诉阶段，检察机关给出了有期徒刑三年至四年的量刑建议，经过法院的审理，考虑王某某的各种情节，遂作出了有期徒刑三年的判决，也属依法从轻处罚了。

案例34　闫某某通过“大麟商娱”直播平台诈骗案*

一、公诉机关指控

自2020年6月，被告人冯某某、马某某、韩某某、段某某、史某某、李某某、王某某、乔某某、闫某某、安某某先后入职洛阳市某网络科技公司推广部，在明知该公司与其招揽的代理公司共同通过运营的“大麟商娱”直播平台诈骗被害人钱款的情况下，仍通过网络发帖等方式招揽代理公司。经鉴定，被告人安某某参与期间共同诈骗金额为700余万元，被告人闫某某参与期间共同诈骗金额为800余万元，其余8名被告人参与期间共同诈骗金额均为2200余万元。

2021年5月13日，10名被告人被公安机关抓获，到案后除闫某某之外的9名被告人均如实供述了犯罪事实。

二、案情拓展

2020年6月至2021年5月，闫某某等10人受李某某、唐某某（另案处理）等人雇用，在河南省洛阳市，以某网络科技公司的名义伙同他人制作开发并经营“大麟商娱”软件，该软件主要为网络直播与商城销售商品；为推广该软件的直播间，达到赢利的目的，闫某某等10人作为推广招商人员和客服人员招收下级公会代理，在知道下级公会代理利用直播间虚假比赛骗取用户充值的情况下，仍然积极提供足以控制比赛输赢的CDK兑换虚假礼物，以致多名被害人充值被骗。

---

* （2021）沪0115刑初4538号案件。

闫某某于2021年4月入职该公司，其间主要业务范畴为在各大网站论坛发布广告推广“大麟商娱”软件，商户看到广告后与其电话联系，进而成为公司下级公会代理。

被告人闫某某于2021年5月13日被公安机关抓获，到案后未如实供述。

三、量刑情节

（1）在案件审理期间，被告人闫某某当庭自愿认罪认罚。

（2）闫某某在共同犯罪中，起次要作用，系从犯。

（3）闫某某诈骗金额已达到特别巨大的标准。

四、证据认定

本案中，公诉机关提交了相应证据，法院审理后作出如下认定：

（1）被害人周某等人陈述、提供的聊天记录，证实被害人被骗的经过、金额等事实。

（2）相关微信聊天记录，证实10名被告人参与诈骗的事实。

（3）司法鉴定意见书，证实案发后，公安机关提取了涉案公司数据库、服务期内用户等数据。

（4）会计事务所审计报告，证实10名被告人参与期间共同诈骗的金额等事实。

（5）公安机关出具的扣押决定书、扣押笔录、扣押清单、照片，证实案发后公安机关从被告人处扣押作案工具手机等物品的情况。

（6）公安机关出具的案发及抓获经过，证实10名被告人的到案情况。

（7）除被告人闫某某以外的9名被告人的供述，证实其对上述诈骗事实供认不讳。

上述证据收集程序合法，内容客观真实，足以认定指控事实。

五、争议焦点

本案是共同犯罪，除闫某某外其余9人到案后均如实供述，对于闫某某是否存在如实供述在量刑情节上有争议，对10名被告人的犯罪事实控辩双方无重大分歧，无明显争议焦点。

六、辩护意见

本案律师通过查阅卷宗、会见当事人认为：

（1）被告人闫某某不存在非法占有他人财物的主观故意，其此前从未从事直播行业相关工作，且在涉案公司仅入职一个月，不足以让其了解到整个行业的潜规则、运营模式、运作环节等。具体到本案，入职半年以上的员工，大都参与过下游公会直播平台的打擂，被告人闫某某并未参与，相较于其他诈骗案件的被告人，其主观上没有非法占有的目的。

（2）被告人闫某某在入职后未接受过入职培训，本人一直无业绩，仅在2021年4月28日，同案被告人史某某出于同情将一即将成交客户转交闫某某负责对接，入职至案发，闫某某名下也仅此一家公会。其没有经过培训，所以对下游诈骗环节知之甚少。结合被告人的认知能力、行为次数和手段，行为作用和地位，获利情况，其在本案中是从犯。

（3）被告人涉案时间较短，本人涉案情节相较于同部门的其他人员更为轻微，虽定义为从犯，但应当区分作用大小，应在量刑情节上予以考量，可以从轻处罚。

（4）被告人依法构成坦白，在庭审期间当庭认罪认罚，同时愿意退出违法所得，积极赔偿被害人损失，愿意接受法律的处罚，应结合被告人的认罪态度、悔罪表现、所造成的社会危险性对其从轻处罚。

七、法院判决

法院认为，冯某某、马某某等十名被告人以非法占有为目的，采用虚构事实、隐瞒真相的方法，结伙骗取公民财物，参与期间共同诈骗均数额特别巨大，其行为均已构成诈骗罪。公诉机关指控的犯罪事实清楚，罪名成立。上述十名被告人在共同犯罪中起次要作用，系从犯，应当减轻处罚。被告人冯某某、马某某、韩某某、段某某、史某某、李某某、王某某、乔某某、安某某到案后如实供述自己罪行，依法可从轻处罚。被告人冯某某、乔某某、闫某某、安某某当庭能自愿认罪认罚，依法均可从宽处罚。辩护人建议对上述十名被告人从轻、减轻处罚的相关意见，法院予以采纳。辩护人当庭提出被告人闫某某有如实供述情节的相关意见，不符合法院已查明的事实和相关法律规定，法院不予采纳。依照《中华人民共和国刑法》第二百六十六条、第二十五条第一款、第二十七条、第六十七条第三款、第五十二条、第五十三条、第六十四条的规定，判决如下：

被告人闫某某犯诈骗罪，判处有期徒刑三年四个月，并处罚金人民币一万二千元。

八、律师感悟

本案是团伙合作诈骗案件，各被告人明知涉案直播平台涉及诈骗行为，仍为其提供推广服务工作、招收下级代理帮助实施诈骗。伴随经济快速发展，网络直播散布在日常生活每个角落，各种直播平台令人眼花缭乱，镜头里的美女主播更是数不胜数，通过直播平台的层层规制，即使从直播间里看到了主播，若想要博得关注，就只得靠“刷礼物”。然虚拟网络与现实生活终究存在壁垒，无法轻易跨越，作为普通人，也很难辨别信息的真假，有时候所看到的与真实的相差巨大，这也是虚拟网络最大的一个特点。互联网虚拟性最初是为了保护网络用户的个人信息，当然也不乏有人利用这种虚拟性进行违法犯罪的活动。

直播涉及的平台载体在一定程度上给了犯罪分子可乘之机。被告人闫某某主要为涉案公司运营的直播平台进行线上推广，其对犯罪团伙的下游诈骗环节的具体内容知之甚少，因其在该公司工作时长只有一个月。笔者通过阅读案卷材料得知，闫某某短短一个月的在职期间，该平台名下公会客户充值金额已达 800 万余元，这也侧面说明在网络发达直播行业受众颇多的情况下，通过网络平台实施诈骗行为，骗取受害人钱财的时间成本是很低的，涉及的受害人是众多的，地域是不同的，造成不良后果的恶劣性是极大的。

笔者代理的本案被告人之一闫某某是通过朋友介绍进入该公司的，与本章其他案件不同的是，其既不是女主播也不是键盘手，其负责的是推广招商的工作，其中会产生大量的信息交流互换，换言之，若没有推广招商的工作或者该工作做得不好，能向直播间引流的粉丝数就是有限的，所以虽然其没有直接和被害人接触，但其行为对整个诈骗流程也是发挥了一定作用的。

闫某某缺乏直播行业经验，短时间内无法完全掌握整个行业的运营流程，又因法律知识淡薄，未能充分意识到其行为的不法性，因此导致在到案后公安侦查阶段以及检察院提审过程中回答不够完整充分，最终未能被认定为坦白，这也是案件审理过程中关于闫某某在本案中是否属于如实供述的争议焦点。因其参与犯罪数额巨大，对应刑期是十年以上有期徒刑或者无期徒刑，因其是从犯，可以从轻处罚，另其在庭审过程中当庭认罪悔罪、自愿认罪认罚，又争取到了10%的减刑。若闫某某如能同其他九名被告人一样，在案发后，做到坦白交代，其判决结果将进一步减轻。

案例 35　余某某“蜂窝互娱”平台直播诈骗案*

一、公诉机关指控

2020 年 9 月起，被告人何某在福建省厦门市设立直播公司，并先后招募被告人黄某、林某、余某某、刘某、武某、黄某 2、琚某、席某、林某 2 等人在“蜂窝互娱”平台进行电信诈骗，由武某、黄某 2、琚某、席某、林某 2 等业务员分别冒用女主播林某、余某某、刘某的身份与被害人通过网络结识并引入“蜂窝互娱”直播间，在主播语音视频聊天的配合下，通过虚构人设、谎称可以见面、约会、赠小礼物等方式维系假恋爱关系，并以虚假 PK、完成任务等方式诈骗位于上海、浙江、河南、山东、广东等多地的被害人钱款，至案发各被害人被骗数额累计达 19 万余元。至案发，何某涉案金额 19 万余元、黄某涉案金额 14 万余元、林某涉案金额 8. 6 万余元、余某某涉案金额 7. 8 万余元、刘某涉案金额 2. 5 万余元、武某涉案金额 8. 4 万余元、黄某 2 涉案金额 3. 2 万余元、琚某涉案金额 5. 6 万余元、席某涉案金额 1. 7 万余元、林某 2 涉案金额 1. 4 万余元。

2021 年 5 月 31 日，上述被告人被公安机关抓获，到案后均自愿如实供述自己的罪行。

二、案情拓展

被告人何某是直播公司老板，并负责对接直播平台。被告人黄某是艺术总监并负责日常管理。被告人武某、黄某 2、琚某、席某、林某 2 是业务员，其中，武某自 2021 年 3 月初起担任组长，黄某 2 自 2021 年 5 月初担任组长，

* （2021）沪 0117 刑初 1482 号案件。

业务员负责冒用女主播的身份引流被害人，并通过营造虚假的恋爱关系诱骗被害人充值。被告人林某、余某某、刘某为该公司主播，负责通过语音、视频聊天的方式配合业务员诱骗被害人充值。

被告人余某某到案后主动退赃 78034 元，并在法院审理阶段预缴了罚金。

三、量刑情节

（1）被告人余某某被公安机关抓获，到案后如实供述自己的罪行，系坦白。

（2）被告人余某某在共同犯罪中起次要作用，是从犯。

（3）被告人余某某诈骗金额 7.8 万余元，数额巨大。

（4）被告人余某某当庭认罪态度较好，且在家属帮助下主动退赔 78034 元，且预缴了相应罚金。

四、证据认定

本案中，公诉机关提交了相应证据，法院审理后作出如下认定：

（1）多名被害人的陈述及相关辨认笔录，证实涉案公司业务员冒用该公司主播身份与多名被害人之间的虚假恋爱过程。

（2）陈某、钟某、林某 2 等多名证人的证言及相关辨认笔录、多名被害人的充值转账记录、后台归属记录、微信聊天记录，证实多名被告人之间共同犯罪过程、各被害人在被告人的引诱下直播间的充值打赏事实。

（3）公安机关出具的扣押材料及照片、常住人口基本信息、抓获经过等证据，证实各被告人到案情况及身份信息。

（4）被告人退款记录，证实被告人退赔款项。

五、争议焦点

本案各被告人到案后均如实供述，多名被告人主动退出赃款，且认罪认罚，控辩双方对上述被告人的犯罪事实无重大争议，辩护人主要对各自被告人是否适用缓刑及从轻处罚提出意见。

六、辩护意见

（1）被告人主观恶性小，是初犯、偶犯；被告人余某某在入职之初并不知涉案公司在实施犯罪行为，其通过招聘软件面试进入涉案公司，对于直播中的引流、烘托手段是否突破法律界限构成犯罪认识不足，可挽救程度高。

（2）被告人余某某到案后认罪态度较好，在侦查阶段尽最大能力退赃退赔，尽可能弥补受害人的损失，并于审理阶段积极缴纳罚金，依法应当从轻、减轻处罚。

（3）根据“两高一部”于2021年6月发布的《关于办理电信网络诈骗等刑事案件适用法律若干问题的意见（二）》第16条，对于电信网络诈骗犯罪团伙中的从犯，特别是其中参与时间相对较短、从事辅助性工作并领取少量报酬，以及初犯、偶犯等应当综合考虑其在共同犯罪中的地位作用、社会危害程度、主观恶性、人身危害性、认罪悔罪表现等情节，可以依法从轻、减轻处罚。

七、法院判决

法院认为，被告人何某、黄某、林某、余某某、刘某、武某、黄某2、琚某、席某、林某2以非法占有为目的、利用电信网络技术手段诈骗他人财物，其中被告人何某、黄某、林某、余某某、武某、黄某2、琚某诈骗数额巨大，被告人刘某、席某、林某2诈骗数额较大，其行为均已构成诈骗罪。公诉机关指控成立。被告人何某、黄某在共同犯罪中起主要作用，系主犯。被告人林某、余某某、刘某、武某、黄某2、琚某、席某、林某2在共同犯罪中起次要作用，系从犯，对被告人林某、余某某、武某、黄某2、琚某均依法减轻处罚，对被告人刘某、席某、林某2均依法从轻处罚。被告人何某、黄某、林某、余某某、刘某、武某、黄某2、琚某、席某、林某2到案后均如实供述自己的罪行，均依法从轻处罚。被告人何某在家属帮助下退出7150元，余某某在家属帮助下退出78034元，被告人黄某、林某、刘某、武某、黄某2、琚某在家属帮助下分别各退出3575元，被告人林某2在家属帮助下退出3574元，何某、林某、余某某、刘某、武某、黄某2、琚某、席某、林某2预缴了相应罚金，均可酌情从轻处罚。各辩护人所提对被告人从轻处罚的相关辩护意见，本院予以采纳。但综合考虑被告人刘某、武某的犯罪性质、情节、对社会危害程度，对其二人不予宣告缓刑，故对二被告人的辩护人所提对两名被告人适用缓刑的辩护意见，不予采纳。综上，根据各被告人犯罪的事实、性质、情节和对于社会的危害程度等，依照《中华人民共和国刑法》第二百六十六条，第二十五条第一款，第二十六条第一款、第四款，第二十七条，第六十七条第三款，第六十四条，第五十二条，第五十三条的规定，判决如下：

一、被告人何某犯诈骗罪，判处有期徒刑三年八个月，并处罚金人民币一万元（已缴纳）。

……

三、被告人林某犯诈骗罪，判处有期徒刑一年八个月，并处罚金人民币六千元（已缴纳）。

四、被告人余某某犯诈骗罪，判处有期徒刑一年一个月，并处罚金人民币五千元（已缴纳）。

五、被告人刘某犯诈骗罪，判处有期徒刑一年一个月，并处罚金人民币五千元（已缴纳）。

六、被告人武某犯诈骗罪，判处有期徒刑一年八个月，并处罚金人民币六千元（已缴纳）。

七、被告人黄某2犯诈骗罪，判处有期徒刑一年一个月，并处罚金人民币五千元（已缴纳）。

……

八、律师感悟

目前，网络诈骗的手法持续演变升级，犯罪分子也会随时变化诈骗手法和话术，有组织有预谋地利用公司运作模式，各个人员分工明确实施诈骗，本案被告人余某某为该网络直播诈骗中主播一角色，通过其他被告人冒充其本人与众多被害人聊天、虚构事实，以名为恋爱实为欺骗的手段致使各被害人“自愿”在直播间内充值打赏，经主犯何某的组织预谋进行多环节包装地实施犯罪行为，造成众多受害者被迷惑而变相交付金钱的后果。

本案中，余某某于 2020 年 10 月入职涉案公司时，该公司业务模式已固定，其没有参与公司诈骗模式的构思及策划，在入职初期其被告知这是一家正规公司，在目前直播行业盛行的社会背景下，其本人便没有做过多的考察即入职投入工作，这一涉案过程可印证其非主动寻求犯罪团伙加入，也没有主动犯罪的追求。当然，这都不是其可继续实施犯罪行为的可开脱之词，当其入职后应该看清该团伙行为的不法性，应当主动尽早地停止工作，现实是余某某一直工作了半年有余，直至案发被抓获，其对于自身行为的违法性应是明知的，且没有主动停止继续犯罪。好在余某某到案以后，认罪态度较好，主动向被害人赔礼道歉，并全额退出了其涉案金额 78000 余元，虽未获利如此之巨，但其以一己之力将被害人的经济损失弥补，可见其痛改前非的态度之坚决，认罪悔罪积极，其可挽救程度较高。

另外，余某某在整个犯罪团伙中，仅负责主播环节，在共同犯罪中起次要、辅助作用，应当被认定为从犯，依法从轻处罚。辩护人就此提出的辩护意见，法院也予以认定。

从本案中各名被告人的判决结果来看，林某、余某某、武某的涉案金额相差无几，但林某、武某的判决结果均是有期徒刑 1 年 8 个月，并处罚金 6000 元，而余某某获刑有期徒刑 1 年 1 个月，并处罚金 5000 元；再看余某某与黄某 2 之间的涉案金额相比，已达到其 2 倍之多，实际余某某的判决结果与黄某 2 一致。究其原因，本案在审判阶段，被告人余某某在家属帮助下自愿主动退出全部涉案赃款，并预缴了 5000 元的罚金，认罪态度好，法院在量刑情节上也予以体现。这也更加印证了前述所说退赃、预缴罚金的作用，这是明显的认罪悔罪行为。辩护人在工作中，应当充分利用酌定从轻处罚的情节，建议被告人及家属共同努力配合，以争取在同案中相对更轻的处罚结果，是卓有成效的。

案例36 明某“火烈鸟”直播诈骗案*

一、公诉机关指控

2020年起，汪某、谈某、王某（均另案处理）为牟取非法利益，合伙成立火烈鸟文化传媒有限公司等主体。后火烈鸟公司先后聘请被告人杨某、李某、明某等人为直播厅主播。公司授意业务员负责在多个网络游戏平台大厅内，假扮美女玩家以处网络情侣、收徒等为幌子吸引被害人，并引流至火烈鸟公司在“小小语音”“哒哒语音”等开设的直播间内，并由火烈鸟公司的女主播与引流业务员进行对接后，女主播再以谈恋爱为名，虚构打赏即可线下见面、“守护”、业绩不达标将会被开除等幌子，欺骗被害人在语音平台进行充值并打赏，再由主播、业务员等分成得利。

经审计，至案发，被告人杨某从被害人韩某等人处骗得68万余元；被告人李某从被害人马某等人处骗得17万余元；被告人明某从被害人胡某等人处骗得17万余元。

被告人杨某、李某于2021年6月18日被抓获，被告人明某于同日主动至公安机关投案，三名被告人到案后均如实供述了上述犯罪事实。

二、案情拓展

2020年8月，明某在玩手游时，通过游戏大厅添加一微信好友，之后其在该名网友的介绍下加入“火烈鸟”直播公会，在“火烈鸟”公会里其认识了一个直播间的女负责人，该负责人让其加一个超管林某，后林某将其拉进“火烈鸟”的微信公会群，其在这个群里了解到如何在“哒哒语音”里通过

* （2021）沪0113刑初1239号案件。

带粉丝然后引导消费来赚钱，然后其就开始做“火烈鸟”公会安排的单子，通过该公会的安排进行直播并和粉丝聊天，用该公会教授的专业话术，骗取粉丝信任并引导粉丝给其刷礼物，其可拿到礼物金额的一半作为提成后提现。

明某在“火烈鸟”平台直播期间，添加了被害人胡某等人的微信，在微信里和被害人搞暧昧，以男女朋友相处，后虚构感情经历或向被害人发送自己打擂任务失败被数据线抽大腿的照片等，引得被害人同情后让被害人在直播平台上给其刷礼物。

案发后，被告人杨某退出违法所得 5 万元；被告人明某退赔被害人胡某的经济损失，并取得其谅解，另退出违法所得 1 万元。

三、量刑情节

（1）被告人明某经公安机关传讯后主动到案，并如实供述自己的全部犯罪事实，具有自首情节。

（2）在审查起诉阶段，被告人明某自愿认罪认罚。

（3）在共同犯罪中，明某起次要作用，系从犯。

（4）被告人明某积极退赔违法所得，并赔偿了被害人的经济损失，取得了被害人的书面谅解。

四、证据认定

本案中，公诉机关提交了相应证据，法院审理后作出如下认定：

（1）被告人杨某、李某、明某的户籍信息及在案供述，证实上述犯罪事实。

（2）被害人韩某、马某、胡某的陈述，转账记录，微信聊天记录截图，证实被害人被骗充值的事实。

（3）上海同大会计师事务所出具的《审计报告》，证实本案被害人充值打赏的情况。

（4）上海市公安局宝山分局出具的《工作情况》，证实本案案发及三名被告人到案的经过。

（5）上海市公安局宝山分局出具的《扣押决定书》《扣押笔录》《扣押

清单》及相关照片，证实公安机关扣押了被告人的手机等涉案物品。

上述证据收集程序合法，内容客观真实，足以认定指控事实。

五、争议焦点

被告人明某经公安机关传唤后主动到案并如实供述，这是一起典型的认罪认罚案件，控辩双方无重大分歧，无明显争议焦点。

六、辩护意见

（1）被告人明某主动到案并如实供述自己全部的罪行，有自首情节，依据《刑法》第67条第1款，可以从轻或减轻处罚。

（2）被告人明某在审查起诉阶段自愿认罪认罚，当庭也继续表示认罪认罚，依据《刑事诉讼法》第15条，可以从宽处理。

（3）被告人明某在该案中起次要作用，属于从犯，依据《刑法》第27条，应当从轻、减轻处罚。

（4）被告人明某主动退回被害人的经济损失并额外予以赔偿，取得了被害人的书面谅解，有效地缓解了社会矛盾。

（5）被告人明某被捕前系在校学生，平素表现良好，没有任何前科劣迹，此次系初犯偶犯，其行为虽构成犯罪，主要系受其他犯罪分子的蛊惑、利诱，在犯罪活动中地位较低，作用较小，主观恶性不深、人身危险性较小，且具有认罪悔罪的表现，给其一次改过自新的机会，对其教育为主，惩罚为辅，适用缓刑，既能起到惩罚的效果，也能达到教育的目的。

七、法院判决

法院认为，被告人杨某、李某、明某分别结伙他人，以非法占有为目的，利用信息网络骗取他人钱款，其中被告人杨某数额特别巨大，被告人李某、明某数额巨大，其行为均已构成诈骗罪，依法应予惩处。公诉机关指控的犯罪事实清楚，证据确实充分，指控的罪名成立。在共同犯罪中，三名被告人均起次要作用，依法应认定为从犯，予以减轻处罚。被告人明某具有自首情节，依法可从轻处罚。三名被告人均自愿认罪认罚，依法均可从宽处理。被告人杨某、明某退出部分违法所得，被告人明某另退赔部分被害人的经济损失并取得谅解，均可酌情从轻处罚。辩护人的相关辩护意见，本院予以采纳。据此，为保护公私财产权利不受侵犯，依据《中华人民共和国刑法》第二百六十六条、第二十五条第一款、第二十七条、第六十七条第一款、第三款、第五十二条、第五十三条第一款、第六十四条及《中华人民共和国刑事诉讼法》第十五条之规定，判决如下：

一、被告人杨某犯诈骗罪，判处有期徒刑三年三个月，并处罚金人民币二万元。

二、被告人李某犯诈骗罪，判处有期徒刑一年三个月，并处罚金人民币一万元。

三、被告人明某犯诈骗罪，判处有期徒刑十一个月，并处罚金人民币一万元。

四、在案赃款发还各被害人；不足部分，责令继续退赔。

五、扣押在案的作案工具依法没收。

八、律师感悟

本案依旧属于网络直播类诈骗，与其他网络直播平台诈骗一样，其主要诈骗方式是利用男性求偶心切又未能在现实中觅得爱情，故在虚拟网络上寻求情感寄托或精神慰藉的心理，通过塑造靓丽的“女主播”形象而后明示或暗示受害人可与之交往、或与被害人建立虚假恋爱关系的手段来实施诈骗。

本案同样系共同犯罪，由其他人负责运营和管理直播平台，明某担任“女主播”，由平台进行统一的话术培训，并向直播间引流，给“女主播”们安排直播档期。与其他直播平台诈骗案件不同的是，本案被告人明某不仅是“女主播”，还是所谓的“键盘手”，其除了在直播间让粉丝刷礼物外，还添加了被害人的微信直接和被害人聊天、联络感情并建立虚假恋爱关系，不存在“键盘手”假冒“女主播”聊天的情况，其中也有少部分系正常直播打赏，但大部分转账还是属于诈骗所得，被害人之所以受骗很大程度上是基于对“女主播”明某的信任，故明某构成诈骗罪是肯定的。其在供述中也表示，其并不是真正地要和微信添加的粉丝谈恋爱，其本身是有男朋友的，因其家庭收入微薄，故想赚钱补贴家用，又因为其年龄较小，没有社会经验，所以未对自身行为的违法性和社会危害性有充分的认识。

明某被捕时，还系某职校学生，本是大好年华，却行差踏错，身陷囹圄，不禁令人感到唏嘘。笔者及团队代理过诸多类似案件，20 岁上下的年纪，正是由校园生活向社会生活转变的时候，心态上自由又迷茫，开始面临来自社会的压力与诱惑。笔者作为过来人，也经历过这个阶段，更希望广大刚步入社会的青年都能够坚守本心，通过脚踏实地奋斗去构建美好生活的蓝图。

对被告人来说，值得庆幸的是，其父母并没有因此而放弃她，而是积极配合向受害人赔偿，并取得了书面谅解，且在被告人羁押期间，其父母也一直在给其安慰，被告人在羁押期间也充分认识到自己的错误，并诚心悔罪，表示其日后一定痛改前非、努力生活，回归社会后做一名遵纪守法的好公民。笔者相信，其父母在知道后，内心一定非常欣慰。

从判决结果来看，第二被告李某与明某的犯罪金额相同，判决结果却多了四个月，对于明某来讲其通过主动退出违法所得 1 万元，及退赔被害人损失取得谅解等努力，争取到酌定从轻处罚情节，减少了 30% 的刑期，这也就是笔者一直提倡的辩护应当坚持不放弃，被告人和家属要配合律师一起努力争取各种酌定从轻处罚的情节，通过多方努力，综合下来才能争取到同案中最优的判决结果。

案例 37　叶某利用“集美”直播平台诈骗案*

一、公诉机关指控

2021 年 5—6 月，叶某鹏（另案处理）伙同叶某阳（另案处理）为非法获利，雇用被告人李某、张某某、叶某某、叶某及叶某波、赖某、叶某雄、陈某等人（均另案处理）组建“新天娱传媒”网络直播团队，租用广东惠州某写字楼作为办公地点，使用“集美”直播平台 APP 进行网络直播。叶某鹏等人通过引流软件添加被害人为微信好友，由陈某扮演“女主播”，叶某阳负责财务，叶某波、赖某、叶某雄担任主管，被告人李某、张某某、叶某某、叶某等人充当“键盘手”，以“女主播”名义与被害人聊天，吸引被害人下载“集美”直播 APP，进入直播间。其间，“女主播”与“键盘手”相互配合，以让被害人误以为与其聊天的就是“女主播”本人且可以与对方发展恋爱关系的方式，骗取被害人信任，并虚构直播任务、平台 PK 等理由诱使被害人在直播平台上充值购买礼物送给“女主播”。

经查，该直播团队骗取多名被害人充值金额共计 30 余万元。被告人李某、张某某、叶某某、叶某均获得工资或一定比例提成。

2021 年 7 月 15 日，被告人李某、张某某、叶某某、叶某分别在广东省惠州市被民警抓获。

二、案情拓展

2021 年 5 月中旬，被告人叶某经被告人叶某某介绍至“新天娱传媒”上班，叶某某称该工作内容与客服一样，主要为与客户聊天，后在工作期间，被告人叶某主要根据涉案公司提供的手机及手机内已登录的微信，按照公司

---

* （2021）沪 0110 刑初 1034 号案件。

所提供话术冒充虚构的“女主播”黄某某身份与微信内好友聊天。通过告知对方自己离职骗取被害人同情，让被害人误以为可以与其发展男女朋友关系，后告知被害人面试了直播公司虚构工作需要直播 PK 的方式，诱骗被害人至直播间内充值刷礼物。

被告人叶某自 2021 年 5 月中旬至 2021 年 7 月 15 日，本人名下客户刷礼物金额共 51024 元，叶某违法所得提成 12500 元。

三、量刑情节

（1）被告人叶某被公安机关抓获，到案后如实供述自己的罪行，系坦白。

（2）被告人叶某自愿认罪认罚。

（3）被告人叶某在本次共同犯罪中是从犯。

四、证据认定

本案中，公诉机关提交了相应证据，法院审理后作出如下认定：

（1）被害人韩某等人的陈述及辨认笔录、“集美”平台账户截图、微信聊天记录、支付宝及微信转账记录等，证实上述被害人在“集美”直播平台被骗的事实。

（2）证人叶某鹏等人的证言、《合作协议书》，证实被告人李某、张某某、叶某某、叶某受叶某鹏等人雇用参加“新天娱传媒”网络直播团队，并在“集美”直播平台上骗取他人钱款的事实。

（3）公安局出具的搜查证、搜查笔录、扣押决定书、扣押笔录、扣押清单等，证实公安机关依法搜查并扣押了被告人李某、张某某、叶某某、叶某的手机等涉案物品。

（4）公安局出具的提取笔录、提取电子数据清单、会计事务所有限公司出具的审计报告等，证实 2021 年 5—6 月，“集美”直播平台收到叶某鹏及“新天娱传媒”的平台会员充值情况及向叶某鹏支付的情况。

（5）公安机关出具的《工作情况》，证实本案案发经过及被害人到案情况。

（6）被告人对上述犯罪事实的供述。

上述证据来源合法，内容客观真实，足以认定指控事实。

五、争议焦点

本案为共同犯罪，多名被告人均对犯罪事实供认不讳，控辩双方无明显争议。

六、辩护意见

（1）被告人叶某入职涉案公司时间仅一个多月，且在入职之前并不知该工作涉及违法行为，主观恶性小。

（2）被告人叶某在本案共同犯罪中是从犯，依据《刑法》第 27 条，应当从轻、减轻处罚。

（3）被告人叶某到案后如实供述自己的罪行，依据《刑法》第 67 条第 3 款之规定，系坦白，可以从轻处罚。

（4）被告人叶某自愿认罪认罚，依据《刑事诉讼法》第 15 条，可以从宽处理。

七、法院判决

法院认为，被告人李某、张某某、叶某某、叶某伙同他人以非法占有为目的，虚构事实，骗取他人财物，数额巨大，其行为均已构成诈骗罪。公诉机关指控的罪名成立，对被告人李某、张某某、叶某某、叶某依法均应予处罚。被告人李某、张某某、叶某某、叶某到案后如实供述自己的罪行，依法均可以从轻处罚。被告人李某、张某某、叶某某、叶某自愿认罪认罚，依法均可以从宽处理。公诉机关量刑建议适当，予以采纳。为严肃国法，保护公民财产所有权，依照《中华人民共和国刑法》第二百六十六条、第二十五条第一款、第二十七条、第六十七条第三款、第五十二条、第五十三条、第六十四条以及《中华人民共和国刑事诉讼法》第十五条之规定，判决如下：

一、被告人李某犯诈骗罪，判处有期徒刑三年六个月，并处罚金人民币七千元。

二、被告人张某某犯诈骗罪，判处有期徒刑三年六个月，并处罚金人民币七千元。

三、被告人叶某某犯诈骗罪，判处有期徒刑三年六个月，并处罚金人民币七千元。

四、被告人叶某犯诈骗罪，判处有期徒刑三年六个月，并处罚金人民币七千元。

五、查扣的作案工具应予没收，责令被告人李某、张某某、叶某某、叶某退赔违法所得。

八、律师感悟

在网络自媒体盛行的当下，几乎人人都可以通过一个小屏幕看到他人或者被他人看到，比起精工细作的影视剧，小屏幕上呈现的各种嬉笑怒骂似乎更加贴近普通人，不少人也渐渐习惯将此当作日常生活的调剂。因此犯罪分子也逐渐涉猎这一行业，且手段各不相同，如推销虚假产品、发布虚假广告、营造美女主播直播 PK，等等。

因为对于新兴行业管理的法律法规稍显滞后，因此网络直播平台也曾一度乱象丛生，国家机关不得不层层把控，规范行业秩序。但犯罪分子也随即调整犯罪手段，比如在本案中，网络直播只是实施诈骗行为的步骤之一，再结合其他话术或者营造的假象加大被害人对谎言辨别的难度或延长被害人发现受骗的时间。被告人叶某入职后担任“键盘手”假扮美女主播与被害人聊天，以愿意与被害人恋爱并进一步交往为幌子，与其他犯罪分子配合在即时通信软件中不断营造温馨的恋爱氛围，取得被害人信任，满足被害人的心理需求，再将被害人诱骗至直播间哄骗其充值打赏，被害人出于对“恋人”的忠诚和保护欲一再充值打赏礼物，但其“一片痴心”被犯罪分子与平台按比例分成，直到“恋人”失联才幡然醒悟。而对于像被告人叶某，或者大多其他“键盘手”来说，一开始或因为熟人介绍，或因为法律意识淡薄，社会经验有限，只以为这不过是一份工作，但通常入职不久自己也能渐渐意识到可能涉及违法犯罪，但往往此时被害人也醒悟报案，以至案发。

被告人叶某入职前期不知该工作涉及违法，在知道后却选择依旧在涉案公司行超过法律之行为，同案其他涉案人员工作内容也都一致，主要为诱骗被害人充值打赏从而实现获取非法利益。各被告人到案后均认罪认罚，对公诉机关指控的犯罪事实与量刑建议无异议，到案后均表示已知错悔罪，真诚悔过！也希望通过此类案件普及至社会公众以提高警惕，不轻信网络社交软件结识的陌生人，保护好个人信息，保持清醒，谨防上当受骗。

【类案摘录】

案例 38　张某利用“寓兔”直播平台诈骗案*

2021 年 5—6 月，张某玲（另案处理）为非法牟利，组织被告人张某、侯某、孟某、王某及孟某某（另案处理）、郑某（待处理）等人组建网络直播团队，在黑龙江省绥化市某地，使用“寓兔”APP 直播平台进行网络直播。直播团队先通过交友软件添加被害人为微信好友，由被告人张某扮演女主播，被告人侯某、孟某、王某及孟某某、郑某等人充当“键盘手”，以女主播名义和被害人聊天，吸引被害人下载“寓兔”APP 直播平台进入直播间。其间，主播与“键盘手”相互配合，以让被害人误认为与其聊天的就是女主播本人且可以与对方发展恋爱关系的方式，骗取被害人信任，并虚构直播任务、平台 PK 等理由诱使被害人在直播平台上充值购买礼物送给女主播。经查，该直播团队骗取被害人刘某、徐某、朱某等人充值金额共计 6 余万元。被告人张某玲、侯某、孟某、王某及张某、孟某某、郑某等人均获得工资及一定比例提成。

2021 年 6 月 25 日，被告人张某玲、孟某、王某在黑龙江省绥化市某饭店门口被上海市公安局杨浦分局民警抓获。次日，被告人侯某在黑龙江省绥化市某住宅内被民警抓获。被告人张某、侯某、孟某、王某到案后均自愿如实供述自己的罪行。

法院认为，被告人张某、侯某、孟某、王某等人共同以非法占有为目的，虚构事实，骗取他人财物，数额巨大，其行为均构成诈骗罪。公诉机关指控的罪名成立，对被告人张某、侯某、孟某、王某依法均应予处罚。被告人张某、侯某、孟某、王某是从犯，依法均应减轻处罚。被告人张某、侯某、孟

* （2021）沪 0110 刑初 1009 号案件。

某、王某到案后如实供述自己的罪行，依法均可以从轻处罚。被告人张某、侯某、孟某、王某自愿认罪认罚，依法均可以从宽处理。为严肃国法，保护公民财产所有权，依照《刑法》第266条、第25条第1款、第27条、第67条第3款、第52条、第53条、第64条以及《刑事诉讼法》第15条之规定，判决被告人张某犯诈骗罪，判处有期徒刑1年9个月，罚金3000元；查扣的作案工具应予没收，责令被告人张某玲、侯某、孟某、王某退赔违法所得。

第八章

“薅羊毛”式诈骗典型案例解析

“薅羊毛”一词，据说原意是指过去穷人给富人家放羊时偷偷地扯一些羊身上的毛，每只羊都扯一点，也不会被富人发现，积少成多，就可以用来做衣物等。然而，在互联网盛行的当下，“薅羊毛”一词早就引申出了新的含义，在消费领域，不论是商家还是消费者都理解和接受这一行为，使得部分商家打出优惠的营销模式，让消费者体验“薅羊毛”的快乐；消费者也都费尽了心思，到处搜集各大商家的优惠信息，研究攻略，以获得经济方面的实惠，十分热衷此道者自称“羊毛党”，商家与消费者在互动和狂欢中各得其利。日常生活中，“羊毛党”收集各种网络平台或者线下商场的优惠券、打折券，将各种优惠或福利发挥到极致，在获得实在利益的同时，消费者也真正体会到了优惠带来的欢娱。

天下熙熙皆为利来，天下攘攘皆为利往。如前所述，“羊毛党”是一群精打细算的人，是一群充分了解规则，遵守规则，并利用规则的人。众所周知，法律规范人们的行为，有一定的边界，边界的左边是允许的、合法的，边界的右边就成了违法的、犯罪的。有了利益的驱使，生性贪婪之人便会轻易越过这条边界，走上了违法甚至犯罪的道路。作为法律从业者，笔者办理过，也见证过太多此类犯罪案件，网络媒体上也多有各地因“薅羊毛”被判刑之报道。从诈骗罪的犯罪构成来看，行为人主观上确有非法占有的目的，客观上又利用了此类平台的相关漏洞，进而虚构事实或隐瞒真相，使得被害人（单位）陷入了错误的认识，处分自己的财产，由行为人获利，这是典型的诈骗行为。由此给了诸多“羊毛党”以警示，精打细算，在规则范围内和法律限度内“薅羊毛”是可以的，但绝不能心存恶念，跨过法律的界线，否则将承担相应的法律后果。

本章共收录5个案例：

案例39、40，余某和郑某均是利用美团民宿平台的无房退赔规则或返利优惠的规则漏洞，骗取平台公司的退款或补贴。

案例41、43，田某和苏某某的情形大致相同，均是利用刷卡后银行与支付公司结算过程中的时间差，虚构交易失败的假象，向银行申请交易退单，以致支付公司遭受损失。

案例42，刘某利用“饿了么”平台新用户首单奖励规则，收取大量新手机号码及支付宝账户，通过一定的技术手段注册成平台新用户，享受规则红利，给平台造成巨大经济损失。

案例 39 余某利用网络平台漏洞诈骗案*

一、公诉机关指控

2020 年 11 月，被告人余某通过汉海技术（上海）有限公司（“美团公司”）旗下民宿短租预订平台，利用民宿到店无房退赔规则，虚构多笔民宿订单，以线下无房接待为由，要求美团民宿平台给付赔偿金来骗取钱财，并将上述犯罪方法传授给刘某、胡某（另案处理）。被告人余某骗得赔偿金 16596 元；刘某伙同杜某（另案处理）骗得赔偿金 9186 元，胡某骗得赔偿金 13473 元。

公诉机关认为：被告人余某诈骗他人财物，数额较大，其行为已触犯《刑法》第 266 条，犯罪事实清楚，证据确实、充分，应当以诈骗罪追究刑事责任。被告人余某传授他人犯罪方法，其行为已触犯《刑法》第 295 条，犯罪事实清楚，证据确实、充分，应当以传授犯罪方法罪追究其刑事责任。

2021 年 4 月 14 日，民警在安徽省铜陵市将被告人余某抓获。根据被告人余某提供的线索，民警将刘某、杜某抓获。案发后，被告人余某在家属的帮助下退赔被害单位 16596 元，并取得被害单位的书面谅解。

2021 年 7 月 15 日，上海市长宁区人民检察院以诈骗罪和传授犯罪方法罪，向法院提起公诉。

二、量刑情节

（1）被告人余某被抓获到案后，如实供述了诈骗犯罪事实，系坦白。

（2）被告人余某主动供述传授犯罪方法犯罪事实，系自首。

* （2021）沪 0105 刑初 736 号案件。

（3）被告人余某协助抓获刘某、杜某，系有立功表现。

（4）被告人余某主动退赔被害单位经济损失，并取得谅解。

（5）被告人余某自愿认罪认罚，并签署《具结书》。

三、证据认定

本案中，公诉机关及辩护人均提交了相应证据，法院审理后作出如下认定：

（1）证人于某的证言、美团公司出具的情况说明、刑事报案书、接收数据清单、调取证据清单及相关数据、银行卡明细清单等，证实被告人余某通过美团公司旗下民宿短租预订平台，利用民宿到店无房退赔规则，虚构多笔民宿订单，以线下无房接待为由，要求美团民宿平台给付赔偿金来骗取钱财，共计骗得美团平台赔偿金 16596 元。

（2）同案犯刘某、胡某的供述、接收数据清单、调取证据清单及相关数据及刘某、胡某、杜某银行卡交易明细，证实被告人余某分别传授刘某、胡某在美团民宿平台骗取赔偿金的方法，刘某及杜某骗得赔偿金 9186 元，胡某骗得赔偿金 13473 元。

（3）美团公司出具的谅解书及收条，证实被告人余某的赔偿及谅解情况。

（4）被告人余某的供述，证实余某对犯罪事实供认不讳。

四、争议焦点

（1）提供线索协助抓捕其他犯罪嫌疑人，是否有立功表现？

（2）主动交代公安机关未掌握的犯罪行为，是否构成自首？

五、辩护意见

（1）被告人余某到案后，如实供述自己诈骗的罪行，系坦白，根据《刑法》第 67 条第 3 款的规定，可以从轻处罚。

（2）被告人余某被采取强制措施后，如实供述司法机关尚未掌握的传授犯罪方法罪行，该罪行系自首，根据《刑法》第 67 条第 1 款，可以从轻或者减轻处罚。

（3）被告人余某到案后主动提供刘某、杜某的线索，协助公安机关抓捕，具有立功表现，根据《刑法》第68条，可以从轻或减轻处罚。

（4）被告人余某自愿认罪认罚，根据《刑事诉讼法》第15条的规定，可以从宽处理。

（5）被告人余某在家属的帮助下，赔偿了被害单位损失，并取得了被害单位的谅解，可以从轻处罚。

六、法院判决

法院认为，被告人余某以非法占有为目的，采用虚构事实的方法骗取他人财物，数额较大，其行为已构成诈骗罪；余某传授他人犯罪方法，其行为已构成传授犯罪方法罪，依法应予二罪并罚。公诉机关的指控，事实清楚，定性正确。被告人余某对传授犯罪方法行为具有自首情节，对诈骗行为具有坦白情节，认罪认罚，且退赔违法所得，取得被害单位的谅解，予以从轻处罚。被告人余某到案后协助抓捕其他犯罪嫌疑人，具有立功情节，予以从轻处罚。为保护公私财产不受侵犯，维护正常的社会管理秩序，根据被告人犯罪的事实、性质、情节和对于社会的危害程度，依照《中华人民共和国刑法》第二百六十六条、第二百九十五条、第六十七条第一款及第三款、第六十八条、第六十九条、第五十二条、第五十三条、第六十四条，《中华人民共和国刑事诉讼法》第十五条之规定，判决如下：

一、被告人余某犯诈骗罪判处有期徒刑八个月，并处罚金人民币三千元；犯传授犯罪方法罪，判处有期徒刑六个月，决定执行有期徒刑九个月，并处罚金人民币三千元。

二、扣押在案的犯罪工具苹果6牌手机一部予以没收。

七、律师感悟

本案是一则典型的“薅羊毛”式诈骗案件，民宿短租预订平台为了提升商家服务，设定到店无房退赔的规则，被余某等人看到了“商机”，利用平台规则的漏洞，尝试一次成功后，便一发不可收拾，屡屡得手。同时，余某还将该“生财之道”传授给他人，给平台造成更大的经济损失，殊不知其帮助他人的行为又构成传授犯罪方法罪。

被告人余某的获利金额达 1.6 万余元，属犯罪数额较大，尚未达到巨大的标准，依法应判处三年以下有期徒刑、拘役或者管制，并处或单处罚金。就诈骗犯罪而言，余某到案以后如实供述，有坦白情节，依法可以从轻处罚；就传授犯罪方法罪而言，余某在公安机关掌握其犯罪事实之前，主动供述，系自首，依法应当从轻或减轻处罚。另外，根据余某提供的线索，民警将刘某、杜某抓获，有立功表现。自首与立功同时出现在一个被告人身上，并不多见，余某可以说是充分利用了法律规定的法定减轻处罚情节，努力争取最好的判决结果。

案例40 郑某利用网络平台漏洞诈骗案*

一、公诉机关查明

2020年12月31日，被不起诉人郑某与网上多名人员串通，利用汉海技术（上海）有限公司（"美团公司"）美团民宿的返利优惠活动，由他人在美团平台上大量虚假预订郑某经营的位于天津的某民宿，并由郑某虚假确认订单，以此骗取美团民宿每笔订单100～300元不等的返现优惠。经查，郑某伙同他人在美团民宿上虚假刷单78笔，骗取返现15840元。

2021年3月10日，郑某被公安机关抓获刑事拘留。案发后，郑某在家属的帮助下向美团公司全额退赔并取得谅解。

二、量刑情节

（1）2021年3月10日，民警在杭州将郑某抓获。

（2）郑某到案后，如实供述了诈骗犯罪事实，具有坦白情节。

（3）2021年4月6日，郑某在家属的帮助下退赔被害单位20655元，并取得谅解。

（4）被告人郑某自愿认罪认罚。

三、证据认定

（1）郑某的供述、美团报案书、美团民宿2021元旦活动规则、郑某涉案明细表、证人于某的证言，证实郑某利用美团民宿2021元旦活动规则的漏洞采用虚假刷单的方式骗取美团公司15840元补贴。

---

* 沪长检刑不诉［2021］199号案件。

（2）美团公司出具的谅解书，证实郑某在家属的帮助下已经全额赔偿被害单位并取得谅解。

（3）户籍资料、案发经过表格，证实郑某的身份及到案情况。

四、辩护意见

（1）犯罪嫌疑人郑某到案后，如实供述自己诈骗的罪行，系坦白，根据《刑法》第 67 条第 3 款的规定，可以从轻处罚。

（2）犯罪嫌疑人郑某自愿认罪认罚，根据《刑事诉讼法》第 15 条的规定，可以从宽处理。

（3）犯罪嫌疑人郑某在家属的帮助下，全额赔偿被害单位损失，并取得了被害单位的谅解，可以从轻处罚。

（4）犯罪嫌疑人郑某此前一直表现良好，无任何违法犯罪前科，此次系初犯、偶犯。

（5）犯罪嫌疑人郑某认罪悔罪，犯罪情节轻微，希望能对其作出不起诉决定。

五、处理结果

公诉机关认为：郑某实施了《刑法》第 266 条规定的行为，但其系初犯，已经全额赔偿被害单位并获得谅解，审查起诉阶段如实供述自己的罪行，具有坦白情节，根据《刑法》第 67 条第 3 款，可以从轻处罚；自愿认罪认罚，根据《刑事诉讼法》第 15 条，可以从宽处理。郑某犯罪情节轻微不需要判处刑罚，根据《刑法》第 37 条的规定，可以免予刑事处罚。依据《刑事诉讼法》第 177 条第 2 款的规定，决定对郑某不起诉。

六、律师感悟

“薅羊毛”有时会作为各电商平台宣传的噱头，设计各种满减活动，或返利优惠，以达到快速引流，或短期内提高平台知名度及营业额的目的。本案中此优惠活动是面向民宿预订者，美团公司作为预订平台，鼓励消费者在平台预订酒店，实际返利给消费者，这是平台设计的合理优惠，是有意让消费者“薅羊毛”。作为一般消费者，通过美团平台实际预订民宿，并正常入住，即可享受返现优惠，如此一来民宿经营者享受更多客人入住带来的出租收益，消费者以优惠的价格入住民宿，平台方也借此达到了引流宣传的目的，并赚取预订服务费，可谓各得其利，一举三得。然而，本案中郑某与他人正是借着平台返现的机会，利用平台规则的漏洞，大量虚增订单，使得平台额外支付了多笔返现，而郑某等人可谓无本万利，平台方没有任何收益却承担无端损失，郑某等人的行为符合诈骗罪的犯罪构成要件，应以诈骗罪追究其刑事责任。

本案中，郑某给平台造成的损失达 1.5 万余元，已达到诈骗罪犯罪数额较大的标准，法定量刑为三年以下有期徒刑、拘役或者管制，并处或单处罚金。从量刑情节来看，郑某到案以后如实供述犯罪事实，具有坦白情节；主动退赃并争取被害单位的谅解，有效化解了社会矛盾，将犯罪造成的损失予以弥补，可以酌定从轻处罚。再加之郑某自愿认罪认罚，态度良好，考虑到其本次是初犯，检察机关综合以上所有因素作出了不起诉的决定。

不起诉，对于本案来说是一个很好的结果，应该说是嫌疑人郑某认罪悔罪、辩护律师不断努力、嫌疑人家属全力配合而共同取得的结果，各方的努力缺一不可。笔者代理了数百起的刑事案件，遇到过形形色色的当事人、家属，看到了很多的悲剧，相比之下本案算是圆满结局。

案例 41　田某 POS 机诈骗案*

一、公诉机关指控

2019 年 1 月起，被告人田某作为昆山某电子商务有限公司（以下简称昆山电子公司）POS 机销售代理，招揽刘某、贾某、杨某等人（均另案处理）通过昆山电子公司向开店宝公司申请 POS 机，并进行银行卡刷卡套现活动。客户刷卡后，款项由开店宝公司结算至 POS 机绑定的结算账户，昆山电子公司收取一定比例手续费后将其控制的结算账户内套现款返还给客户，田某按照客户刷卡套现金额获取公司给予的提成。

2019 年 3 月，昆山电子公司因将客户套现款挪用于投资导致资金链断裂而无法正常向客户返还套现款，刘某、贾某、杨某等人通过被告人田某向昆山电子公司索要套现款未果。后田某明知套现款已被昆山电子公司挪用于电商投资导致资金链断裂，仍教唆持卡人向各自刷卡套现的发卡银行以交易失败扣款成功、未消费等虚假理由申请拒付退款，发卡银行基于上述虚假理由从开店宝公司账户中，将相应刷卡金额返还至持卡人原银行卡内。

经查，刘某等人申请拒付成功金额为 50726 元，贾某令人申请拒付成功金额为 62694 元，杨某等人申请拒付成功金额为 129030 元。

2021 年 7 月 22 日，民警电话联系被告人田某，在约定地点将其带回派出所。到案后，田某至审查起诉阶段交代了上述犯罪事实。

二、案情拓展

2020 年 4 月 20 日，陆某（开店宝公司员工）到公安机关报案称：近期，

* （2021）沪 0101 刑初 859 号案件。

其所在的公司收到多家银行卡中心发来的大批量银行卡拒付交易，涉及多家银行、上百笔拒付交易，这些拒付交易存在交易时间集中、同一人使用不同银行卡、单笔拒付金额大等情况，经公司自查发现，有人在使用网上申诉系统中的漏洞进行诈骗。经公司初步整理发现，涉及拒付的银行卡共计 60 余张，持卡人 10 余名，公司损失金额合计 30 余万元。

田某自 2016 年开始代理销售 POS 机，2017 年经他人介绍结识吴某，2018 年年底，吴某给其介绍了一个低费率的 POS 机，费率是 10000 元收取 18 元手续费，让其代理出售，并承诺客户每消费 10000 元就给其 4 ~ 5 元的分润，到账方式是 T + 1，之后其就开始代理销售该 POS 机，通过其朋友圈和 QQ 群发布广告“刷信用卡套现低费率，0. 18 费率，带积分”。如有客户购买 POS 机，田某便向客户要身份证和银行卡信息，后将收货地址、身份证照片、银行卡照片发送给吴某，吴某负责发货。吴某将该 POS 机绑定自己控制的银行卡，客户使用该 POS 机刷卡钱款即进入吴某控制的银行卡内，之后客户将刷卡金额告知田某，田某统计给吴某，吴某次日将刷卡金额扣除费率后转账给客户提供的借记卡里。

2019 年 3 月左右，很多客户向田某表示没有收到返现的钱，田某向吴某询问后知：吴某团伙将资金用于投资电商平台，因电商平台账户被冻结，所以没有资金结算。之后，田某便告知客户可以向银行申请拒付以追回资金。

三、量刑情节

（1）被告人田某经民警电话联系至约定地点，被民警带回派出所，到案以后未能如实供述自己的犯罪事实，至审查起诉阶段才交代。

（2）在审查起诉阶段，被告人田某自愿认罪认罚，并签署了《认罪认罚具结书》。

四、证据认定

本案中，公诉机关提交了相应证据，法院审理后作出如下认定：

（1）被害单位员工陆某的陈述，证实被害单位发现有人用其公司的 POS 机刷卡后恶意拒付从而导致其公司赔付钱款的事实。

（2）证人戴某君、唐某的证言，证实被告人田某在明知涉案款项被昆山电子公司挪用的情况下，教唆客户向银行申请拒付挽回损失的事实。

（3）证人刘某、贾某、杨某等人的证言、POS 机绑定商户账户信息及银行流水、拒付申请材料、谅解书及电子回单、判决书等，证实其因套现款未到账，在被告人田某的教唆下向开卡行银行进行拒付申请并骗得退款 24 万余元的事实。

（4）侦查机关调取证据通知书、微信账号信息与微信账户流水，证实被告人田某微信账户资金往来情况。

（5）侦查机关扣押决定书、扣押笔录、扣押清单，证实被告人田某手机被扣押情况。

（6）被害单位提供的营业执照及情况说明等，证实被害单位经营情况等。

（7）公安机关出具的到案经过，证实被告人田某的到案经过。

（8）被告人田某的供述，对上述犯罪事实供认不讳。

上述证据收集程序合法，内容客观真实，足以认定指控。

五、争议焦点

被告人田某某到案后并未如实供述，因其并无获利，以为只是违规行为，并未意识到其行为是违法犯罪，后其认识到自己行为的不法性，并表示认罪。这是一起典型的认罪认罚案件，控辩双方无重大分歧，无明显争议焦点。

六、辩护意见

（1）被告人到案后如实供述自己全部的罪行，有坦白情节，依据《刑法》第 67 条第 3 款，可以从轻处罚。

（2）被告人田某自愿认罪认罚，依据《刑事诉讼法》第 15 条，可以从宽处理。

（3）被告人田某此前一贯表现良好，没有违法犯罪的前科，此次系初犯偶犯。

（4）被告人田某对刘某等人申请拒付的多笔金额不完全知晓，更未从中获取任何利益，念其认罪态度较好，望能对其从轻处理。

（5）被告人田某家庭经济困难，其爱人无工作，孩子年幼，其系家庭的经济支柱，其认罪悔罪，并决心改过，请求对其轻判，让其早日回归社会。

七、法院判决

法院认为，被告人田某以非法占有为目的，教唆多人诈骗他人财物，数额巨大，其行为已构成诈骗罪。公诉机关指控的事实清楚，证据确实、充分，指控的罪名成立，应依法对被告人田某予以刑事处罚。被告人田某认罪认罚，依法可以从宽处理。辩护人关于从轻处罚的相关辩护意见可予采纳。据此，依照《中华人民共和国刑法》第二百六十六条、第二十五条第一款、第二十九条第一款、第六十七条第三款、第五十二条、第五十三条及《中华人民共和国刑事诉讼法》第十五条之规定，判决如下：

被告人田某犯诈骗罪，判处有期徒刑三年六个月，并处罚金人民币五千元。

八、律师感悟

本案是一起典型的利用刷卡支付到账时间差进行诈骗的案件，本案被告人田某本身具有一定的行业经验，对POS机支付流程十分熟稔，或刻意为之，或放任不管，参与了诈骗犯罪行为，虽未从中获利，却自食恶果，最终聪明反被聪明误。

笔者在接受委托后，及时会见了当事人，查阅了全部卷宗，深感被告人田某的罪与非罪只是一念之隔，而这个关键的转折点就在于其是否明确告知商户去向银行申请拒付。当笔者会见田某时，其有过多次否认，但与其在侦查阶段的供述，以及在案其他人员的供述不符，无法得到采信。

梳理本案的刷卡结算流程为：消费者在商户店铺手中的POS机刷卡，或为真实交易，或为刷卡套现；开店宝公司对POS机刷卡是实时结算的，当场即会将消费钱款打入商家结算的银行卡内；昆山电子公司作为商家POS机提供方及服务商把控各商家的结算银行卡，使得开店宝公司支付的结算款被昆山电子公司实际控制；昆山电子公司按照与商户约定的结算规则，应当于次日将结算款项转付给商户。本案中，大多数商户均是自行刷卡套现，无任何正常消费交易，当得知昆山电子公司未能按时回款时，反而转向银行申请拒付，否认消费成功的事实，使得开店宝公司作为支付结算方垫付交易款项，由此完成诈骗全部环节。被告人田某作为中间服务方，其过错即在于明确知晓这一结算流程存在漏洞，且昆山电子公司已将结算款项挪作他用，无法及时转付，便告知商户可以通过申请银行拒付的方式挽回自己的“损失”，各商家纷纷申请拒付。此时，银行按照流程要求开店宝公司拿出该笔消费的POS签单，以证明该笔消费已成功并真实存在，但开店宝公司无法直接提供该交易的POS单，需要向持有POS机的商户调取，这些商户都已失联，开店宝公司无法向银行提供POS单，故银行会认定交易未成功，并认可持卡人的拒付要求，要求开店宝公司垫付该笔交易的费用。然而，事实上各店铺刷卡交易均已经成功，开店宝公司后来支付的交易费用即为被诈骗款项。由此可见，田某在开店宝公司被诈骗的过程中，起了关键的作用，虽说其未从中牟利，但并不影响其诈骗犯罪事实的认定。

本案中，被告人田某及其他关联人员均提到一个行业术语“二清”，即吴某的次日到账操作行为，在收款后再转手支付明显是违反行业结算规则的。田某在知晓吴某等采用“二清”操作方式，且资金链已出现断裂时，应积极配合商户向昆山电子公司和吴某等主张回款，而不是教授商户向银行申请拒付，这是走向犯罪的方向，并不是走向止损的捷径，这也就是前述提到的一念之隔，一正一邪两条道路。

案例42 刘某“饿了么”平台诈骗案*

一、公诉机关指控

2018年9月至2019年6月，被告人刘某、曾某向他人收购新手机号码及支付宝账户，通过修改手机设备号注册成为“饿了么”平台新用户。被告人刘某、曾某与被告人罗某、伍某、徐某等多家商户合谋，通过虚假下单方式骗取“饿了么”平台新用户首单等红包奖励。

经查证，被告人刘某骗取拉扎斯网络科技（上海）有限公司（以下简称拉扎斯公司）128655.98元。

2019年7月4日，被告人刘某被公安机关抓获，到案后对犯罪事实供认不讳。案发后，刘某的家属已赔偿受害单位损失，并已征得谅解。

二、案情拓展

被告人刘某到案后供述称，其曾经加入某QQ群，因该群的群友通过“饿了么”下单有优惠，刘某一直在该群找人帮忙下单购买外卖。2018年6月左右，刘某自己研究得知可以通过登录新用户获取首单优惠。后刘某为了自己购买外卖可以便宜，替别人下单购买外卖赚取费用，以及替店家刷单刷销量赚取佣金，便在该QQ群中询问如何操作以获得新用户首单优惠。得知如何操作后，刘某先在一些语音群（QQ群）内购买语音卡（手机号）、支付宝账号和密码，然后修改设备号，修改完成后登录“饿了么”APP，输入购买的手机号码，点击验证码，验证码会通过购买手机号的QQ群内发出，输入后点击登录，就是“饿了么”新用户。然后下单购买获得首单优惠（“饿

* （2019）沪0107刑初1466号案件。

了么”新用户的首单优惠以一个在任何店家都能使用的金额为15元的通用红包发放，下单支付时可以选择使用进行费用减免)，再使用之前购买的支付宝账号进行支付，完成交易。刘某进行上述新用户登录操作的成本约为4元，购买手机号码和支付宝账号密码约2元。刘某替别人下单的手续费为7元/单，完成交易后，对方会将刘某下单支付的钱款及手续费一并转到刘某的微信或者支付宝内。刘某为店家刷单的佣金分为15元/单和7元/单两种，通常操作方式是，刘某扫描店家提供的二维码进入店铺，按照店家要求下单（对店家指定商品刷销量)，随后支付完成交易，并截图发给店家，但店家不会发货，完成四五单会进行一次结算，店家将多支付的差价及手续费一并转到刘某的支付宝或微信内；对于佣金为7元/单的情形，刘某和店家会平分平台红包金额。刘某与要求刷单的客户或商家通常是通过群里的广告和一些朋友介绍认识。刘某共计购买了约2000个号码用于登录“饿了么”获取首单优惠。

2019年4月前后，刘某将上述购买手机号、支付宝账号等再利用“饿了么”新用户首单优惠政策赚取佣金的方法教授给曾某。

证人罗某陈述，其为拉扎斯公司员工，公司风控与安全中心部门通过后台大数据分析发现有外部人员通过网络刷单工具在“饿了么”平台刷单，骗取该公司首单用户补贴共计10万余元。首单用户是指首次下单的新用户，需同时满足手机设备号、手机号、“饿了么”账号均未在“饿了么”平台上下过单。只要其中一个在“饿了么”平台下过单，公司后台就会对这些账号进行记录，三个号不能同时满足要求，则不会被系统认定为“首单用户”。刷单人员一般通过“接码平台”获取手机号和验证码，通过“改机工具”修改手机设备号，然后注册新的“饿了么”账号，以此逃避“饿了么”平台的后台对账号的记录分析，从而骗取平台优惠政策利益。

三、量刑情节

（1）被告人刘某被抓获到案后，如实供述自己的罪行，系坦白，可以从轻处罚。

（2）被告人刘某自愿认罪认罚，依法可以从宽处理。

（3）被告人刘某犯罪数额巨大。

（4）被告人刘某在家属的帮助下积极退赔违法所得，获得了被害人谅解，且已缴纳罚金。

四、证据认定

本案中，公诉机关提交了相应证据，法院审理后作出如下认定：

（1）证人罗某的证言、拉扎斯公司出具的订单明细表，证实拉扎斯公司通过后台数据分析发现有外部人员通过使用刷单工具骗取公司旗下“饿了么”平台红包补贴，其中2018年9月至2019年6月，被告人刘某与商户共同刷单骗取红包补贴款扣除手续费后为128655.98元。

（2）证人孙某某的证言、微信转账记录截图，证实经被告人徐某介绍，其与被告人刘某约定为其店铺进行刷单，2019年3月22日至4月18日，被告人刘某共为其店铺刷取119单，其账户后因涉嫌刷单被拉扎斯公司冻结的情况。

（3）上海市公安局普陀分局搜查证、搜查笔录、扣押决定书、扣押笔录、扣押清单，证实公安机关搜查并扣押被告人刘某等人作案手机等的情况。

（4）公安机关出具的到案经过，证实被告人刘某等人的到案情况。

（5）公安机关出具的户籍资料，证明被告人刘某等人的身份情况，均无前科。

（6）被告人刘某的供述，证实其实施本案犯罪行为的经过等情况。

上述证据收集程序合法，内容客观真实，足以认定指控事实。

五、争议焦点

被告人刘某到案后如实供述，且自愿认罪认罚，控辩双方无重大分歧，无明显争议焦点。

六、辩护意见

（1）被告人刘某如实供述了自己的罪行，自愿认罪认罚，并在家属的帮助下积极退赔违法所得，获得了被害人谅解，且已缴纳罚金，说明其已经认识到自己所犯罪行的严重性，有强烈的改过自新的良好愿望，请法院综合考虑予以从轻从宽处罚。

（2）被告人刘某系初犯、偶犯，主观恶性小，社会危害性小。

（3）被告人刘某本次犯罪系因年纪尚小，法律意识淡薄，经司法机关指导和教育，已深刻认识到自己的错误，多次表示一定痛改前非，认罪悔罪态度诚恳。

（4）希望法院对被告人刘某以教育为主、惩罚为辅，给其改过自新的机会。请求法院根据《刑法》第72条、《量刑指导意见》的相关规定以及认罪认罚从宽制度、宽严相济的刑事政策，考虑财产性犯罪中的退赔和获得被害人谅解的情节，对被告人刘某从轻处罚，并适用缓刑，让刘某早日回归社会，回馈社会。

七、法院判决

法院认为，被告人刘某、曾某伙同被告人罗某、伍某、徐某，以非法占有为目的，虚构事实、隐瞒真相，诈骗公私财物，其中被告人刘某犯罪数额巨大，被告人曾某、罗某、伍某、徐某犯罪数额较大，其行为均已构成诈骗罪，依法均应予处罚。上海市普陀区人民检察院的指控成立。被告人刘某、曾某、罗某、伍某、徐某到案后如实供述自己的罪行，依法均可从轻处罚。案发后，被告人刘某、曾某、罗某、伍某、徐某均已委托家属赔偿被害单位经济损失，可对五名被告人酌情从轻处罚。各辩护人关于各被告人从轻处罚并适用缓刑的辩护意见，均可予采纳。公诉机关的量刑建议，可予采纳。根据五名被告人犯罪的事实、性质、情节及对于社会的危害程序，依照《中华人民共和国刑法》第二百六十六条、第二十五条第一款、第六十七条第三款、第七十二条第一款、第三款、第七十三条、第五十二条、第五十三条、第六十四条之规定，判决如下：

一、被告人刘某犯诈骗罪，判处有期徒刑三年，缓刑四年，并处罚金人民币一万元。

……

被告人刘某、曾某、罗某、伍某、徐某回到社区后应当遵守法律、法规，服从监督管理，接受教育，完成公益劳动，做一名有益社会的公民。

六、作案工具依法没收；扣押在案的赃款发还被害单位。

八、律师感悟

本案中，被告人刘某利用外卖平台的系统漏洞，使用“外挂”手段反复注册新用户以牟取首单优惠权益，看似只是为了占便宜，但实际上不仅违背了民事主体从事民事活动应当遵循的诚实信用原则，更是触犯刑法的犯罪行为。本案承办律师在接受刘某家属的委托后，及时会见刘某了解案情，并会同刘某家属积极协调退赔事宜，刘某真诚悔罪，意识到自己行为的后果并深刻反省，在全额退赔并提前缴纳罚金后，取得了被害单位的谅解，因此哪怕诈骗金额达到数额巨大，最终也取得了缓刑的判决结果，对于刚踏入社会不久的刘某来说也起到了警示教育作用。可见，财产性犯罪中的退赔和获得被害人谅解的情节，对被告人从轻处罚是具有显著作用的。

生活中类似占便宜“薅羊毛”的案例不少，有的行为人起初只是偶然发现相关系统疏漏，借此为自己牟取一些蝇头小利，在自己尝到甜头后，又将方法告知亲友或他人；有的行为人则是积极寻求相关手段方法，借助“外挂”软件、设备等工具，以求积少成多地牟取非法利益，甚至以此赚取佣金获利。对于前者，除了接受刑法的处罚之外，可能更多从道德层面进行批判，毕竟大部分人或多或少都有贪便宜的心理，并非无法理解；而对于后者，通常会造成被害单位的巨大损失，行为人将受到更严厉的法律制裁。

况且，现在各大购物、社交网站平台为了维护自己的利益，均设有专门的安全中心关注后台数据，随时监控分析异常数据；同时为了限制用户过度领取各种优惠设置了诸多条件，这样的诸多条件也反过来成为数据筛查的条件，正如本案中“饿了么”平台的首单用户，需要同时满足手机设备号、手机号、“饿了么”账号均未在平台上下过单。只要其中一个在平台下过单，后台就会对这些账号进行记录，三个号不能同时满足要求，则不会被系统认定为首单用户。犯罪分子为了满足上述条件，不得不借助其他软件或者工具逃避平台数据监控记录，而根据相关案例披露，使用“外挂”软件工具的风险极大，软件中可能存在病毒伺机窃取个人账户资金信息、个人身份信息，造成资金损失或身份信息泄露。因此，正如人们常说的“贪小便宜吃大亏”，为免害人害己，还是应遵守法律法规的规定，遏制贪小的心理，克己复礼。

【类案摘录】

案例 43　苏某某刷卡诈骗案*

2018 年 12 月 17—21 日，被告人苏某某使用本人名下的浦发银行信用卡在 POS 机上陆续刷卡套现共计 85939 元，全部用于个人花销。嗣后，苏某某又向发卡行谎称上述消费未成功，并出具相关虚假情况说明及收据等，骗得银行同意退还该笔交易金额，致使 POS 机支付结算公司付临门支付有限公司（以下简称付临门公司）受损 85939 元。

2020 年 8 月 6 日，被告人苏某某在广东省江门市被公安民警抓获，后在家属的协助下退赔了全部赃款。

被告人苏某某到案后供述，其曾因“诺漫斯”事件加入一微信群。“诺漫斯”系深圳的一家公司，当时有全国各地的商户从这家公司的代理商处购买 POS 机，之后出现了大规模的商户未收到客户使用信用卡消费金额的情况，苏某某因此损失了 22 万元左右。加入上述微信群后，群友龙某某告诉大家可以通过向银行申请交易不成功的方法追回自己的损失。所以大部分群友均向银行申请，但各银行回复“诺漫斯”事件已经公安机关立案侦查，因此暂停所有的退单处理。后微信群中一直讨论如何追回损失，龙某某也不断提出建议和方法。在此过程中，苏某某得知可以在龙某某处申请 POS 机，因当时自己资金周转困难，便想到了用 POS 机刷自己的信用卡套现的办法。于是苏某某在 2018 年 12 月根据龙某某的要求提供相应材料后申请了一台 POS 机。当月，龙某某便将一台付临门 POS 机邮寄给苏某某，并教授操作方法。随后苏某某便使用自己的信用卡在该 POS 机上刷单几笔，但是第二天结算卡账户中并无钱款到账，微信群中其他群友也反映相同情况。于是大家询问龙某某，

---

* （2021）沪 0101 刑初 43 号案件。

龙某某称经其与 POS 机结算方询问，结算方称资金暂时无法周转，需要继续刷单，刷单的钱过一段时间会结算到账。但是大家都不敢再刷单了，同时参考之前的“诺漫斯”事件，大家决定找银行做退单处理。苏某某向多家银行申请了退单理赔，谎称自己在一家商户通过 POS 机消费，显示信用卡已经消费，但是商家没有收到货款，因此没有获得相应的服务。几乎所有银行均拒绝，只有浦东发展银行让其提交相关材料，并表示银行会与收单行交涉。苏某某向龙某某询问如何准备银行要求提交的材料，龙某某提供了一份模板，苏某某依照模板伪造了报警记录、消费收据等材料。随后苏某某出于弥补当时及“诺漫斯”事件中的损失向浦发银行申请了 7 笔理赔，后再三考虑取消了其中 3 笔理赔。2019 年 3 月，苏某某浦发银行卡中收到了 4 笔理赔款共计 85939 元。

证人高某陈述，其为付临门公司风控部员工，付临门公司为持牌第三方支付机构，属于银联成员，公司每日结算款由银联负责处理，并经过银行核算后转至付临门账户。持卡人用自己的信用卡在 POS 机完成一笔交易，随后持卡人再以该笔款项未成功到账为由向信用卡发卡行申请退单。银行根据持卡人提供的退单材料通过银联平台进行相关操作。银联根据退单材料从付临门公司的每日交易结算款中扣除这几笔退单金额，并将该几笔金额退回银行，银行再将钱款退还持卡人原先付款的信用卡账户。其中，被告人苏某某退单金额为 85939 元。

法院认为，被告人苏某某以非法占有为目的，虚构事实，隐瞒真相，骗取他人财物，数额巨大，其行为已触犯刑律，应当以诈骗罪追究其刑事责任。被告人到案后如实供述自己的罪行并认罪认罚，且已退赔全部赃款，可以从轻和酌情从轻处罚。据此，依照《刑法》第 266 条、第 67 条第 3 款、第 72 条、第 73 条、第 52 条、第 53 条、第 64 条的规定，判决被告人苏某某犯诈骗罪，判处有期徒刑 3 年，缓刑 3 年，并处罚金 4 万元；犯罪工具，予以没收。

第九章

养生医疗类诈骗典型案例解析

本章所称养生医疗类诈骗，主要是指行为人利用虚构专业医生的身份，向被害人提供有特殊功效的产品或保健服务，用于治疗相关病症或达到养生保健的功效，使得被害人相信而处分财产用于购买产品或服务，以骗取钱财。此类案件大多指向中老年被害人，一则他们有相关的医疗保健需求，二则他们辨别真假的能力相对较差。诈骗分子往往以“专业会议”“健康讲座”“免费体验”等形式，以“特殊功效”“打折销售”“消费返利”“免费或低价旅游”等卖点虚假宣传，向老年人宣传“保健产品”“治疗药品”，从而实施诈骗。面对此类诈骗行为，大家要相信科学，不要相信他人所说的包治百病的“灵丹妙药”，当出现身体不舒服时，要及时前往正规医院就医诊治，不要从非法渠道购买保健品或药品。近两年有关预防电信诈骗和针对老年人养老诈骗的宣传不断加大，此类案件的发生率在逐步减少，这是一个很好的趋势。

本章收录了3则案例：

案例44，吴某等人冒充“田氏老中医”，对外销售用于治疗男性生理疾病的药品，涉案金额特别巨大。

案例45，李某某等人冒充中医专家，承诺“白发转黑发”，诱骗被害人高价购买成本低廉的黑发产品及附加调理产品。

案例46，杨某冒充老中医，夸大客户病情，骗客户购买公司生产的产品。

以上三则案例的共性是所谓的产品均无疗效，当然也没有对被害人的身体造成不良后果，尚不存在加重处罚之情形。

案例 44　吴某“田氏老中医”保健品诈骗案*

一、公诉机关指控

1. 被告人钟某、李某荣、吴某骗取他人钱财的事实

2019 年 7 月，被告人钟某、李某荣、吴某为了达到非法占有财物的目的，先后出资注册了上海 A 健康科技有限公司（以下简称 A 公司）及上海 B 生物科技有限公司（以下简称 B 公司），利用通信工具、互联网等技术手段组织人员冒充老中医，销售男性生理疾病的药品。被告人钟某负责公司财务、广告宣传，被告人吴某负责财务、产品进货，二人系男女朋友关系，共同占股 60%；被告人李某荣负责公司日常管理，占股 40%。2020 年 10 月，被告人吴某退股之后被告人钟某占股 70%，被告人李某荣占股 30%。

其间，被告人钟某、李某荣、吴某招聘童某、刘某、张某（均另案处理）等人为业务员，在无任何相关资质的情况下，通过微信公众平台发布广告，使用话术模板、虚假聊天、效果图及虚假的医疗机构执业许可证，冒充“田氏老中医”，以一对一的诊疗方式骗取被害人信任，从而诱骗被害人通过微信支付定金、货到付款的方式购买价格虚高、无疗效的鹿鞭膏、鹿鞭片、霸王鞭、奥特男肽、九五至尊、东革阿里、培元固本、韩国植物等虚假药品。

截至 2021 年 4 月案发，被告人钟某、李某荣、吴某共骗取李某等人 54 万余元，其中被告人吴某参与的金额为 22 万余元。

经重庆市万州区市场监督管理局鉴定，被告人钟某、李某荣、吴某销售的“鹿鞭膏”等 9 种涉案产品，不符合《中华人民共和国药品管理法》第 2 条第 2 款对“药品”的定义，不按照药品进行管理。

---

* （2021）渝 0105 刑初 799 号案件。

2. 被告人钟某、李某荣、吴某参与李某虎骗取他人钱财作案的事实

2019 年 7 月，被告人钟某电话邀请李某虎到上海商议共同骗取他人财物。被告人钟某同意为李某虎提供货源、代为发货，并提供广告、资金结算支持。随后，被告人钟某安排吴某、李某荣为李某虎提供信息联通，从而使李某虎在贵州招聘多人从事销售补肾壮阳产品的诈骗活动，犯罪数额达 200 万余元。其中，被告人吴某在 2019 年 7 月至 2020 年 10 月帮助李某虎销售补肾壮阳产品价值达 160 万余元，被告人李某荣在 2020 年 10 月至案发期间帮助李某虎销售补肾壮阳产品价值达 30 万余元。

二、案情拓展

2019 年 7 月，吴某问其男友钟某有无办法可以挣钱，后钟某介绍吴某与李某荣认识，李某荣表示想开公司，需要资金，吴某遂决定投资 4 万元，钟某投资 10 万元左右，后李某荣在上海市青浦区某地作为经营地，销售保养品和保健品。之后吴某按照李某荣的要求招募了业务员，由李某荣对业务员进行培训。除此之外，吴某还负责公司的进货和财务。公司成立后，吴某分别从网上及钟某推送的微信联系人处购买鹿鞭膏、鹿鞭片等存储至上海市闵行区某物流仓库。

业务员经过话术培训后就按照话术上的内容冒充老中医与客户聊天，给客户推销产品，业务员在聊天时会自称中医，让客户相信其推销的产品能治疗男性生理上的疾病。

业务员推销出产品后将客户信息发给吴某，吴某负责联系物流仓库处发货。另吴某负责每月统计业务员业绩，并发放工资。

吴某、李某荣没有工资，每月收入扣除员工工资后，吴某、钟某、李某荣按照比例进行分红，吴某扣除 30% 分红后将其余钱转账给钟某，钟某再与李某荣分红。

三、量刑情节

（1）被告人吴某骗取他人钱财，数额特别巨大，法定刑期为十年以上有期徒刑或者无期徒刑。

（2）2021 年 4 月 8 日，被告人吴某被公安机关抓获到案。

（3）被告人吴某到案以后如实供述自己的犯罪事实。

（4）被告人吴某自愿认罪认罚。

四、证据认定

本案中，公诉机关提交了相应证据，法院审理后作出如下认定：

（1）扣押的手机、电脑以及“鹿鞭膏”“鹿鞭片”“韩国植物”“九五至尊”等物品，证实上述犯罪事实。

（2）户籍资料、聊天记录、营业执照、销售统计表、话术单、微信截图、微信转账记录等书证，证实被告人骗取钱财的经过。

（3）证人黄某、潘某、刁某等人的证言，证实被告人骗取被害人钱财的经过。

（4）被害人李某、代某、郑某、代某某、李某某、左某等人的陈述，证实被告人骗取被害人钱财的事实。

（5）被告人钟某、李某荣、吴某、李某虎的供述和辩解。

（6）鉴定意见有万州区市场监督管理局关于对“鹿鞭膏”“鹿参虫草片”等产品进行认定的复函。

（7）万州区公安局物证鉴定所的电子物证检验报告。

上述证据收集程序合法，内容客观真实，足以认定指控事实。

五、争议焦点

被告人吴某到案后如实供述、认罪认罚，就所指控的犯罪事实没有异议，辩护人就量刑提出的辩护意见被采纳，控辩双方无重大分歧，无明显争议焦点。

六、辩护意见

（1）被告人吴某到案后如实供述自己的全部罪行，具有坦白情节，依据《刑法》第 67 条第 3 款，可以从轻处罚。

（2）被告人吴某自愿认罪认罚，依据《刑事诉讼法》第 15 条，可以从宽处理。

(3) 被告人吴某未参与整个犯罪行为的前期策划工作，非法占有的主观恶性较小。

(4) 被告人吴某在整个犯罪过程中起次要作用，系从犯，依法应当从轻或减轻处罚。

(5) 被告人吴某于2020年10月初即离职，其犯罪行为并未延续到案发之时，辩护人认为吴某在犯罪过程中自动放弃犯罪，构成犯罪中止，依法应当减轻处罚。

(6) 被告人吴某及其家属愿意退出所有违法所得，以弥补被害人的损失，足可见其认罪悔罪态度明显，依法可对其从宽处理。

(7) 被告人吴某此前一贯表现良好，没有任何前科劣迹，此次系初犯偶犯，鉴于其坦白、自愿认罪认罚，并有退赃意愿的行为表现，应给其一次改过自新的机会。

(8) 被告人吴某家庭经济贫困，母亲常年患病需要人照顾，其本人也因终止妊娠需要休养，对其长期羁押会令家庭陷入严重困难，也对其身体健康有重大伤害。

七、法院判决

法院认为，被告人钟某、李某荣、吴某、李某虎以非法占有为目的，利用通讯工具、互联网等电信网络技术手段，采用虚构事实、隐瞒真相的方法，实施电信网络诈骗，其中被告人吴某的犯罪数额为人民币1734380元，为数额特别巨大，其行为均已构成诈骗罪。公诉机关指控的罪名成立。被告人吴某的总涉案金额达到了数额特别巨大的量刑档次，但其在上海实施诈骗作案的涉案金额为数额巨大，且其在参与李某虎诈骗作案的过程中系从犯，故就全案而言，对被告人吴某应当在数额特别巨大的量刑档次上减轻处罚。被告人李某荣、吴某、李某虎如实供述犯罪事实，可以从轻处罚。被告人李某荣、吴某自愿认罪认罚，可以从宽处理。被告人钟某、李某荣、吴某、李某虎无犯罪前科，系初犯，可以酌情从轻处罚。对辩护人提出的涉及以上从轻处罚情节的辩护意见，本院予以采纳。依照《中华人民共和国刑法》第二百六十六条、第二十五条第一款、第二十六条、第二十七条、第五十二条、第五十三条、第六十四条、第六十七条第三款及《中华人民共和国刑事诉讼法》第十五条的规定，判决如下：

一、被告人钟某犯诈骗罪，判处有期徒刑十年六个月，并处罚金人民币十万元。

二、被告人李某荣犯诈骗罪，判处有期徒刑十年，并处罚金人民币五万元。

三、被告人吴某犯诈骗罪，判处有期徒刑六年，并处罚金人民币三万元。

四、被告人李某虎犯诈骗罪，判处有期徒刑十年六个月，并处罚金人民币十万元。

……

六、扣押在案的作案工具予以没收；扣押在案的涉案产品予以没收、销毁。

八、律师感悟

本案是一起针对特定群体实施的网络诈骗，系多人共同犯罪，吴某系 A 公司与 B 公司的股东，虽说其未参与犯罪的前期策划工作，但之后其在公司任财务职位，又负责进货发货，应当意识到公司的销售行为具有非法性，所以对其认定诈骗罪是无疑的。

另吴某在案发之前，退出了公司经营，为何没能被认定为犯罪中止呢？犯罪中止是在犯罪过程中，自动放弃犯罪或者自动有效地防止犯罪结果的发生。经查，本案中吴某退出经营主要是因为当时其与男友钟某发生矛盾，因此退股，退股后因与钟某分分合合，其间不时有帮助发货的行为，因此最终并未被认定为犯罪中止。当然，本案各被告人长期从事诈骗犯罪行为，且每一起犯罪事实都因被害人付款而完结，即犯罪完成，吴某虽未作案至案发，但其在职时已完成多起诈骗犯罪事实，即诈骗行为已既遂，中途不再继续实施同样的犯罪而退出是无法认定为犯罪中止的。吴某在犯罪期间，其行为涉及两部分，一是与钟某、李某荣等团伙一起以 A 公司、B 公司的名义，实施诈骗行为，参与犯罪数额巨大；二是为李某虎团队发送货物，参与犯罪数额特别巨大，法院认定吴某犯罪数额为 170 余万元，综合吴某的各种量刑情节，对其判处有期徒刑 6 年，并处罚金 3 万元。

吴某母亲常年生病需要治疗，家庭贫困，其急于赚钱养家之心可以理解，但其道不可取，现其接受法律的制裁，对其家庭来说更是雪上加霜，即使其愿退出全部违法所得，也不能免于处罚。不得不说，本案中用于诈骗的产品并不属于药品，不含有毒或有害成分，更未对被害人的身体造成任何不良影响，否则各被告人的处理结果将会更重。

该案一审判决后，吴某及家属曾咨询笔者是否有意代理二审，笔者认为上诉的意义不大，加之本案远在重庆，与上海往来多有不便，就没有继续代理二审阶段。数月后，吴某的家属与笔者联系，告知四名被告人均提起了上诉，二审法院裁定维持原判，该案至此完结。

笔者代理过诸多案件，深觉对于普通人来说，生存已属不易，生活更不易，但现实中的任何理由都不是违法犯罪的借口，无论何时何境，都不可越过法律的红线。

案例45　李某某“白发转黑发”诈骗案*

一、公诉机关指控

2021年3月起，董某某（另案处理）等人租赁广州市黄埔区某大厦作为办公场所，并招募被告人雷某、李某某、李某良、成某、周某、徐某、石某等人担任业务员组建团队，在抖音APP上投放广告吸引被害人添加微信，通过冒充中医药专家、使用固定话术、出具虚假检测报告等方式，承诺一定时期内可以使白发转黑发，诱骗被害人高价购买成本低廉的黑发产品及附加调理产品。经查，董某某团队通过上述方式骗得被害人谷某某、刘某等人在上海市杨浦区等地支付的钱款共计500余万元。其中，李某某任二组业务员，参与诈骗金额为40余万元。

2021年9月27日，民警将被告人雷某、李某某、李某良、成某、周某、徐某、石某抓获，并查获涉案手机、电脑硬盘、“茶树精油头发滋养液”等物品。

二、案情拓展

2020年8月起，被告人李某某经人介绍入职涉案公司，担任业务员。公司的结构为“老板—组长—组员”。公司不生产黑发产品，由老板联系产品货源拿货，并负责寻找客户，制定与客户沟通的话术。任职期间，李某某通过公司注册的微信账户，根据话术单与客户沟通销售黑发产品。李某某的报酬构成是每月2500元底薪加全勤奖300元及5%的业绩提成，李某某最终获报酬共计10余万元。

* （2022）沪0110刑初49号案件。

三、量刑情节

（1）被告人李某某被抓获到案后，如实供述自己的罪行，系坦白，可以从轻处罚。

（2）被告人李某某自愿认罪认罚，依法可以从宽处理。

（3）被告人李某某在共同犯罪中起次要作用，为从犯，依法应当对其从轻处罚。

（4）被告人李某某参与骗取的财物金额达到数额巨大的量刑标准。

四、证据认定

本案中，公诉机关提交了相应证据，法院审理后作出如下认定：

（1）被害人谷某某的陈述、被害人刘某等人的电话记录、微信账号及聊天记录截图、转账记录及账单详情截图等，证实涉案团队通过固定话术单、允诺一定期限内可使白发转黑发、制作虚假治疗方案等方式诱骗被害人购买相关黑发产品，骗取被害人钱款的情况。

（2）同案关系人董某某、宋某某等人的供述，证实涉案团队的人员架构和分工、工作模式以及被告人雷某、李某某、李某良、成某、周某、徐某、石某在董某某团队任职期间，冒充中医药专家，通过虚假话术，诱骗被害人购买相关黑发产品进而骗取被害人钱款的事实。

（3）证人陈某某的电话记录、《租赁合同》等，证实董某某等人租赁广东省广州市黄埔区某大厦作为其团队实施诈骗的办公场所的事实。

（4）上海市公安局杨浦分局“工作情况”、《搜查证》《搜查笔录》《扣押决定书》《扣押清单》《扣押笔录》、上海市公安局杨浦分局物证鉴定所《检验报告》、电子数据光盘、话术本、发质转黑规划书等，证实2021年9月27日，公安机关依法对前述广东省广州市黄埔区某大厦进行搜查后，查扣手机、硬盘、“茶树精油头发滋养液”和“草本乌发组合”等涉案物品，并对涉案手机、硬盘等进行数据提取、固定以及恢复的情况。

（5）上海市公安局杨浦分局刑事侦查支队《工作情况》、中浦鉴云（上海）信息技术司法鉴定所出具的《司法鉴定意见书》、上海同大会计师事务所出具的《审计报告》，证实被告人雷某、李某某、李某良、成某、周某、徐某、石某诈骗的金额情况。

(6) 上海市公安局杨浦分局《接受证据清单》、证人胡某某等5人的证言，证实涉案产品的信息。

(7) 上海市公安局杨浦分局殷行派出所出具的《抓获经过》，证实本案的案发及被告人雷某、李某某、李某良、成某、周某、徐某、石某的到案经过。

(8) 被告人雷某、李某某、李某良、成某、周某、徐某、石某的供述，均对犯罪事实供认不讳。

上述证据收集程序合法，内容客观真实，足以认定指控事实。

五、争议焦点

各被告人到案后均如实供述，且分别在辩护律师见证下具结认罪认罚，控辩双方无重大分歧，无明显争议焦点。

六、辩护意见

(1) 被告人李某某在本案违法行为中，仅是普通员工，没有任何职位，根据公司领导的指示进行销售，并无积极主观能动性，所起作用有限，属于从犯，应当从轻或者减轻处罚。

(2) 被告人李某某自被公安机关抓获直至庭审，始终能如实供述自己的罪行，系坦白，可以从轻处罚。

(3) 被告人李某某自愿认罪认罚，认罪悔罪态度良好，且已经意识到自己行为的违法性，愿意退缴违法所得，尽自己最大努力弥补给被害人造成的损失。

(4) 被告人李某某系初犯、偶犯，其过往表现良好，无任何前科，此次犯罪系因其法律意识淡薄，一时糊涂所致。

七、法院判决

法院认为，被告人雷某、李某某、李某良、成某、周某、徐某、石某伙同他人以非法占有为目的，虚构事实，骗取公民财物，其中……李某某骗取的财物数额巨大……其等行为均已构成诈骗罪。公诉机关指控的罪名成立，对七名被告人依法均应予处罚。被告人雷某、李某某、李某良、成某、周某、徐某、石某在共同犯罪中起次要作用均是从犯，依法应当对被告人雷某、李某良、成某减轻处罚，对被告人李某某、周某、徐某、石某从轻处罚。七名被告人能如实供述自己的罪行，依法均可以从轻处罚。七名被告人自愿认罪认罚，依法均可以从宽处理。对于各被告人犯罪的事实、性质、情节、认罪悔罪态度等，均在量刑中予以考虑。公诉机关量刑建议适当，本院予以采纳。为严肃国法，保护公民财产所有权，依照《中华人民共和国刑法》第二百六十六条、第二十五条第一款、第二十七条、第六十七条第三款、第五十二条、第五十三条、第六十四条及《中华人民共和国刑事诉讼法》第十五条之规定，判决如下：

……

二、被告人李某某犯诈骗罪，判处有期徒刑四年三个月，罚金人民币四万元；

……

八、违法所得予以追缴，扣押在案的犯罪工具予以没收。

八、律师感悟

本案犯罪分子使用的诈骗方式糅合了多种手段，包括通过在社交媒体上投放虚假养生产品广告、冒充中医药专家、使用固定话术、提供虚假检测文书等，因此参与犯罪的人数众多，形成团伙犯罪。

在诈骗类团伙犯罪中，成员分别扮演不同角色，相互配合，制造假象以骗取被害人的信任。组织者、领导者建立组织架构，吸收组织成员，制定诈骗套路和模式等，各成员分工明确，协作有序，利用诈骗流程和诈骗话术，共同实施诈骗。有的诈骗团伙甚至成立公司，以合法的外观行诈骗之实。而除却组织者、领导者，这些团伙成员大多为“85 后”“90 后”，甚至部分为“00 后”，呈现出年轻化趋势；而且他们一般都没有固定职业，或者是毕业不久未就业的学生；团伙成员之间往往还有亲属、朋友、同乡等关系，可能也是有着这样的关系，互相没有太多的防备，最终因法律意识淡薄、社会经验不足而走上犯罪道路，也着实令人惋惜。

类似本案的诈骗团伙多利用人们越来越注重生活质量，以及当今社会各类养生宣传及相关产品的盛行，通过广撒网的方式选定目标人群，再有针对性地向被害人宣传所谓的养生保健产品的功效，实际上要么没有真实的产品，要么出售的都是没有质量保证且成本低廉的伪劣产品，不但起不到养生保健作用，反而还有致病的风险，对于被害人来说，实在得不偿失。

本案中，各被告人担任的都是业务员，分属两个业务组，但都一人分饰数角，一切都是为了编织谎言吸引被害人购买价格虚高但无实际效果的养生黑发产品。李某某自 2021 年 3 月起参与本案诈骗犯罪，直至被公安查获，短短几个月的时间，其参与诈骗的金额已达 40 余万元，且获利 10 万余元，虽是从犯，且如实供述罪行，自愿认罪认罚，但属于诈骗金额巨大，在案发后又没有能力退缴违法所得，或向被害人退赃争取谅解，未能在酌定从轻处罚情节方面争取，也是一大憾事。

【类案摘录】

案例46 杨某“冒充老中医”犯诈骗罪案*

2017年起，被告人季某伙同被告人亢某在上海市希望路经营上海S生物科技有限公司（以下简称S公司），销售S公司产品。由季某、亢某担任公司经理，由张某、玉某等人担任业务员，由季某、亢某向上述业务员发放老年客户信息，再让业务员使用话术骗取被害人马某、谢某、熊某等老年客户上门听课，再由被告人杨某、沈某冒充老中医夸大病情，骗取老年人的信任，欺骗其购买S公司的产品并收取钱款，后按约定比例分成。综上，被告人季某、亢某共骗得24万余元，被告人杨某的参与金额为118892元，被告人沈某的参与金额为46100元。

被告人季某、亢某、杨某、沈某均于2020年6月2日被公安人员抓获。案发后，被告人亢某、杨某退赔被害人部分损失，并取得其谅解。

法院认为，被告人季某、亢某、杨某、沈某分别或与他人结伙，以非法占有为目的，采用虚构事实、隐瞒真相的方法，骗取老年人财物，其中被告人季某、亢某、杨某犯罪数额巨大，被告人沈某有其他严重情节，其行为均已触犯《刑法》第266条，犯罪事实清楚，证据确实、充分，应当以诈骗罪分别追究其刑事责任。本案系共同犯罪，被告人季某、亢某起主要作用，系主犯，被告人杨某、沈某起次要作用，系从犯，应当减轻处罚，分别适用《刑法》第25条第1款、第26条、第27条的规定。被告人季某、亢某、杨某、沈某到案后均能如实供述自己的罪行，根据《刑法》第67条第3款的规定，均可以从轻处罚。被告人季某、亢某、杨某、沈某均认罪认罚，根据《刑事诉讼法》第15条的规定，均可以从宽处理。最终，法院认定被告人杨某构成诈骗罪，判处有期徒刑2年8个月，缓刑2年8个月，并处罚金8000元。

---

* （2020）沪0109刑初724号案件。

第十章

考证培训类诈骗典型案例解析

根据《北京青年报》2023年1月18日报道：近年来，我国一直在推进简政放权改革，取消了大批职业资格证书，对求职者、从业者的能力评价，改为社会评价。在此过程中，就有一些机构混淆官方颁发的从业资格证书与社会机构颁发的职业技能等级证书的性质和功能，进行虚假宣传。

考证培训类诈骗，往往选择一些新兴职业，如碳排放管理师、家庭教育指导师、健康管理师、注册营养师等，名头响，噱头足。犯罪分子利用求职者对这类职业并不了解，相关职业也缺乏明确规范的特点，夸大培训证书的价值，让求职者认为有证可以躺赚，或兼职，或挂靠，获得不菲的收入。

步入社会以后，人们提升学历、增加技能本是好事，也值得提倡，但不得怀有走捷径的想法，不能认为只要花钱报名，不用考试就可以轻松获得学历或证书，有了证书就可以随时收入大增，跨越阶层等。正是基于人们的这种心理，此类案件才不断涌现，受害者数以万计也毫不夸张。

笔者团队正在办理的此类案件有近十起，证书涉及各行各业，大多以免考试通过，轻松拿证，包“挂靠”等为幌子，实际上证书造假，或虚构挂靠收益，巧立各种名目，骗取大量钱款，且团伙庞大，分工明确。

本章收录近两年来办理完结的2则案例：

案例47，李某某等人虚构教育公司工作人员的身份，称取得“健康管理师”资格证书后，保证能挂靠获取高额收益，骗得钱款。

案例48，朱某伙同高某，声称可以通过关系帮助被害人办理“项目经理岗位证书”，共骗取3.7万元钱款。

案例47　李某某“健康管理师”诈骗案*

一、公诉机关指控

2019年11月，被告人杨某成立山西Q信息科技有限公司，后招揽被告人高某为主管，被告人冀某、李某某为业务员。被告人杨某将非法获取的意向客户信息名单交由被告人高某、冀某、李某某等，以北京H教育科技有限公司工作人员的名义联系客户，谎称从其处取得相关培训证书后，保证能挂靠获取高额收益，引诱被害人办理“营养师”“健康管理师”“心理咨询师”“理财规划师”等培训证书，并以认证费、免考费、报名费等各种名目，骗取多名被害人钱款共计10万余元。

公安机关接被害人报警后侦查，于2021年7月23日，在陕西省西安市抓获上述被告人，到案后四名被告人均能如实供述上述犯罪事实。

二、案情拓展

2020年10月，李某某通过招聘软件面试入职涉案公司，经培训后按照公司提供的客户信息及相关话术，自称北京H教育机构，以“有证助于找工作、比没证工资高、通过自考或缴纳费用可以免考试出证”的方式向客户推荐“健康管理师”“营养师”等证书，沟通好后再将客户具体信息交接给被告人高某，高某发送给被告人杨某，由杨某将证书邮寄给被害人，在职期间，李某某共成交十余单。上述被告人各涉案金额具体为：

2019年12月至2021年3月，被告人高某以上述手段骗取被害人倪某某共计1万余元；

---

* （2021）沪0114刑初2044号案件。

2019 年 12 月至 2021 年 5 月，被告人高某以上述手段骗取被害人蒋某某共计 0.6 万余元；

2020 年 1 月至 2020 年 12 月，被告人高某伙同冀某以上述手段骗取被害人任某共计 1.2 万余元；

2020 年 3 月至 2020 年 12 月，被告人冀某以上述手段骗取被害人王某某共计 1.1 万余元；

2020 年 3 月至 2021 年 5 月，被告人高某伙同陈某（另案处理）以上述手段骗取被害人周某某共计 2.1 万余元；

2020 年 3 月至 2021 年 6 月，被告人高某以上述手段骗取被害人吕某某共计 2.1 万余元；

2020 年 4 月至 2021 年 1 月，被告人高某以上述手段骗取被害人孔某某共计 0.4 万余元；

2020 年 9 月至 2021 年 5 月，被告人高某伙同被告人李某某以上述手段骗取被害人秦某共计 1.2 万余元；

2020 年 11 月至 2021 年 5 月，被告人高某伙同被告人李某某以上述手段骗取被害人张某共计 0.8 万余元。

案件审理期间，被告人李某某向法院预缴了罚金 4000 元。

三、量刑情节

（1）李某某于 2021 年 7 月被公安机关抓获。

（2）被告人李某某到案后如实供述自己所犯罪行。

（3）被告人李某某在本案共同犯罪中起次要作用，是从犯。

（4）被告人李某某到案后自愿认罪认罚。

四、证据认定

本案中，公诉机关提交了相应证据，法院审理后作出如下认定：

（1）全国常住人口信息查询表，证实被告人杨某等四人的自然身份情况。

（2）公安机关出具的受案登记表、工作情况等书证、证人陈某的证言，证实本案案发及被告人杨某等人的到案经过。

（3）搜查笔录、搜查现场照片、扣押决定书、扣押清单等，证实公安机关对陕西省西安市某国际城X室进行搜查，从被告人杨某处查获手机1部、电脑主机2台、红色封面职业能力证书45本、蓝色封面专业人才技能证书8本；从被告人高某、李某某、冀某处查获手机各1部，上述物品均被依法扣押的情况。

（4）微信账号截图、微信聊天记录、微信转账记录、支付宝转账记录等书证，证实被告人通过微信与被害人联系，虚构保证挂靠获取高额收益的谎言，在被害人轻信后，骗取被害人钱款的情况及具体转账金额。

（5）多名被害人的陈述及相关培训证书照片，证实多名被害人被高某等人联系后，承诺获取证书后保证能挂靠获得高额收益，并以办理证书需要认证费等各种理由，骗取被害人钱款的情况。

（6）证人王某某、李某某的证言，证实二人系山西Q信息科技有限公司员工，杨某、高某、李某某、冀某从事教育销售，向客户推销免考获得证书业务。

（7）证人李某某的证言，证实其将杨某交给其的证书通过快递邮寄，证书种类包括健康管理师、健康营养师、育婴师、职业人才证等。

（8）退赔统计表、转账记录，证实被告人杨某家属代为退赔部分赃款的情况。

（9）被告人杨某、高某、李某某、冀某等人的供述，印证上述犯罪事实。

上述证据来源合法，内容客观真实，足以认定犯罪事实。

五、争议焦点

上述事实，四名被告人到案后均如实供述认罪悔罪，且在开庭审理中均无异议，控辩双方无明显争议焦点。

六、辩护意见

（1）被告人李某某对犯罪事实如实供述，具有坦白情节，并自愿认罪认罚，认罪态度较好且具有悔罪表现，依法可以从轻处罚。

(2) 被告人李某某系初犯、偶犯，其本人无任何前科劣迹，此前一向表现良好，遵纪守法。在入职初期并不知涉案公司及岗位涉及违法犯罪，表明其没有主动寻求犯罪。

(3) 被告人李某某法律意识淡薄，主观恶性和社会危害性小。在本案中是从犯，依法可以从轻或减轻处罚。

(4) 被告人李某某已自愿提前预缴罚金，认罪态度较好。

七、法院判决

法院认为，公诉机关指控被告人杨某、高某、冀某、李某某以非法占有为目的，虚构事实，隐瞒真相，利用电信网络骗取他人财物，其中被告人杨某、高某数额巨大，被告人冀某、李某某数额较大，其行为均已触犯刑律，构成诈骗罪的事实清楚，证据确实、充分，所控罪名成立。被告人杨某、高某在共同犯罪中起主要作用，系主犯，应当按照其所参与的或者组织、指挥的全部犯罪处罚。控辩双方认为，被告人冀某、李某某在共同犯罪中起次要作用，系从犯，应当从轻处罚；被告人杨某、高某、冀某、李某某能如实供述罪行，可以从轻处罚；认罪认罚，可以从宽处理；被告人杨某赔偿被害人经济损失并获谅解，可以酌情从轻处罚的意见，均合法有据，本院予以采纳。公诉机关认为，被告人杨某、高某不具备适用缓刑的条件，对被告人冀某不能免除处罚的意见，亦合法有据，本院予以采纳，对辩护人提出的相关辩护意见，本院不予支持。综合被告人杨某、高某、冀某、李某某诈骗犯罪的手段、持续时间、作案次数、在共同犯罪中的具体作用等，本院在量刑中一并予以体现。为严肃国法，保护公民合法财产所有权不受侵犯，维护社会治安秩序，依照《中华人民共和国刑法》第二百六十六条、第二十五条第一款、第二十六条第一款、第四款、第二十七条、第六十七条第三款、第七十二条第一款、第三款、第七十三条第二款、第三款、第五十二条、第五十三条、第六十四条、《中华人民共和国刑事诉讼法》第十五条、《最高人民法院、最高人民检察院关于办理诈骗刑事案件具体应用法律若干问题的解释》第一条、第二条第（一）项和《最高人民法院关于使用〈中华人民共和国刑事诉讼法〉的解释》第三百四十七条之规定，判决如下：

一、被告人杨某犯诈骗罪，判处有期徒刑三年一个月，罚金人民币一万三千元；

二、被告人高某犯诈骗罪，判处有期徒刑三年一个月，罚金人民币一万三千元；

三、被告人冀某犯诈骗罪，判处有期徒刑一年二个月，缓刑一年二个月，罚金人民币五千元（已在案）；

四、被告人李某某犯诈骗罪，判处有期徒刑一年，缓刑一年，罚金人民币四千元（已在案）。

五、在案犯罪工具，予以没收。

八、律师感悟

近年来，随着人民生活水平的提高，年轻一辈大多无须为生计发愁，“90后”的平均受教育程度也显著提高。现在市场上高学历的求职人员太多了，因此除了学历外，许多岗位还设置了专业技能的门槛，如证明学历的证书一样，各种专业技能也需要有相应的证书予以证明。因自身履历与自身期望达到的高度有现实的差距，这让许多人成为“考证一族”。

因上述现象的产生，市场上协助考证的教育机构也如雨后春笋一般出现在大众视野里，打着以轻松考证、快速就业、月入过万的噱头吸引人，这些机构利用部分人走捷径的心思，以利诱之，每当有新兴职业的出现，各类声称报考包过的培训广告便铺天盖地。以本案被告人杨某成立的山西Q信息科技公司为例，先是以光鲜新颖的行业为背景，向意向客户描绘：取得相关证书就能得到一个光明的前景，过程简单轻松，可挂靠，无须考试，便可月入过万。与意向客户取得连接后，再以各种流程，包括报名、认证、制证、打印等名目，多次骗取被害人钱款。

笔者代理的被告人李某某在本案中是涉案公司客服中的一员，在公司中负责接触意向客户，按照公司提供的话术向被害人收取各种考证款项。其本人在到案后认罪态度较好，也能如实供述在职期间所犯罪行；其在初期并不知涉案公司涉及违法行为，且是通过正常招聘流程入职该公司，辩护人会见被告人之时，其也表示已认识到自己行为的不法性及危害性，并愿意对受害人进行赔礼道歉及经济赔偿，后辩护人向检察机关及时提交不予批准逮捕申请书，并成功为其办理取保候审。

本案中，被告人杨某等主要实施诈骗犯罪活动，并非以所经营公司的名义，且犯罪所得实际归属个人，不能认定为单位犯罪。司法实践中诸如此类的办证诈骗行为，即使形成团队，以某某公司的名义对外宣传或收取费用，但实际所得均归属于个人，故不会被认定为单位犯罪。值得一提的是，我国刑法对诈骗罪并未规定单位犯罪，本案中虽有部分辩护人提及构成单位犯罪，但未被法院采纳。

在职期间，李某某参与诈骗金额不到3万元，属于诈骗数额较大，应处以3年以下有期徒刑、拘役或者管制。李某某系从犯，有坦白情节，且自愿认罪认罚，主观恶意较小又无前科，结合以上犯罪情节，经过法院的审理，最后判处有期徒刑1年，缓刑1年。能争取到缓刑，对李某某来说，确实是一个比较理想的结果。相信经过这件事，李某某也一定有所成长，日后再找工作，定会加倍谨慎。

资格证是真才实学者的标识，而非投机取巧者的通行证。唯有勤勤恳恳，踏实努力，才能通往理想生活的大门。

案例 48　朱某“项目经理岗位证书”诈骗案*

一、公诉机关指控

2020 年 2 月，被告人高某、朱某结伙，在明知被害人孙某没有工程建造工作经历、不具备建造师执业资格的情况下，向孙某及其母亲王某谎称可以帮助孙某取得“项目经理岗位证书”，以收取办证费为由，骗得孙某先后于 2020 年 2 月 3 日、4 月 8 日通过支付宝转账的钱款共计 3.5 万元。

2021 年 2 月，高某、朱某向被害人王某交付一本“施工员岗位证书”，谎称孙某持有“施工员岗位证书”，可以介绍孙某到工地工作，以便孙某日后取得“项目经理岗位证书”，并以收取办证好处费为由，骗得王某通过微信转账的钱款 2000 元。

2021 年 8 月 18 日，被告人朱某被抓获。同日，被告人高某经电话通知，自行至公安机关接受调查。二人到案后如实供述上述犯罪事实。

二、案情拓展

2020 年 2 月前后，被害人王某、孙某委托被告人朱某帮忙办理项目经理施工员证，后朱某与被告人高某沟通，因高某本身系工程包工头，朱某便转委托给其办理，高某后续找到程某代办项目经理施工证，程某当下告知高某，该证需通过考试，但可办理施工员证。高某在未告知被害人王某、孙某的情况下，同意由程某代为办理施工员证，直至 2020 年 4 月，王某、孙某先后支付朱某 3.5 万元办证费用，再由朱某转交高某，并在后期收取“好处费”2000 元。其间，高某实际支付帮忙办证人员程某 3000 元，后因实际交付的是施工员证，孙某、王某便至公安机关报案。

---

* （2021）沪 0104 刑初 972 号案件。

案发后，朱某在家属的帮助下赔偿被害人经济损失，并取得书面谅解。

三、量刑情节

（1）2021年8月18日，被告人朱某被公安机关抓获。

（2）朱某到案后如实供述自己的罪行。

（3）朱某在本案共同犯罪中起次要作用，是从犯。

（4）被告人朱某在到案后主动赔偿被害人，并取得谅解。

四、证据认定

本案中，公诉机关提交了相应证据，法院审理后作出如下认定：

（1）被害人孙某、王某的陈述，提供的聊天记录，证人程某、王某某的证言，搜查笔录、扣押笔录，扣押决定书、扣押清单、调取证据通知书、调取证据清单、接受证据材料清单、建设企事业单位专业管理人员岗位证书、支付宝交易记录、协助查询财产通知书，银行账户信息及交易明细等书证、电子数据，证明被告人高某、朱某结伙诈骗他人钱款的事实。

（2）案件接报回执单、受案登记表、立案决定书、抓获经过，证明本案案发经过及被告人高某、朱某的到案情况。

（3）劳动教养决定书，证明被告人高某的前科劣迹情况。

（4）谅解书，证明被告人朱某赔偿被害人经济损失，并取得谅解的情况。

（5）被告人高某、朱某的供述，二人均对犯罪事实供认不讳。

以上证据来源合法，内容客观真实，足以认定犯罪事实。

五、争议焦点

本案被告人到案后均对犯罪事实供认不讳，控辩双方无明显争议焦点。

六、辩护意见

（1）被告人朱某犯罪情节相对轻微，在证件办理过程中，朱某并未直接与代办人员程某对接，相关事宜均系由高某直接经办，朱某在本起共同犯罪中所起作用较小，应认定为从犯，依法从轻处罚。

(2) 在证件办理过程中，朱某多次询问办证进度，并催促高某跟进，被告人朱某并非建筑工程专业人士，且文化水平不高，基于对高某情感关系及信任，确实并未尽到审慎审查义务；基于朱某此次为初犯偶犯，到案后亦能如实交代自己的罪行，具有坦白情节，依法构成坦白；且自愿认罪认罚，依法可以减轻、从轻处罚。

(3) 被告人朱某自愿退赔全部款项，且在家属帮助下，已退赔被害人并取得谅解，依法可以从轻处罚。

七、法院判决

法院认为，被告人高某、朱某结伙，以非法占有为目的，骗取他人钱款，数额较大，其行为已构成诈骗罪，且系共同犯罪，应予处罚。公诉机关的指控成立。在共同犯罪中，被告人高某起主要作用，系主犯；被告人朱某起次要作用，系从犯，依法予以从轻处罚。被告人高某犯罪后能自动投案，如实供述自己的罪行，系自首且自愿认罪认罚，依法予以从轻处罚。被告人朱某如实供述自己的罪行，系坦白且自愿认罪认罚，依法予以从轻处罚。被告人高某有前科劣迹，酌情从重处罚。被告人朱某已赔偿被害人并取得谅解，可以酌情从轻处罚。根据本案犯罪的事实、性质、情节和对于社会的危害程度，公诉机关的量刑建议符合刑法罪刑相适应原则，本院予以支持。据此，依照《中华人民共和国刑法》第二百六十六条、第二十五条第一款、第二十六条第一款、第四款、第二十七条、第六十七条第一款、第三款、第七十二条第一款、第三款、第七十三条第二款、第三款、第五十二条、第五十三条、第六十四条以及《中华人民共和国刑事诉讼法》第十五条之规定，判决如下：

一、被告人高某犯诈骗罪，判处有期徒刑十个月，并处罚金人民币五千元。

二、被告人朱某犯诈骗罪，判处有期徒刑七个月，缓刑一年，并处罚金人民币五千元。

三、责令被告人予以退赔（已退赔）；犯罪工具应予没收。

八、律师感悟

本案主要是一起为了牟取利益，利用侥幸心理犯罪的案件，笔者代理的被告人朱某在初期以找关系可以帮被害人取得相关资格证书为由，与本案被告人高某共同骗取被害人钱款；与一般的公司有目的有组织的学历提升类诈骗案件不同，本案两名被告人主要想通过蒙混过关、赚取中间商差价的方式，先是向被害人谎称可以办理“施工员岗位证书”，后在明知无法办理情况下，再次以“好处费”为由收取被害人钱款，高某在收取被害人3万余元的钱款后实际支付代办证人员仅3000元，非法占有他人钱款主观目的明显。

任何资格证书皆要通过合法考核才能取得，通过造假方式办理，本就违法，而两名被告人在此前提下，欺骗被害人，持续长时间占有被害人钱款，这也是造成本案认定诈骗罪的主要条件之一；而被告人朱某在本案中，作为中间人，在高某与被害人之间进行沟通，在共同犯罪中并未起到决定性作用，仅是次要作用，可认定为从犯，法院也予以认定；在酌定从轻处罚情节方面，辩护律师提出建议，并与家属共同努力后，朱某积极赔偿被害人的经济损失，并且取得了被害人书面的谅解，这对于化解社会矛盾，弥补犯罪行为造成的后果，起到了积极的作用，更是被告人朱某认罪悔罪态度的体现。综合朱某在犯罪行为中的作用，有坦白情节，系从犯，且自愿认罪认罚，以及积极退赔被害人取得谅解，法院最终判决朱某有期徒刑7个月，缓刑1年，并处罚金5000元，这是一个十分理想的结果。

反观本案的第一被告高某，其是经电话通知，自行至公安机关接受调查，到案后如实供述自己的犯罪事实，系自首，依据《刑法》第67条第1款之规定，对于自首的犯罪分子，可以从轻或者减轻处罚，这一法定从轻或减轻处罚情节对被告人高某极为有利。另外，被告人高某在共同犯罪中起主要作用，系主犯，无法像被告人朱某一样从轻处罚。加之，被告人高某此前有前科，均是以诈骗罪被判处有期徒刑，并处罚金，或被收容劳动教养，可以酌情从重处罚，这对于被告人高某是极为不利的。法院的判决是综合被告人高某的上述各种情节，依法作出的。

现实中，有人谎称自己认识某某“高人”，或可以帮助办理某事，提出需要收取一定费用作为前期活动资金，骗得部分钱财后挥霍一空，而请托之事毫无进展；或根本就是子虚乌有，一旦东窗事发，骗子要么一走了之，要么就是各种借口拖延退款，给被害人造成很大的经济损失和精神伤害。这大体也与大部分人心里总想着“走后门”“走捷径”“用钱来解决事情”等为人处世逻辑有关，是应该好好改变一下这种不良风气了。

第十一章

虚拟货币交易诈骗典型案例解析

近年来，比特币、以太币等虚拟货币吸引了不少人的投资。然而，根据我国相关规定，虚拟货币不具有与货币等同的法律地位，公民投资、交易虚拟货币不受法律保护，由此引发的损失由其自行承担。虽然虚拟货币交易存在一定的法律风险，但丝毫不妨碍虚拟货币的热度，有人因此一夜暴富，也有人为此倾家荡产。

有利益的地方就存在贪婪者，有贪婪者聚集之地，就存在圈套，且落入圈套者众多。正是由于虚拟货币交易的热潮，不法分子便盯上了投资客的钱袋子。该类诈骗手段有其固定的套路：

第一步，诈骗团伙通过QQ群、微信群、专业论坛等传播“投资数字货币”信息，用“理财专家”“金牌讲师”“高额回报”等字眼诱惑事主。等到事主一加入群，群里面很多“马甲号”已经埋伏到位，立刻开启群聊模式，主推“币圈大咖”或“讲师”，让投资者产生信任。随后，这位“大咖”就会开始传授投资经验，免费授课。

第二步，事主被邀请至平台注册、入金，并根据指引购买虚拟货币，前期多有一定的小额收益，且能正常提现到卡，以此博取事主信任，让其出于贪婪而加大资金的投入，从而牟取高额回报。

第三步，诈骗团伙自行操纵平台，或与平台共谋，将投资者的钱款平仓亏损，使投资者血亏，而诈骗团伙以客损为盈利来源，将之瓜分。

本章收录3起真实案例：

案例49，诈骗团伙控制“FBTC”虚拟币交易平台，诱使客户将钱款转账至该平台，后以客损、手续费提成等名义非法获利。

案例50，王某某为业务员，以虚构的身份添加被害人，诱骗被害人在虚拟币投资平台注册、充值、投注，再对被害人投注结果进行操控，以骗取钱财。

案例51，赵某等人分工明确，引诱被害人在平台进行所谓的“虚拟币炒作”，再虚构虚拟币炒作失败亏损的假象迷惑被害人。

案例 49　张某“FBTC”虚拟货币交易诈骗案*

一、公诉机关指控

2021 年起，被告人罗某某作为秦某（另案处理）控制的“FBTC”虚拟币交易平台对应的湖北武汉代理部分负责人，在武汉市洪山区某大厦内，组织招募被告人李某某、张某、张某某等人，通过制发虚假盈利图、指导投资等手段，共同营造与市场接轨的投资营运假象，诱使客户将钱款转账至该平台控制的关联账户，后以客损、手续费提成等名义非法获利，致康某、王某、何某等被害人损失 7 万余元。

2021 年 6 月 21 日，被告人罗某某、李某某、张某、张某某被公安机关抓获。

二、案情拓展

罗某某、李某某、张某共同成立某科技公司，张某担任法定代表人，罗某某持股 40%，张某持股 30%，李某某持股 15%，另有 15% 作为激励股份，留给运营人员。

据被告人张某交代：FBTC 平台是合约交易的虚拟币交易平台，可以交易主流的比特币、以太币等虚拟币。各被告人通过在火信网上发布一些炒币心得，别人看到以后有兴趣的加微信联系，发送二维码让客户扫描下载 FBTC 平台及注册账号，再向客户发一些自己在 FBTC 平台的盈利图，推荐他们到 FBTC 平台上去入金。这些盈利图都是被告人使用模拟账户同时购买两单，一单买涨一单买跌，并添加 100 倍杠杆，选取其中一张赚钱的交易记录截图

* （2021）沪 0115 刑初 4699 号案件。

发给客户，使得客户相信跟单购买就能赚钱。在客户跟单购买的过程中，被告人会使用模拟账户和客户同步操作，这样客户损失了才不会起疑心。各被告人团队作为代理商，分成来源于客户亏损金额的80%。

据被害人康某陈述，2021 年 6 月 17 日，其在火信 APP 上，看到有人在分析以太坊的行情，考虑到此前在平台操作有过亏损，便联系对方能不能跟着一起回点本。当天，康某按照对方的推荐加入了 FBTC 平台，跟着对方操作，确实有一点小的回本。从第二天开始，对方就故意让其持仓，还说资金太少，扛不了风险，要求其多充点钱，直到后面要求其全部出掉，止损。一直到21 日开始 APP 就出现连不上的情况，前后共损失 32518 元。

在审查起诉阶段，被告人李某某、张某、张某某自愿认罪认罚，并签署《认罪认罚具结书》，公诉机关建议以诈骗罪，对被告人张某判处有期徒刑 1 年 2 个月，并处罚金。

在法院审判阶段，被告人罗某某、李某某、张某、张某某在家属帮助下分别退出违法所得 30000 元、7000 元、4000 元、3700 元。

三、量刑情节

（1）2021 年 6 月 21 日，被告人张某被公安机关抓获。

（2）被告人张某到案以后如实供述自己的犯罪事实，具有坦白情节。

（3）被告人张某退出了全部违法所得。

（4）在审查起诉阶段，被告人张某自愿认罪认罚，并签署了《认罪认罚具结书》。

四、证据认定

本案中，公诉机关及辩护人提交了相应证据，法院审理后作出如下认定：

（1）被害人康某、肖某、王某、何某的陈述及报案材料，证实上述人员进入涉案虚假交易平台投资的经过及损失情况。

（2）证人秦某、魏某的证言，证实“FBTC”虚假交易平台的基本情况及被告人罗某某等人的参与情况。

（3）上海政信会计师事务所有限公司出具的审计报告，证实“FBTC”

虚假交易平台的涉案致损情况。

（4）相关聊天记录、截图信息、转账凭证等材料，证实被告人罗某某等人诱使他人进入涉案虚假交易平台入金交易的情况。

（5）中浦鉴云（上海）信息技术有限公司司法鉴定所出具的司法鉴定意见书、公安机关出具的扣押清单等材料，证实涉案物品的查扣情况及证据调取情况。

（6）相关案发经过，证实上述被告人的到案情况。

（7）相关户籍信息，证实上述被告人的身份情况。

（8）被告人罗某某、李某某、张某、张某某的供述，证实各被告人参与诈骗的犯罪事实。

以上证据来源合法，内容客观真实，足以认定指控事实。

五、争议焦点

被告人张某到案后如实供述，这是一起典型的认罪认罚案件，控辩双方无重大分歧，无明显争议焦点。在审查起诉阶段，关于张某、李某某作为团队的股东是否构成从犯，存在一定的争议。

六、辩护意见

（1）被告人到案后如实供述自己全部的罪行，具有坦白情节，依据《刑法》第67条第3款，可以从轻处罚。

（2）被告人在审查起诉阶段自愿认罪认罚，依据《刑事诉讼法》第15条，可以从宽处理。

（3）被告人通过家属，已经全部退出了违法所得，依法可从轻处罚。

（4）被告人张某虽是团队的股东，参与投资及分红，但在整个共同犯罪过程中所起到的实际作用是次要的、辅助性的，其行为与同作为员工的张某某无异，应当将被告人张某作为从犯，依法减轻处罚。

七、法院判决

法院认为，被告人罗某某、李某某、张某、张某某以非法占有为目的，隐瞒真相，骗取公民钱款，数额巨大，其行为已构成诈骗罪。公诉机关指控的事实清楚，证据确实充分，罪名成立，应予支持。四名被告人系共同犯罪，罗某某系主犯，李某某、张某、张某某均系从犯，对从犯依法减轻处罚。罗某某退出违法所得，酌情从轻处罚。李某某、张某、张某某有坦白情节，自愿认罪认罚，退出违法所得，均依法从轻处罚。为保护公民财产权利不受侵犯，根据被告人犯罪的事实、犯罪的性质、情节和对于社会的危害程度及退款情况，依照《中华人民共和国刑法》第二百六十六条、第二十五条、第二十六条、第二十七条、第六十七条、第五十二条、第五十三条、第六十四条的规定，判决如下：

一、被告人罗某某犯诈骗罪，判处有期徒刑三年一个月，罚金人民币一万元。

二、被告人李某某犯诈骗罪，判处有期徒刑一年，罚金人民币三千元。

三、被告人张某犯诈骗罪，判处有期徒刑一年，罚金人民币三千元。

四、被告人张某某犯诈骗罪，判处有期徒刑十个月，罚金人民币二千元。

五、扣押在案物品依法予以没收，已经退出的钱款按比例发还被害人，涉案钱款应予继续追缴或责令退赔后发还。

八、律师感悟

虚拟货币平台的交易近年来比较火热，本案是一起利用虚假的虚拟货币交易平台使客户投资出现损失，以牟取钱财的诈骗案件，犯罪手法有一定的迷惑性。各被告人参与诈骗行为的时间很短即案发，说明国家对于此类诈骗行为的打击是很有成效的，也避免了各被告人犯罪行为加深所带来的更为惨痛的刑罚后果。

本案中的李某某、张某、张某某三名被告人均由笔者及团队律师担任辩护人，在审查起诉阶段，李某某的辩护人和笔者均坚持从犯的辩护意见，最终获得了公诉机关的认可，将二人的法定量刑框定在有期徒刑三年以内。另外，在法院审理阶段，各辩护人也曾努力争取缓刑，但未能成功，不过最终的结果比公诉机关的量刑建议少了两个月，也算是非常成功的。

笔者在办理本案时，通过多次与被告人张某会见，尤其是阅看本案的全部卷宗之后，认为整个犯罪事实清楚，证据链条完整，各被告人的供述除罗某某外均基本一致，再结合在案的其他证据足以证实本案指控的犯罪事实。案件进入审查起诉阶段时，被告人罗某某及其辩护人对于三位被告人及辩护人是有些许敌对心理的，尤其是当笔者争取张某为从犯后，本来很有可能签署认罪认罚的罗某某提出拒绝认罪，当然这是其权利，我们不便作何评价。在案件审理阶段，被告人罗某某虽然认可指控事实，但提出其主观上不明知系虚假交易平台，其辩护人提出不应将罗某某定性为诈骗罪，应当认定为非法经营罪，且罗某某系从犯等辩护意见。法院在一审判决中没有采纳被告人罗某某的辩解，以及辩护人的辩护意见，最终以诈骗罪主犯，判决罗某某有期徒刑 3 年 1 个月，并处罚金 1 万元。

刑事辩护是一个动态的过程，我作为辩护律师不到案件判决的最后一刻是不能放弃任何努力的。本案虽然从判决结果来看不是重大案件，但通过律师的辩护和被告人及家属的共同努力，在合法合理的范围内使被告人获得公平的判决结果是意义重大的。

当然，从另一个角度来说，辩护律师并不是万能的，在犯罪事实清楚、证据确实充分，被告人又坦白的情况下，建议被告人走认罪认罚程序，这并不是律师辩护的投降和放弃，这是有效利用国家认罪从宽制度优势，使得被告人在审查起诉阶段即获得较为有利的量刑处罚建议。当案件进入审判阶段时，辩护律师仍要尽力争取法院对量刑建议的认可，且在此基础上继续挖掘可能会从轻或减轻判决的机会，比如主动退出违法所得、预缴罚金等，在实践中均能起到再次调低量刑的作用，本案亦是如此。

诈骗犯罪属于涉财产类犯罪，其定罪量刑与被告人的犯罪金额密切相关，本案中涉案金额为 7 万余元，超出了数额巨大的标准，法定刑为有期徒刑 3 年至 10 年，也正是基于此，3 名被告人为从犯，其判决结果在有期徒刑 3 年以下。试想，此类犯罪行为的发展极其迅速，被害人众多，违法获利也会在短时间内快速集聚，如若再任由该团伙行骗数月或一年，各被告人将面临 10 年以上的刑期也未可知。

案例50　王某某“Happywin”“RXEX”虚拟货币交易软件诈骗案*

一、公诉机关指控

2019年11月底至2020年9月，被告人刘某、叶某某经预谋，在湖北省武汉市设立窝点，由被告人刘某从他人处获取“Happywin”“RXEX”“BITXPRO”等虚拟货币交易软件，并组织人员实施诈骗，其中被告人罗某等人担任组长，被告人孙某、吴某、舒某、周某、程某、胡某某、王某某等人为业务员，由被告人叶某某、罗某等人负责对业务员进行培训，各业务员以虚构的身份添加被害人，谎称有虚拟币投资老师能提供投资建议，并发布虚假虚拟币交易盈利截图以骗取被害人信任，诱骗被害人在虚拟币投资平台注册、充值，由被告人叶某某、罗某继续冒充投资老师诱骗被害人在上述平台投注，再由被告人叶某某、罗某等人联系平台后方管理员对被害人投注结果进行操控，诈骗多名被害人合计价值87万余元的泰达币（USDT）12.6万余个。其中，被告人刘某、叶某某、罗某参与期间诈骗总金额为87万余元；……被告人王某某自2020年9月3日参与，参与期间诈骗总金额为7.3万余元，个人诈骗金额2.1万余元。

2020年9月8日，被告人王某某等被公安机关抓获。案发后，被告人王某某退出违法所得2.1万元。

二、案情拓展

据被告人刘某等10人的供述，其诈骗团伙所使用的诈骗方法具体如下：

* （2021）苏0507刑初28号案件。

第一步，由公司客服组的人冒充火币网的客服人员，通过电话将有意炒虚拟币的客户拉进微信群。

第二步，业务员加客户微信后，就会以助理名义，把客户邀请进大群，该大群里有真实的客户，还有一半是“托”（冒充客户）。

第三步，培养感情、增强信任。把客户拉进大群后，在这个群里，经理或者“老叶”会发一些关于数字货币或者生活类的话术，老叶或者罗某也会发一些行情分析，刘某等人也会将这些内容单独再发给业务员所拉的对应客户，如果是生活类的话，他们会与客户随便聊一聊，如果是关于数字货币的，他们会进行回复。

第四步，让客户下载 APP 并入金。

第五步，入金之后，助理会推荐老师带着炒币，最后通过玩极速合约，通过操纵后台让客户亏损。

证人佘某等 8 人的证言，称她们是公司“客服人员”，老板刘某会通过微信发送获取的需要打电话的客户资源，这些客户资源本身就是在“火币网”注册过的。她们的工作是用公司配发的手机及电话卡拨通被告人刘某给的电话号码，并自称是火币网的客服，邀请对方加入 VIP 福利交流微信群。对方同意后就将其电话号码发到公司事先建立的一个 QQ 群，她们的工作就算完成。这个 QQ 群里有公司的销售人员，会和有意向的客户加微信。

证人胡某的证言，称公司话务组人员将愿意添加的客户手机号码或者微信账号发到公司一个名叫“工作对接群”的 QQ 群中后，胡某等三人作为负责添加微信的业务员，针对群内可添加微信好友的手机号码或微信，使用三个号码轮流添加，添加完会在办公室里说一声。添加好友后会先把客户拉进一个币圈交流群，群内会有组长按早中晚三次发布虚拟货币的咨询，主要还是偶尔在群内发布关于永续合约项目的信息，让群内客户知道永续合约是什么，吸引客户参与永续合约的投资，员工也会使用各自的三四个微信号在群内“敲边鼓”说一些“试了下，赚钱了”类似的话，如果有客户也想参与永续合约项目，原来与该客户对接的业务员再单独和客户指导永续合约投资相关事宜，向客户说明项目的情况、指导客户通过扫描二维码安装 Happywin 的 APP 以及在该 APP 内充值泰达币。后续的操作指导由叶某某和罗某负责。胡某负责在平台上做假交易，形成账面盈利，再将其收益情况发给客户看，体现胡某跟着微信群里的“周老师”（实际是叶某某持有的微信账号）操作是赚钱的，从而引导客户也跟着“周老师”操作交易。这个平台就是个模拟盘。

证人王某的证言，称其第一天去上班的时候是叶某某接待的，并安排了其工位及工作手机和工作电脑，同时告知如何具体开展工作，叶某某是负责人。吴某、孙某、胡某某、程某、王某某、周某、舒某和其一样都是线上销售人员。另有一个叫前端的客服小组专门负责将有意向的客户信息发送到线上销售人员与客服组的对接 QQ 群中。公司发给王某 2 的手机中有三个注册好的微信号，王某的主要工作就是在公司建立的微信群“永续合约学习群”中做群管理和“托儿”，发送群公告，回答客户的提问，充当“托儿”的角色时，会发送一些盈利的截图，让真正的投资客户觉得在 APP 里面可以赚钱。王某也知道别的工作人员会在“工作对接群”里将前端客服组提供的客户手机号码将其添加微信好友，并将他们拉进微信群“永续合约学习群”。因为每个新进员工都会建立一个账户，叶某某会帮他们充值 10 万 USDT 币，一个 USDT 币相当于 1 美元。但是王某认为正常情况下老板不会将那么多资金给员工练习，所以应该是假的（模拟盘）。将客户拉进去后，业务员就会开始炒群，把课件发到群里，讲解炒虚拟币种的永续合约、极速合约以及 APP 的操作，在讲解课件时，业务员会用一些角色号发盈利图到群里（每个业务员都有多个角色号以及平台的模拟账号，业务员会利用模拟账号进行投资，盈利的就会截图发到群里），以此吸引客户投资，因为他们赚的就是客户亏损的钱。客户如果感兴趣，就会把虚拟币充值到公司的平台，即“入金”，随后业务员将“老师”推荐给客户，“老师”会带着客户做单，就是“老师”教客户如何投资，但是“老师”在做单的时候都会让客户亏钱，因为公司的平台有两种合约，一种是永续合约，一种是极速合约。其中，永续合约的虚拟币走势和火币网的虚拟币走势是一样的。极速合约是能够操控的。因为很多客户购买永续合约是赚钱的，购买极速合约之后就亏钱了，但最终客户总体都是亏钱的，所以王某认为极速合约是可以控制的，才能做到让客户亏钱。不过为了避免客户怀疑，业务员会将客户、“老师”以及事先准备好的几个角色号一起拉个小群，让角色号进行相同操作，和客户一起亏钱。公司赚取客户亏损的钱，客户亏损的钱都是由“老师”给客户做单的时候做出来的。

被告人王某某供述，其于2020年7月中旬，经前同事（被告人胡某某）介绍至被告人刘某的公司工作，职务是线上销售业务员。公司主要结构是，刘某是老板，罗某是总监，“老叶”是续费，王某是经理，底下是线上销售业务员。王某某上班后，王某给了其四部工作手机，其中两部为助理号，另两部是群里的“托儿号”。之后王某某用自己的手机QQ加了刘某所建的资源对接群，会有客服将客户的微信号发送至该QQ群中。王某某的工作内容主要有按顺序添加客户的微信，之后自称“数字货币助理”，并将客户邀请进大群，在了解客户的基本情况后向王某汇报。“老叶”和罗某会发一些数字货币或者生活类的话术到群里。除了担任业务员外，王某某等人还会根据王某的安排在大群里做“托儿”，“托儿”的任务也不同，主要包括入金、极速、提币、加金、疯狂操作五个流程。“入金”就是“托儿”在群里冒充客户问一些真实客户可能担心的问题，群助理会解答这些问题。之后群助理会重新发一个公司虚拟数字平台（RXEX）的二维码到微信群里，“托儿”就把之前截图的手机注册RXEX平台的页面发到群里，并在群里说已经下载注册好了，这个USDT就从火币网转到他们公司的虚拟数字平台上了，并叫助理安排老师。“极速”就是做极速合约，做极速合约前要先询问“老叶”或者罗某是否有空，他们中一人有空就做，都没空就不做。做的话就将业务员的账号报给“老叶”或者罗某。“托儿”做极速合约的话，只做两单，都是小盈利，并把盈利的情况及与“老师”的对话发到大群中，让群里的客户信以为真。“加金”即“托儿”冒充的客户加金。“疯狂操作”就是，群助理会通知，说今天有老师直播带单，所有已经入金的冒充客户的号都要参加，“老叶”或者罗某会安排已经入金的冒充客户做永续合约，将盈利的情况发到大群中，吹捧对应的主讲老师。平台的炒币模式有两种，一种是加杠杆的永续合约，杠杆是10倍、50倍、100倍三种。客户需要在公司充值入金USDT数字币，然后用USDT交易六大主流数字币：BTC、ETH、LTC、BCH、EOS、XRP，进行买涨买跌，买进卖出炒币。还有一种是极速合约，没有杠杆，也是买涨买跌六大主流数字币。买对了方向就盈利，反之就亏损。实际上，上述虚拟数字平台上显示的数字就只是一组数字，没有实际入金，后台可以操作极速合约，真实的新客户在公司平台入金后，“老叶”或罗某会带着客户先做两单极速合约，让客户小赚一点，再让客户做永续合约，最后让客户做极速合约。最终真正的客户都是亏本的。业务员冒充客户的目的除了让真实的客户觉得公司平台交易量大，也是营销的一种方式。王某某认为，实际上公司的 RXEX 虚拟数字货币投资平台可以后台操控，是一种诈骗行为。

三、量刑情节

（1）被告人王某某到案以后如实供述自己的犯罪事实，构成坦白，可以从轻处罚。

（2）被告人王某某参与诈骗的数额巨大。

（3）被告人王某某在本案诈骗行为中起次要作用，为从犯，应减轻处罚。

（4）被告人王某某自愿认罪认罚，可以从宽处罚。

（5）被告人王某某退出 2.1 万元，暂扣于公安机关。

四、证据认定

本案中，公诉机关提交了相应证据，法院审理后作出如下认定：

（1）网络在线提取工作记录，对涉案的电子钱包地址在互联网网站中查询到的比特币和泰达币的所有交易记录进行取证，证明本案电子数据来源的合法性。

（2）苏州市公安局相城分局制作的提取、搜查、扣押笔录，证实公安机关在诈骗窝点提取到被告人用于诈骗所使用的电话卡 50 张，及手机、联想一体机等（均系照片）。

（3）被害人的陈述、提币记录、交易记录、转币记录，证明各被害人被诈骗的过程。

（4）余某等人的证人证言、各被告人的供述、微信聊天记录，证实各被告人实施诈骗的过程以及骗取被害人财物的情况。

（5）发破案经过，证实本案的案发及被告人王某某的到案经过。

（6）户籍资料，证实被告人王某某的身份情况。

上述证据收集程序合法，内容客观真实，足以认定指控事实。

五、争议焦点

（1）如何认定本案诈骗虚拟币的数量？

（2）本案为共同犯罪，如何认定各被告人在整个团伙中所承担的职责，以及如何认定主从犯？

（3）因为本案涉及的USDT币，不是法定货币，而是一种特定的虚拟商品，但其有一定的价值，如何对其价值进行评估，并以此认定犯罪数额？

六、辩护意见

（1）应当扣除被害人在永续合约交易中亏损的币，因为在永续合约交易的模式下，平台方并没有通过操纵后台控制投注结果；且不排除有被害人从平台提取了币，而该部分应当从诈骗数额中扣除。

（2）被告人王某某在本起案件中起次要作用，系从犯，应当对其减轻处罚。

（3）被告人王某某到案后如实供述自己的犯罪事实，配合相关司法机关的调查，其行为构成坦白，可以从轻处罚。

（4）被告人王某某自愿认罪认罚，可以对其从宽处罚。

（5）被告人王某某系初犯、偶犯，此前没有前科劣迹，实施本次犯罪具有一定的偶然性，其本人亦对自己的行为非常后悔。

（6）案发后，被告人王某某退出2.1万元，尽可能减少被害人的损失，也积极弥补自己的行为造成的社会危害。对其积极态度应在量刑时予以考虑，对其从轻处罚。

七、法院判决

法院认为，被告人刘某、叶某某、罗某、孙某、吴某、周某、舒某、程某、胡某某、王某某利用电信网络骗取他人财物，其中被告人刘某、叶某某等9人诈骗数额特别巨大，被告人王某某诈骗数额巨大，均构成诈骗罪，应予追究刑事责任。在共同犯罪中，被告人刘某、叶某某起组织、指挥作用，均系主犯；被告人罗某、王某某等8人均起次要作用，均系从犯，均应当减轻处罚。王某某如实供述自己的罪行，可以从轻处罚；王某某自愿认罪认罚，可以从宽处罚。公诉机关对王某某的量刑建议基本适当，法院予以采纳。

对辩护人以上述从轻、减轻情节为由提请对各自所辩护的被告人减轻处罚的意见均予以采纳。

关于被告人的辩解和辩护人的辩护意见，本院综合评判如下：

1. 关于本案诈骗虚拟币数量认定

诈骗的USDT币数量的认定。诈骗所得的数量，主要根据被害人的陈述、被害人与被告人的微信聊天记录、转币记录等证据予以认定，同时扣除被害人从平台上提取的部分币的数量。上述证据关于诈骗所得部分能相互印证，足以认定。

对辩护人提出的两点意见，一是应扣除永续合约中亏损数量。经查，在被告人与平台方勾结采用操纵后台的方式非法占有被害人财物开始，所谓的“永续合约”炒币便成为一种实施诈骗或掩饰诈骗真相的工具，最终的目的就是非法占有被害人财物，被害人的损失就是他们的获利，因此扣除之意见不成立。二是应扣除被害人在炒币结束后提取的币量，该意见予以采纳，并对起诉书的数量予以修正。

另外，需要说明的是，被害人在转币过程中所损失的手续费，应当计入诈骗数量中。

2. 关于共同犯罪的问题

刘某、叶某某系组织和指挥者，也是最大的受益者，对整个团伙的诈骗承担责任，系主犯。

被告人罗某承担了一部分管理职责，对整个团伙的诈骗承担责任，其起的作用较业务员要大，但相比刘某、叶某某而言，其作用相对较小，且获利比刘某、叶某某要小得多，故综合其所起作用及所获利益，认定其为从犯。

对各个业务员而言，尽管在实施诈骗过程中，有相对独立性，但也都有互相配合、互相为托的行为，也都互相知道在实施诈骗，因此该团伙成员之间存在相互配合、相互协作的关系，应当认定为共同犯罪，各被告人均应当对总的犯罪数额承担责任。但业务员在共同犯罪中居于从属地位，系从犯。

3. 关于犯罪数额及量刑

对USDT币，它显然不是法定货币，而是一种特定的虚拟商品。民间有从事与USDT币等虚拟货币有关的交易活动，它有一定的价值，但目前对其进行价值评估存在一定困难。鉴于确实会给被害人造成财产损失，我们在认定犯罪数额，以及对被告人定罪处罚以及责令退赔被害人损失时会参考客观上给被害人造成的财产损失的数额。同时鉴于USDT币在现实中均是与美元的汇率挂钩，故犯罪数额和犯罪情节，以及给被害人造成的财产损失的认定，本院参考了美元的汇率。因此，被告人刘某、叶某某、罗某、孙某、吴某、周某、舒某、程某、胡某某诈骗数额特别巨大，被告人王某某诈骗数额巨大。

对于被告人王某某，依照《中华人民共和国刑法》第二百六十六条、第二十五条第一款、第二十七条、第六十七条第三款、第六十四条、第七十二条第一、三款、第七十三条第二、三款，以及《中华人民共和国刑事诉讼法》第十五条之规定，判决如下：

一、被告人刘某犯诈骗罪，判处有期徒刑十一年六个月，并处罚金十万元。

……

三、被告人罗某犯诈骗罪，判处有期徒刑五年，并处罚金五万元。

……

九、被告人胡某某犯诈骗罪，判处有期徒刑三年，缓刑四年，并处罚金三万元。

十、被告人王某某犯诈骗罪，判处有期徒刑一年，缓刑一年六个月，并处罚金一万元。

……

八、律师感悟

本案中涉及的USDT是一种虚拟货币，虚拟货币是指非真实的货币，种类繁多，目前市场上的虚拟货币主要有四类：（1）由游戏运营商开发，供玩家在网络游戏中作为交易媒介而使用的游戏币；（2）由门户网站或者即时通信工具发行，供本运营网络空间内使用的专用虚拟货币；（3）既可以在虚拟货币发行主体内使用，又可以向非发行主体购买商品和服务的交互式虚拟货币；（4）基于密码学和现代网络 2P2 技术，通过复杂的数学算法产生的，特殊的电子化的、数字化的网络密码币。自互联网普及于普通民众后，虚拟货币作为互联网电子商务的产物，开始扮演重要角色，而后和现实世界交汇。现在网上虚拟货币的私下交易已经在一定程度上实现了虚拟货币与人民币之间的双向流通。交易活动表现为低价收购各种虚拟货币、产品，然后再高价卖出，依靠价格差赚取利润。随着这种交易的增多，不法分子便妄图利用虚拟货币投资进行诈骗。

本案是团伙犯罪，各被告人在团伙中的分工明确，诈骗流程清晰。各被告人之间相互独立，但又互相配合烘托炒作。这种团伙协作模式在诈骗、集资诈骗等案件中屡见不鲜。

本案中，王某某是由同案被告人胡某某介绍加入的，二人此前均是从事保险经纪中介的工作，被告人刘某是他们的同事，在职期间业绩好、工作能力强，所以当刘某组建团队后，胡某某加入工作，后介绍王某某入职。据王某某供述其是 2020 年 8 月 15 日入职，从 9 月 3 日开始从事诈骗行为，至 9 月 8 日案发，其作案时间只有 5 天，入职也未及一个月，连工资都没有拿到，没有获得犯罪收益。笔者办理的诸多刑事案件中，尤其是团伙案件，同案犯之间有些此前早就相熟，或为同事、朋友，甚至是亲戚、亲属，这种同案犯间的亲密关系，使得犯罪团伙相对稳定，社会危害性较大，对犯罪者本人家庭的打击也是巨大的。亲朋好友之间一起发财，一起成长是大家喜闻乐见的，为何要一起走上违法犯罪的不归路？

随着网络的发展及各类社交平台的兴起，原本口耳相传或者面对面的帮腔助势隐匿在虚拟空间中，而且相较起来，虚拟空间辐射范围广，操作便利，隐蔽性高，自身面临的风险性反而大大降低，成了罪恶滋生的沃土。有时人们会说网络上虚假的东西太多，但并不是因为网络导致了虚假的产生，而是有人为操控的地方，才有虚假的东西。我们始终是在与人性的丑恶争斗，网络只是载体，人性才是背后的黑手。

案例51　赵某“AME”虚拟货币交易平台诈骗案*

一、公诉机关指控

2020年11月至2021年3月，被告人屈某、赵某受他人雇用成立讲师团队，另由团伙内谢某（另案处理）等人受他人雇用组成招商团队，对外以按比例返还客户损失的方式招募代理商，由被告人屈某担任主讲师、赵某担任副讲师，自称“胡继光”“王先亮”等“金融投资专家”在直播间进行授课，由各代理商团伙内业务员在微信群中充当水军烘托气氛、伪造虚假盈利图等方式提高讲师威信，向被害人发送直播间链接，引导被害人至直播间听课，由各代理商等团伙内的人员假冒“胡继光”“王先亮”等直播间讲师的角色通过微信向被害人发送投资指令，引诱被害人在“BZ”“AME”“ZG”平台进行所谓的“虚拟币炒作”，而屈某、赵某对此均完全知情。多名被害人在不明真相的情况下至上述平台进行虚拟币充值后，由直播间讲师、各代理商共同反向带单，以此虚构上述被害人虚拟币炒作失败亏损的假象迷惑被害人。而实际上被害人所谓“投资亏损”的钱款，被该团伙与各代理商以事先约定的比例进行分赃。经统计，被告人屈某、赵某入职后，成都、东莞、佛山、广州、上海等利用直播间诈骗被害人的代理商团队共计造成客户亏损150余万元。

2021年3月29日，被告人屈某、赵某被公安机关抓获。案发后，二被告人在家属帮助下均能积极退赃。

---

*（2021）沪0115刑初3630号案件。

二、案情拓展

据多名证人作证称，涉案的虚拟货币平台初建时由几个英文字母组成，后称AME，到2020年年底时又多了一个BZ平台，2021年3月又推出ZG平台。三个平台实际上没有区别，是同一个平台，就是一个图标。平台带有直播间，直播间有三个讲师会引导客户买入后让客户赚到钱，诱导客户更多入金，最后根据大盘走势引导客户反向购买，造成客户被假的杠杆强制平仓亏损，客户亏损的75%是公司的盈利，同时平台存在以各种理由不让盈利的客户出金等情况。

被告人赵某供述称，2020年11月中旬，主讲师自称"胡继光"，通过QQ询问其是否有兴趣参与虚拟货币直播讲课。赵某因自身从事金融投资类工作比较了解相关情况便应允。于是主讲师将直播软件下载地址以及直播间的用户名、密码及直播间链接发送给赵某，赵某下载软件后登录即可进行直播。直播前，主讲师会将讲师的简介及每周讲课的规划情况以策划书的形式发送给赵某。赵某在主讲师安排下于2020年12月底至2021年1月中旬进行了第一次直播，春节休息一段时间后于2021年3月8—28日进行了第二次直播。赵某在第一次直播时使用的名字是"王长柏"，第二次使用的名字是"王先亮"。直播内容主要包括：第一周向客户介绍比特币的行情走势，其间穿插一些其他的虚拟货币介绍；第二周推出涉案平台，让客户在涉案平台操作；第三周带客户炒比特币。平台炒虚拟币的方式有两种，一种是合约交易，即买虚拟币的涨跌，带杠杆（2~125倍），平台内有多种虚拟货币，但只给客户推比特币；另一种是现货交易，即在平台购买比特币，之后将持有的比特币再卖掉赚差价。讲师直播的时候只介绍合约交易。平台存在强制平仓功能。此外，赵某也明知另有代理商团队人员冒充他的讲师身份与客户聊天，并反向带单，造成客户亏损，公司就通过客户亏损的钱来盈利，并与代理商分账。赵某的收益以课时计算，每一波上21节课，每节400元，两波加起来一共1.6万元。

根据司法审计，屈某、赵某2020年11月入职后，AME、ZG以及BZ平台的期初余额为689081.60元，充币金额为1695012.61元，提币金额为

1074340.43 元，差额为 1531399.44 元；另有期末余额 432742.56 元。

三、量刑情节

（1）被告人赵某被公安机关抓获，到案后如实供述自己的犯罪事实，构成坦白，可以从轻处罚。

（2）被告人赵某参与诈骗的数额特别巨大。

（3）被告人赵某受他人指使实施犯罪，在共同犯罪中起次要作用，系从犯，应减轻处罚。

（4）被告人赵某自愿认罪认罚，可以从轻从宽处罚。

（5）被告人赵某在家属帮助下能积极退赃，可以从轻处罚。

四、证据认定

本案中，公诉机关提交了相应证据，法院审理后作出如下认定：

（1）被害人陈述、自述材料、被害人提供的充币记录、微信聊天记录、“安联币市”直播间截屏、“币币账户”截屏等，证实被害人被引诱至“BZ”“AME”“ZG”平台进行虚拟币入金后，按照直播间讲师给出的操作指令进行所谓的虚拟币炒作导致严重亏损的情况。

（2）证人证言、被告人屈某、赵某的供述，证实被告人屈某、赵某受他人雇用，伙同各代理商利用“BZ”“AME”“ZG”平台诱骗被害人进行虚拟币炒作致客户亏损的事实，以及与代理商就客户损失进行分赃的情况。

（3）扣押笔录、扣押清单、扣押决定书、从证人金某某手机 QQ 中截取的“牛气冲天交流群”聊天记录、从证人张某某手机微信聊天记录中提取的“2021.4 招商策划.docx”文件，证实公安机关案发后调取手机、电脑等物，并调取了相关聊天记录、文件等。

（4）公安机关出具的工作情况、调取的后台数据表格、虚拟身份对应表、中浦鉴云（上海）信息技术有限公司司法鉴定所出具的司法鉴定意见书、上海沪港金茂会计师事务所有限公司出具的审计报告，证实本案相关电子数据的提取、固定、检验及检验过程，涉案平台的充币、提币、差额等情况。

（5）上海市公安局浦东分局出具的案发及抓获经过，证实本案的案发及被告人屈某、赵某的到案经过。

（6）户籍人口资料，证实被告人屈某、赵某的身份情况。

上述证据收集程序合法，内容客观真实，足以认定指控事实。

五、争议焦点

（1）ZG平台与AME平台的关系，两个平台涉及的金额是否应累计相加？

（2）被告人屈某、赵某未使用过ZG平台，且ZG平台不带直播，该平台涉及的金额是否应计入二被告人的诈骗金额中？

六、辩护意见

（1）赵某仅获取1.6万元的讲课劳务报酬，该款并不与被害人的损失挂钩；且赵某非本案诈骗团伙的固定成员，成为讲师是兼职，其并未参与前期的共商合谋，主观恶性较小、情节较轻。

（2）赵某如实供述自己的犯罪事实且供述稳定，构成坦白，可以从轻处罚。

（3）赵某自始自愿认罪认罚，真诚悔罪，可以对其从宽处罚。

（4）赵某没有前科劣迹，属于初犯偶犯，本次犯罪系因其法律意识淡薄，主观恶性较小、社会危害性小。

（5）赵某在共同犯罪中处于服从地位，起次要作用，是从犯，可以从轻处罚。

（6）赵某的家属愿意帮助其退出违法所得，希望减轻其处罚。

七、法院判决

法院认为，被告人屈某、赵某以非法占有为目的，伙同他人利用网络平台骗取公民钱款，数额特别巨大，其行为均已构成诈骗罪。公诉机关指控的犯罪成立，予以支持。对于ZG平台是否使用过，该平台内的金额是否应计入诈骗金额。经查，多名证人证实AME平台于2021年3月改名为ZG平台，该两个平台实为同一平台，均带有直播间，由讲师引导部分客户至平台充值，屈某本人亦曾在案供述开始是 AME 平台，中间过渡过一个 BZ 平台，案发时是 ZG 平台，屈某、赵某均在案供述前后参与了两波诈骗，分别是 2020 年 12 月至 2021 年 1 月，2021 年 3 月至案发，而 2021 年 3 月时 AME 平台改名为 ZG 平台，审计报告更是清楚地显示 AME 平台的充币记录明细反映为 2020 年 10 月 21 日至 2021 年 2 月 28 日间的充币、提币金额等情况，ZG 平台的充币记录明细时间则从 2021 年 3 月 1 日起至 3 月 29 日止，两个平台不存在时间的交叉和金额的累计计算等情况，在案证据足以证实屈某、赵某先后在三个平台担任讲师伙同他人实施诈骗的事实。屈某、赵某受他人指使实施犯罪，在共同犯罪中起到次要作用，均系从犯，对两名被告人依法分别减轻处罚。屈某、赵某均有坦白情节，自愿认罪认罚，依法从轻从宽处罚。二名被告人在家属帮助下均能积极退赃，酌情从轻处罚。辩护人所提相关从轻处罚的意见，予以采纳。屈某找来赵某等人担任副讲师，并转达老板指示，转付获利等，综合考虑二名被告人在本案中实际地位、参与程度、作用、获利及退赃等因素，酌情区别考量。根据被告人屈某、赵某犯罪的事实、性质、情节和对社会的危害程度，依照《中华人民共和国刑法》第二百六十六条、第二十五条第一款、第二十七条、第六十七条第三款、第五十二条、第五十三条、第六十四条之规定，判决如下：

一、被告人屈某犯诈骗罪，判处有期徒刑三年三个月，并处罚金人民币三万元。

二、被告人赵某犯诈骗罪，判处有期徒刑二年三个月，并处罚金人民币二万元。

三、扣押在案的作案工具依法予以没收；退缴在案的违法所得依法发还被害人，不足部分继续予以追缴或责令退赔后发还。

八、律师感悟

犯罪分子实施犯罪的手段与时俱进，诈骗犯罪利用社会生活中的新兴产物已不是个例。随着人民群众生活水平的改善，投资理财观念的高涨，传统的基金、股票等投资方式多受人诟病且收益有限，吸引不了认定了要走在时代前沿、物以稀为贵，甚至愿意铤而走险的投资客们。他们纷纷将目光投向受众不那么广泛、合法合规经营范围有限，但有着明显时代印记的投资产品，比如本案中的虚拟货币。与此同时，诈骗犯罪分子们也将手伸向了这些投资新贵们。利用他们高涨的热情，但对新兴产业缺乏足够的了解，专业信息受限或本身的惰性，通过两者的信息差为切口牟取非法利益。犯罪分子甚至为了表明自己的“诚意”，特地为投资客们聘请导师介绍投资产品以及盈利的原理。

本案诈骗犯罪涉及虚拟货币这一事物，各涉案人员的陈述、供述也反复围绕着它，但它在本案中充当的角色相当于一个引子，只是诈骗团伙为了诓骗被害人借用的一个由头，再利用这个由头与普通人的天然距离，煞有介事地“搭建平台”“招聘讲师直播讲课”“指引投资”，似乎为了弥合距离，但归根结底，一切都是花架子，底下埋设着谎言陷阱，只为牢牢困住受骗的“猎物”。在旁观者看来，被害人对于自己参与的投资活动、运营模式、盈利原理基本上都来源于犯罪分子的讲述，所思所想完全受制于犯罪分子。骗局就像旋涡一样，被害人的思维已经被犯罪分子掌控，轻易不得逃脱。

对于被告人赵某来说，他作为搭建花架子的人，或者说他本身就是陷阱的一部分。赵某开始可能以为只是一份讲授金融概念的兼职工作，但使用假名授课、代理商冒充其身份“指导”客户操作、对客户反向带单，造成客户亏损、公司通过客户亏损盈利等情形明显已超出一份正常兼职工作的范围，甚至已经超出合法合理的范畴，他仍选择继续参与其中，多少也带有自欺欺人的逃避和侥幸心理。所幸赵某本身仅是从犯，且到案后如实供述犯罪事实，自愿认罪认罚，并积极表明退赔意愿，因此，即使赵某诈骗钱款的数额达到特别巨大，亦获得了较为理想的判决结果。

近年来，网络诈骗犯罪逐渐集团化，团伙内部分工细化，参与其中担任“业务员”“客服”的人员也多集中在“80后”“90后”，他们中的大部分起初应该只是像赵某一样认为这不过是一份工作，但随着工作时间及参与的深入，又多多少少明白这份工作“有点问题”，但抱着或侥幸、或自以为是的心理，直到被公安机关抓获后才“幡然醒悟”。殊不知在欺骗他人的过程中，自己也受到了蒙蔽，一失足成千古恨，因此，骗局内外的人都应引以为戒。

第十二章

“盲发快递”式诈骗典型案例解析

“盲发快递”式诈骗，一般是指不法分子通过非法渠道购买或违法获取大量公民个人信息，将一些假冒伪劣、价值低廉的物品，利用快递公司“货到付款”的运送方式随机寄出，向收货人收取费用。

网购对人们来说并不陌生，且已逐步成为年轻人最主要的购物形式，通过互联网在线浏览货物，动一动手指就可下单，不出几日货物就通过快递送上门来。对大多数习惯网购的人来说，隔三岔五地收到多件快递并不少见，且偶尔还会忘记自己到底购买了什么。正是因为消费者对网购习以为常，不法分子便利用快递到付的形式骗取钱财。有的受害人忘记自己是否购买过货到付款的商品，也有的受害人以为是亲友寄给自己的快递，没有过多的思考就付款收货，直到打开快递，发现货品价值与付款极不相符，才察觉上当受骗。

该类型的案件有两大特点：一是快递量巨大，不法分子广撒网，即使有95%的退单率，但总体基数大，“漏网之鱼”也极其可观；二是单价并不昂贵，多则200元，少则三五十元，并不是所有的被害人都会在意，经常是不予追究。

本章摘录团队律师2021年承办的一起案件，被告人利用大量公民信息资料，以价值十余元的衣服定价198元，向10万余人盲发快递，并设置货到付款，成交5000余单，涉案100余万元。

案例52 帅某“盲发快递”诈骗案*

一、公诉机关指控

2020年8—11月，被告人蔡某某、帅某、张某某经预谋后将单价10~20余元的不同款式、颜色的男女毛衣，均定价为198元后，虚构存在买卖合同关系，使用蔡某某、张某某持有的分别为10万余条、4000余条的公民个人信息，通过“盲发快递”并以货到付款形式，发送给全国各地的被害人。其间，帅某雇用被告人帅某某共同租赁仓库后负责打包快递。经查实，蔡某某等共计发送快递10万余单，诱使被害人付款5000余单。

2020年11月23日，被告人蔡某某、帅某、张某某被公安机关抓获，同日被告人帅某协助公安机关抓获被告人帅某某。

二、案情拓展

（1）2020年3月，张某某结识蔡某某，同年7月，蔡某某表示想做货到付款生意，利用手上做电商积累的客户信息，可以通过货到付款将一批货物送出去，让张某某寻找发快递的人，利润平分。

（2）2020年8月底，张某某介绍帅某认识蔡某某，蔡某某与帅某约定每发一件快递分给帅某3.5元，快递签收后蔡某某额外支付每单5元的服务费。

（3）其间，张某某提供给蔡某某10万元资金用于进货，并将其公司场地划分给蔡某某使用，无须支付房租，另愿提供4000余条客户信息款。

（4）涉案服装由蔡某某至广州尾货市场购买，前后两次各购买1万件发货至帅某仓库，由蔡某某将客户信息发给帅某，帅某根据该份信息填写快递

---

* （2021）沪0115刑初1196号案件。

单号。

（5）帅某前期找外面仓储收发快递，后期与帅某某合租仓库，由帅某叫车将货物送至该仓库，并将填写完整的寄件信息快递面单交与帅某某，再由帅某某将涉案服装打包贴好面单后通知圆通快递收走发出。其中，90% 快递会被拒收，快递员再将拒收的快递送回仓库，帅某某再拆开贴上新面单寄出，以此往复操作。

（6）蔡某某等将每个快递定价 198 元，实际总发出 117022 单，客户正常签收 5763 单，涉案金额 1141074 元。

三、量刑情节

（1）被告人帅某被公安机关抓获，到案后如实供述，系坦白。

（2）被告人帅某到案后能主动协助公安机关抓获被告人帅某某，有立功表现。

（3）被告人帅某在共同犯罪中起主要作用，是主犯。

（4）涉案金额已达到犯罪数额特别巨大，应处以 10 年以上有期徒刑。

四、证据认定

本案中，公诉机关提交了相应证据，法院审理后作出如下认定：

（1）搜查证、搜查笔录、扣押决定书、扣押笔录、扣押清单、照片证实，2020 年 11 月 24 日，从被告人帅某处扣押毛衣 300 件、快递包裹 1192 件、手机 1 部；2020 年 11 月 24 日，从被告人蔡某某处扣押手机 1 部；从被告人张某某处扣押手机 1 部；从被告人帅某某处扣押手机 1 部。

（2）被告人帅某手机截图，证实 2020 年 10 月 27 日、11 月 13 日、11 月 20 日，被告人蔡某某三次要求帅某删除二人之间发送客户信息、核对投递数据等内容的微信聊天记录；“衣服代收对接群”QQ 聊天记录包含 2020 年 9 月、10 月、11 月正常签收与退回订单数据。

（3）协助查询财产通知书、被告人帅某借记卡账户历史明细清单、手机支付宝截屏、证人吴某某手机支付宝截屏，证实部分赃款流向。

（4）公安机关制作的情况说明，证实经计算正常签收订单认定为 5700

余单。

（5）被害人杜某某等人陈述、快递包裹面单、付款记录、毛衣照片，证实被害人被骗经过。

（6）上海浦东新区价格认证中心价格鉴定结论书，证实杂牌毛衣 8 件，单价 10 ~ 23 元。

（7）调取证据通知书、光盘，证实 2020 年 11 月 20 日，从圆通速递信息技术管理中心调取了与被告人帅某的快递发送、退回、结算数据。

（8）抓获经过、补充材料工作情况，证实本案案发经过、被告人到案情况。

（9）被告人蔡某某、帅某、张某某、帅某某供述，证实上述事实。

以上证据来源合法，内容客观真实，足以认定指控事实。

五、争议焦点

被告人帅某在本案中所起作用问题，是否构成主犯？

六、辩护意见

（1）从本案被告人帅某参与程度看，本案犯意系被告人蔡某某所起，该计划也是由被告人蔡某某策划与设计，本案全部客户信息及货品采购提供均由蔡某某负责。被告人张某某一直在帮助蔡某某向帅某催要快递收发情况及货款结算，辩护人认为被告人帅某实际上只是按照被告人蔡某某提供的客户收件信息导入系统后打印面单并进行快递代发，在犯罪过程中并无话语权与决策权。

（2）从获利程度看，本案被告人蔡某某与张某某都供述二人平分利润，被告人帅某仅系收取每单快递费及手续费，其中包含成本，每单涉嫌诈骗货款均系给到被告人蔡某某的，帅某仅作为中间商收取成本费用，因此，从分赃比例看，帅某在其中所占比例较小，违法所得远低于蔡某某与张某某。

（3）被告人帅某与被告人张某某在商谈时仅知道会有大量快递进行代发，而对于蔡某某、张某某提及的所谓退货率高并未深究和预估，在电商行业内 7 天无理由退货情形常见，据帅某陈述，最初蔡某某提供的 2 万件毛衣均系全新包装，其在代发快递时，并不能预见代发快递的退件率会高达95%，因此，不能因蔡某某、张某某提及有大量快递发送且退货率高而认定被告人帅某系本案犯意的共同策划者。

（4）从本案被告人之间关系看，蔡某某与张某某相识甚久，从张某某无偿出借办公室，以及最初被告人蔡某某与张某某商谈货到付款事宜，可看出其二人系本案犯罪行为的组织者和策划者，就本案涉案模式存在类似合伙关系。

因此，辩护人认为，被告人帅某在本案涉嫌共同犯罪中所起的作用仅系快递中间商，主观恶性小，并非起决定性作用，不应当将被告人帅某在本案中列为主犯的犯罪地位。

（5）辩护人会见帅某得知，其于2021年3月4日主动检举揭发同案被告其他犯罪线索，并协助公安机关抓获被告人帅某某，以认定被告帅某具有“立功”表现，对被告人从轻或减轻处罚。

（6）帅某自愿认罪认罚，悔罪态度好，积极配合侦查机关工作，并愿意退赔全部违法所得、缴纳罚金，依法可以从轻处罚。

七、法院判决

法院认为，被告人蔡某某、帅某、张某某、帅某某以非法占有为目的，虚构事实、隐瞒真相，骗取他人钱财，数额特别巨大，依照《刑法》第二百六十六条、第二十五条第一款的规定，均已构成诈骗罪，分别应处予十年以上有期徒刑，并处罚金。公诉机关指控四名被告人犯诈骗罪的事实清楚，证据确实、充分，指控罪名成立。被告人张某某的辩护人提出公诉机关认定被告人张某某构成诈骗罪的证据不足意见，经查，公诉机关的指控不仅有被害人陈述，证人证言及相关书证、光盘等证据予以证实，且四名被告人均曾供认在案，足以证实指控事实，故上述意见本院不予采纳。相关辩护人提出应在犯罪总额中扣除成本的意见，与法律规定不符，本院不予采纳。被告人蔡某某、帅某、张某某在共同犯罪中起主要作用，依照《刑法》第二十六条的规定，系主犯，均应当按照其所参与的全部犯罪处罚；被告人帅某在共同犯罪中起次要作用，系从犯，应当减轻处罚。关于被告人帅某的辩护人提出被告人帅某不应以主犯认定，被告人张某某辩护人提出被告人张某某系从犯的意见，经查，被告人帅某、张某某参与预谋，并积极参与共同犯罪，在共同犯罪中起主要作用，应以主犯认定，故上述意见本院不予采纳。四名被告人到案后能如实供述罪行，依照《刑法》第六十七条第三款的规定，均可以从轻处罚。关于被告人张某某的辩护人提出被告人张某某有自首情节的意见，经查，被告人张某某未能自动投案，亦不具有视为自动投案的情形，不应以自首认定，故上述意见本院不予采纳。被告人帅某有协助公安机关抓获被告人帅某某的行为，依照《中华人民共和国刑法》第六十八条之规定，属立功表现，可以减轻处罚。各名被告人的辩护人分别提出建议从轻或者减轻处罚的相关意见，本院予以采纳；但根据被告人帅某某的犯罪情节和社会危害性，不宜对其适用缓刑。依照《刑法》第五十六条第一款、第五十五条第一款的规定，对被告人蔡某某、张某某可以附加剥夺政治权利。依照《刑法》第五十二条、第五十三条的规定，四名被告人应当向本院缴纳罚金。依照《刑法》第六十四条的规定，扣押在案的作案工具，应予没收；四名被告人的犯罪所得，应予追缴或责令退赔，发还被害人。本院为保护公民的财产权利不受侵犯，判决如下：

一、被告人蔡某某犯诈骗罪，判处有期徒刑十年六个月，剥夺政治权利一年，罚金人民币十万五千元。

二、被告人帅某犯诈骗罪，判处有期徒刑九年，罚金人民币九万元。

三、被告人张某某犯诈骗罪，判处有期徒刑十年，剥夺政治权利一年，罚金人民币十万元。

四、被告人帅某某犯诈骗罪，判处有期徒刑三年，罚金人民币一万元。

五、扣押在案的作案工具，予以没收，各被告人犯罪所得，予以追缴或者责令退赔，发还被害人。

八、律师感悟

如今电商行业盛行，网络购物现象普遍，从商家发货到消费者收货，其中历经多个环节，任何一个环节仿佛都能让犯罪分子找到通过侥幸行为实现有利可图的缝隙。网络购物中必不可少的物流环节，也是本案的多名被告人的主要作案手段之一，利用手中持有的公民信息进行随机发货并货到付款的方式骗取被害人，以极小的成本，虚构事实，使得被害人误以为收到的是自己购买或他人赠送的物品，基于该错误认识而处分自己的财产，使得犯罪分子得以从中获利。记得前几年，我们刚刚接触此类型案件，团队内部讨论时还有人发出疑问，为何如此低级的诈骗行为会有人上当呢？其实仔细考虑就会发现，这是一个概率问题，对于常年不在网上购物或购物频次极低的人，一般情况会直接做退货处理，不会上当受骗；反而是经常网购的人才会有机会中招，就如本案的实际数据一样，真正上当受骗的人在5%左右，在统计学中发生概率为5%的为小概率事件，即使如此当潜在被害人体量数以十万计时，受害人数量也是极为巨大的，涉案资金更是高达百万元，这属于犯罪数额特别巨大的诈骗案件了。

本案中，从行为模式以及最终结果导向可以看得出，三名被告人存在虚构事实、为自己牟取私利，投机的诈骗行为。笔者通过会见当事人，阅读卷宗材料剖析，从主观方面看，蔡某某、帅某、张某某三人的不法行为是经过初期从无到有的商讨的，表现形式为有提前预谋且分工明确。涉案实物与实际市场价款明显不对等，使该诈骗行为的危害性后果更好地显现，也足以说明，多名被告人不可能对所涉行为已超越法律界限不知情，主观方面的犯罪意图十分明显。从客观方面来看，四名被告人的行为已造成众多被害人被骗取钱款，且已达到数额特别巨大的标准，法定量刑为有期徒刑十年以上，后果是极为严重的。

作为被告人帅某的辩护人，应当如何进行有效辩护？我们先来看被告人帅某在共同犯罪中的地位是怎样的，能否认定为从犯，以达到从轻处罚的结果。对于被告人帅某来说，整个涉案行为的犯意主要还是因被告人蔡某某与张某某所起，但不可否认，帅某在整个案件过程中负责包装与联系物流环节，所起作用也较为重要，按照法院的认定来说属积极参与犯罪行为，这也是法院认定其作为主犯的考量之一。作为辩护人不能将帅某认定为从犯，仅可从其立功表现，以及坦白，认罪认罚等情节展开辩护，由此被告人帅某突破10年的刑期，最终被判处有期徒刑9年，并处罚金9万元。本案中，虽有小部分被害人已取得退赔并已表示谅解，但并未在案件的处理结果上起到较大作用，究其原因是受害人众多，资金巨大，无法从根本上解决诈骗带来的危害后果。如若各被告人能在案发后主动退出违法所得，或尽力退赔被害人的损失，相信对于被告人帅某和帅某某来说刑期方面还会有一定的减少，帅某某也有一定的可能争取到缓刑的结果，但对于被告人张某某来说，其最终的判决结果是无法突破有期徒刑10年的底线的。

如第一章所述，诈骗犯罪往往伴随着为诈骗分子提供帮助和支持的黑灰产业链，如专门提供公民个人信息的不法分子，本案中正是被告人蔡某某、张某某持有大量公民个人信息，为其实施诈骗行为提供了便利，直接按照信息发出快递即可，换言之，如果各被告人手上没有这些公民个人信息，诈骗行为将无法实施。由此看来，打击诈骗犯罪不仅是打击诈骗行为本身，还要对其上游和下游行为及相关产业链一并打击，任重而道远。

第十三章

“借款不还”型诈骗典型案例解析

“借款不还”型诈骗，或称为“借款型”诈骗，一般是指行为人以非法占有为目的，以借贷的形式，骗取他人财物。该类型的诈骗，在司法实务中其实比较难以认定，借款人如果没有偿还能力，实际上也没有承担还款责任，就可以推定其在借款时具有非法占有钱款的目的。笔者认为区分行为人是否有非法占有的目的，应当充分考虑行为人在借款时的主观故意、有无偿还能力，以及款项使用情况等各项因素综合判断。

借款型诈骗与普通的民间借贷虽有诸多相似之处，极易混淆，但也有本质的区别，主要体现在以下几个方面：

在主观意图方面，行为人在借款时就有不归还的打算，所谓的“借”只是虚构的表象。在行为方式上，行为人采用虚构事实或隐瞒真相的手段，如虚构投资用途，或虚构自身优渥的财务状况，令被害人产生错误的认识，相信行为人完全具有偿还能力。在对借款的使用方面，行为人本未打算归还，所以毫无节制地使用，或用于非法活动，根本不会考虑合法收益。

本章收录 1 则真实案例：

案例 53，郑某被指控通过虚构理由、承诺高息回报的方式向被害人多次借款达 40 万元，并以各种理由不还款项。被抓获到案后，郑某做了有罪供述，后完全翻供，一审判决后提出上诉，二审未能改判。

案例53 郑某借款诈骗案*

一、公诉机关指控

2017年3—5月，被告人郑某通过虚构理由，承诺高额利息回报的方式分四次向被害人傅某借款共计40万元，所骗钱款被其用于个人挥霍。同年4—5月，被告人郑某归还被害人共计1万元。

2019年12月24日，被告人郑某被公安机关抓获，其到案后先做有罪供述，后翻供对上述事实拒不供认。

案发后，被告人郑某的家属代为赔偿被害人1万元。

二、案情拓展

2019年10月29日，被害人傅某至派出所报案，称：2017年3—5月，其看见一张讨债公司的名片，正好当时有人欠其钱，就想试试看，于是和名片上的人联系，对方自称郑某，是一家投资管理公司的副总经理，但是后来经过查证，这家公司没有在工商部门备过案。后来郑某向其借款共计40万元，说是替别人借的，这是他们公司的业务，叫作P2P，而且会给其3%的利息。傅某去郑某所说的位于上海市奉贤区的投资管理公司，该公司还给傅某开具了郑某是副总经理，郑某办理的业务他们公司都担保的证明。借钱之后，郑某就电话不接，人也找不到。

2019年3月7日，傅某通过派出所找到了郑某，并与郑某在派出所协商后签订了还款协议书，约定郑某每个月还其2000元，年底多还5万至10万元，直至四年之内还清40万元。但是，傅某只收到了3—7月的1万元，7月

---

* （2020）沪0112刑初733号（一审）；（2020）沪01刑终1321号（二审）。

之后再也打不通郑某的电话了，其觉得郑某在诈骗，遂来报案。

被告人郑某供述：2016 年其与他人合伙做帮人处理债务纠纷的工作，因此与傅某相识，后便开始陪同傅某去要债，其负责开车接送，一来二去就熟悉了，其曾帮助傅某去安徽处理过一套房子。随后，郑某就开始想办法问傅某借款，总共借了四笔，40 万元左右，并向傅某承诺月息 3%，借款理由其想不起来了，借到钱之后大部分用于赌博，有的自己用掉了，其间可能还了 4 万元左右，后其向傅某表示无还款能力，又因为房子问题搬家没有告诉傅某新的住址，导致与傅某失联。

后被告人郑某翻供称：其借款是为了投资做生意，因其妻子生病四处求医无暇经营而导致投资失败，并没有逃避债务，其两个电话号码都有给到傅某，且手机一直畅通。傅某是职业放贷人，并主动提出向其借款而赚取利息。其前供述是在不太清醒的状态下做的笔录，其没有诈骗，其与傅某之间是正常的借贷关系。

本案经上海市闵行区人民法院一审，笔者未参与。案件上诉至上海市第一中级人民法院后，郑某家属委托笔者参与二审程序。

三、量刑情节

（1）被告人郑某骗取他人钱财，数额巨大，法定刑期为有期徒刑 3 年以上，10 年以下。

（2）被告人郑某被公安机关抓获到案，到案后先做有罪供述，后翻供否认控罪。

（3）案发后，被告人郑某的家属代为赔偿被害人 1 万元。

四、证据认定

本案中，公诉机关提交了相应证据，法院审理后作出如下认定：

（1）被害人傅某的陈述及提供的借条证实，2017 年，其在住处楼下看见一张讨债公司的名片，对方叫郑某，是某公司的副总经理，其有债务催讨遂联系了郑某。同年 3—5 月，郑某先后四次称他的朋友处理各种事情需要借款，共计借了 40 万元，之后其就找不到郑某了。后其得知该公司没有工商注册，员工都被抓了。2019 年 3 月 7 日，其找到郑某，签了还款协议，但归还 1 万元后又联系不到了。

（2）上海某投资管理有限公司的证明、讨债广告复印件，证实被害人结识被告人的情况。

（3）被告人郑某的农业银行交易记录，证实其于 2017 年 4—5 月，通过农业银行账户转账给被害人共计 1 万元。

（4）公安机关出具的受案登记表、案发简要经过，证实本案案发及被告人到案的经过。

（5）手机转账记录、收条，证实案发后，被告人家属代为赔偿被害人 1 万元。

（6）被告人郑某到案后在侦查阶段的供述证实，其向被害人借了四笔共计 40 万元，3% 的月息，其想不起以什么理由借款，借到的钱已被其赌博用掉。后其因房子问题搬家没有告诉被害人新地址，其和傅某说过没钱还款。

上述证据收集程序合法，内容客观真实，足以认定指控事实。

五、争议焦点

（1）被告人在每次借款时都向被害人出具了书面的借条，一审辩护人认为被告人郑某没有非法占有的目的，无主观犯罪故意，本案系正常的民间借贷民事纠纷，不应作为刑事案件处理。

（2）二审阶段，辩护人提出即使郑某的行为构成诈骗罪，一审的判决也处罚过重，应当予以改判。

六、辩护意见

1. 被告人郑某没有非法占有目的，无主观犯罪故意，本案是民间借贷纠纷，不应作为刑事案件处理

理由如下：

（1）被害人是职业放贷人，对外有大量债权未能按时收款，委托被告人郑某帮助追讨，双方合作已有较长时间。当郑某提出有项目投资需要款项时，被害人主动提出借款，且双方议定的利息符合高利贷放贷标准。

（2）被告人每次向被害人借款时，被害人交付的均是现金，被告人也均出具了书面借条，后续还向被害人出具了书面还款计划，之后也未否认借款事实，由此可判断被告人并非想占有上述款项。

（3）关于借款用途，被告人所述的用于投资生意虽无直接证据，但被害人所述的借款用途也系完全臆造，辩护人认为借款理由并未在借条中体现出来，双方各执一词均无法得到印证，即使借款去向与借款理由有出入，也不能从根本上认定这是诈骗行为。

（4）被告人郑某借款用于投资失败后，并没有逃避债务，因其妻子生病而四处就医，花费了大量钱财，后来听信风水师建议而搬家，手机一直畅通也没有更改号码，并不像被害人所述的“消失”。

（5）被害人的陈述存在多处不可信之处，比如，被害人刻意隐瞒借款前就与被告人相识的事实、上海某投资有限公司经查是合法登记注册的。虽然被害人是高龄老人，但其陈述有多处虚假，当初借款也是为了牟取高额利息，见还款延迟便做报警处理，将自己作为可怜的被害人，以求快速收回款项。

2. 即使被告人郑某的行为构成诈骗罪，一审的判决也处罚过重，根据“罪责刑”相适应的原则，应当予以改判

理由如下：

（1）被告人郑某此前表现良好，无前科，此次犯罪是初犯、偶犯、可以从轻处罚。

（2）被告人郑某到案后，其家属已经尽力退出了部分的款项，今后也将继续向被害人还款。

（3）被告人郑某的妻子患有严重的精神疾病，有被害妄想等精神分裂症，生活无法完全自理，且有孩子需要抚养，郑某本是家庭的主要经济来源，如此一来，整个家庭便陷入困境，对郑某从轻处罚，有利于其家庭稳定。

（4）被告人郑某通过此次关押，已经深刻认识到了对于法律的无知，体会到了自由的可贵，无任何再犯的可能性，决心痛改前非，好好改造，早日回归家庭，承担起照顾家人的责任。

七、法院判决

一审法院认为，被告人郑某以非法占有为目的，骗取老年人钱款36万余元，数额巨大，其行为已构成诈骗罪。公诉机关指控的罪名成立。被告人郑某当庭辩称因做生意向被害人借款，但无相关证据证实，亦无被害人陈述、借条等查实的证据予以印证，且与其在侦查阶段称想不起借款的理由及借款用于赌博等供述相互矛盾，其提出供述时处于醉酒状态与审讯视频所显示的精神状态不符，被告人郑某非法占有的主观故意明确，其行为已构成诈骗罪，对被告人及辩护人提出本案系民间借贷的相关意见，本院不予采纳；被告人及辩护人提出已返还利息及已还款部分应予扣除的意见，与查明的事实一致，本院予以采纳。为严肃国家法制，保障公民的财产权利不受侵犯，依照《中华人民共和国刑法》第二百六十六条、第五十二条、第五十三条、第六十四条之规定，判决如下：

一、被告人郑某犯诈骗罪，判处有期徒刑七年，并处罚金人民币六万元。

二、责令被告人郑某退赔被害人傅某人民币三十五万三千三百元。

一审法院判决后，被告人郑某向上海市第一中级人民法院提出上诉。上海市第一中级人民法院于2020年10月22日裁定维持原判。

八、律师感悟

本案与其他类型诈骗有所不同，本书其他类型的诈骗大多数在定性上没有争议，而该案件笔者认为是有一定争议的。

笔者认为该案系普通的民间借贷纠纷，不构成刑事犯罪，其依据已在辩护意见中表述，故不在此赘言。控辩双方对借款的事实是没有争议的，法院最终认定诈骗罪犯罪事实成立，笔者总结关键点在于：

（1）控方经过对被告人郑某的多次讯问发现其供述有多处不一致之处，如其第一次供述四次借款均主要用于赌博，而后又翻供称其是为了做生意，且在后续供述与法庭表述中被问到做何生意时，回答也不一致，且郑某此后关于借款事由的辩解无相关证据予以佐证，故未被法院采信。

（2）关于被告人表述的其第一次做口供时脑袋不清醒的说法，一审辩护人就该证据已申请排除，一审法院审理期间亦调取了讯问监控视频，最终认定监控中并无法表明其处于醉酒状态，且与在案的其他证据并不矛盾，故作为定案的依据。

笔者在二审期间提交了郑某妻子罹患精神疾病的医疗材料，以证明郑某并非恶意借款不还，实为家庭困难，其确实携妻子多次前往全国各地医院诊治，被害人傅某未能随时寻得郑某也属正常；提交了上海某投资有限公司的工商材料，以证明被害人表述的该公司不存在的说法系有违事实。然二审法院最终认定上述材料并不影响本案对郑某诈骗罪的认定。

从另一个角度讲，郑某在前后近三年的时间里，完全可以逐渐还清所借款项，或积极应对追讨，尤其是达成还款协议后切实履行，也就不至于案发。究其原因，还是因为郑某法律意识淡薄，认为这是民事纠纷，并不构成刑事犯罪。另外，被告人郑某在本案中的口供也出现多次不一致的情形，其提出首次讯问时处于醉酒状态头脑不清醒，法院审慎对待，于一审开庭时调出审讯视频仔细阅看，未发现郑某所述情形，遂未能以非法证据为由将首份供述排除，这也就使得被告人郑某前后供述不一，未能构成坦白，无依法可从轻处罚之量刑情节。

现抛开对结果的争议，仅从法院认定的事实来看郑某在整个案件中的表现，其提出各种理由四次向傅某借款，借后没有实质还款，经常让被害人找不到人，当被害人报警后至派出所达成还款协议，但未能一直履行下去，之后又采取了躲避的行为，傅某寻人不得无奈之下选择报案处理。基于此认定事实，不难看出郑某有非法占有该款项的目的，或者以其实际行为表示不想还款，或根本就没有偿还能力，即可推定其有非法占有该笔借款的主动意图。

现实中有许多借款不还的案件，有的定性为普通民事纠纷，也有被作为刑事案件处理的情况，笔者将该案收录于本书，希望能给读者以启示。

第十四章

合同诈骗典型案例解析

合同诈骗罪是指以非法占有为目的，在签订、履行合同过程中，实施虚构事实或者隐瞒真相等欺骗手段，骗取对方当事人的财物，数额较大，从而构成的犯罪。依据《刑法》第224条规定，合同诈骗行为的主要方式为：以虚构的单位或者冒用他人名义签订合同；以伪造、变造、作废的票据或者其他虚假的产权证明作担保；没有实际履行能力，以先履行小额合同或者部分履行合同的方法，诱骗对方当事人继续签订和履行合同；收受对方当事人给付的货物、货款、预付款或者担保财产后逃匿；以其他方法骗取对方当事人财物。

本章收录4个真实案例：

案例54，冉某某等人发布网店推广信息吸引被害人，谎称其是有实力的公司，可提供货源、引流、运营服务，骗取被害人钱款。

案例55，陈某向他人谎报有低价车源，以代销分成、低价购车等虚假理由，诱骗多名被害人先后向其交付购车款、预付款、定金等共计400余万元。

案例56，是典型的涉艺术收藏品诈骗。马某等人分工明确，诱骗客户以为持有的藏品价值不菲可高价出售，与客户达成收购协议后又以需要鉴定为由，骗取鉴定费用、拍卖展览服务费等。

案例57，毛某与被害人签订投资合同，虚构开设餐厅创业的事实，骗取被害人投资款10余万元，后有部分还款行为。

案例 54　冉某某合同诈骗案*

一、公诉机关指控

2021 年 3 月起，被告人冉某、崔某、冉某某结伙经预谋，租赁河北省保定市某地为办公室，招募客服杨某（另行处理）等人发布网店推广信息吸引被害人，谎称其是有实力的公司，可提供货源、引流、运营服务，骗取被害人购买店铺装修，后由崔某、冉某在被害人的网店内虚构多笔交易，骗取被害人支付相应的货款后再申请退款，从而骗取被害人钱款。其间，崔某、冉某还与被害人签订《网上店铺合作协议》，骗取被害人缴纳引流运营服务保证金等。被告人冉某、崔某、冉某某先后用此方法骗得被害人何某（居住于上海市嘉定区）5200 余元、周某 5200 余元、崔某某 5300 余元、王某 2400 余元、孙某 5000 余元、罗某 5200 余元，合计 2.8 万余元。

公安机关经侦查发现被告人冉某、崔某、冉某某有重大作案嫌疑，于 2021 年 7 月 6 日在上述办公室将三人抓获，三名被告人到案后如实供述犯罪事实。

案发后，三名被告人已退赔被害人损失并取得谅解。

二、案情拓展

2021 年 4 月 20 日，被害人何某至派出所报案，陈述其因经营淘宝店铺需要，在网上寻找淘宝店推广人员，2021 年 4 月 13 日，通过微信认识一名叫"TB 指导 008"的人。对方表示可以帮助何某装修和推广淘宝店铺，但要收取一定的费用，并要求店内卖的货物必须从他们那里拿，利润给何某等 4

* （2021）沪 0114 刑初 1883 号案件。

成，何某表示同意后就被对方拉进一个支付宝群。在群里何某发了一个4000元的红包作为推广费，对方将钱款领取后就将群解散了，对方还表示这笔钱只是货物的保证金，在合同结束后全额退还。后来对方又通过钉钉向何某收取货款1063元，并给了合同和收据，之后，何某便经常联系不到对方，就怀疑被骗了，遂来报案。

2021年1月起，被告人崔某、冉某某在网上发布淘宝店装修信息吸引被害人，并邀请被告人冉某入伙，同年2月下旬，在冉某提供的河北省保定市某地作为办公场所，招募客服若干人，继续发布淘宝店铺装修广告信息，由客服按照话术让有需求的店主采纳其提出的装修和引流服务，再由被告人崔某、冉某某出面与客户沟通，店主在委托被告人引流和销售货物过程中，被告人便冒充买家拍下货物，向淘宝店主骗取"货款"，但最后不予收货或申请退货。

被告人崔某、冉某某还从网上寻得服务合同若干，并制作电子印章，对客户谎称是公司合作协议，若同意合作便需缴纳一年的货款保证金，从店主处骗取钱款。

三、量刑情节

(1) 被告人冉某某被公安机关抓获，到案以后如实供述自己的犯罪事实，系坦白。

(2) 在审查起诉阶段，被告人冉某某自愿认罪认罚，并签署了《认罪认罚具结书》。

(3) 被告人冉某某主动退赔受害人损失，并取得了被害人的书面谅解。

四、证据认定

本案中，公诉机关提交了相应证据，法院审理后作出如下认定：

(1) 人口信息、户籍证明、刑事判决书、释放证明，证实被告人冉某、崔某、冉某某的基本身份情况及被告人冉某的前科情况。

(2) 公安机关工作情况，证实本案案发及被告人的到案经过。

(3) 调取证据通知书、账户信息、交易记录，证实公安机关调取被告人冉某、崔某、冉某某等的微信、支付宝、钉钉账户信息、交易记录。

（4）搜查笔录、扣押清单、随案移送清单，证实民警对河北省保定市某地的办公地点进行搜查并对涉案物品、话术单等进行扣押。

（5）冉某支付宝收款记录，证实其收取被害人钱款的情况。

（6）被害人周某、何某、王某、崔某某、孙某、罗某的陈述、提供的聊天记录、合同、收据、转账记录、淘宝店交易记录等，证实其在网上找淘宝店推广，被骗装修费、货款、保证金等，对方还发给其合同和收据。

（7）证人杨某、安某、杨某某、刘某某、刘某、林某、赵某的证言、辨认笔录，证实其通过招聘进入冉某、崔某、冉某某的公司，按照话术单招揽有开店意向的客户，并收取装修费，之后交给崔某、冉某某运营，话术单上的公司资质、运营能力、合作公司等都是假的。

（8）转账记录、收条，证实被告人冉某、崔某、冉某某已退赔被害人损失并取得谅解。

（9）上海市公安局嘉定分局物证鉴定所检验报告，证实对被告人手机内数据提取、固定的情况。

（10）被告人冉某、崔某、冉某某的供述，对犯罪事实供认不讳。

上述证据来源及收集程序合法，内容客观真实，足以认定指控事实。

五、争议焦点

被告人冉某某到案后如实供述自己的犯罪事实，且认罪认罚，在此基础上，辩护人依据冉某某的量刑情节提出了量刑意见并被采纳，控辩双方无重大分歧，无明显争议焦点。

六、辩护意见

（1）被告人冉某某到案后如实供述自己全部的罪行，有坦白情节，依据《刑法》第67条第3款，可以从轻处罚。

（2）被告人在审查起诉阶段自愿认罪认罚，依据《刑事诉讼法》第15条，可以从宽处理。

（3）被告人冉某某认罪态度较好、具有悔罪表现，积极主动退赔被害人损失并取得书面谅解，可以从宽处理。

(4) 被告人此前没有任何前科劣迹，此次系初犯偶犯，因其受教育程度不高，社会经验不足，法律意识淡薄才误入歧途，在刑拘期间，其进行了深刻的反思，已经认识到自己行为的危害性，真诚悔过，如对其使用缓刑，给其一次改过自新的机会，其表示一定会做一名遵纪守法的公民。

七、法院判决

法院认为，被告人冉某、崔某、冉某某以非法占有为目的，结伙在签订、履行合同中，骗取对方当事人财物，数额较大，其行为均已构成合同诈骗罪。公诉机关认为，被告人冉某系累犯，应当从重处罚；控、辩双方认为，被告人冉某、崔某、冉某某如实供述犯罪事实，自愿认罪认罚，可以从轻处罚的上述意见，合法有据，本院予以采纳。结合被告人作案的手段、危害后果、赔偿谅解情况等，本院在量刑时一并予以体现，并采纳控、辩双方对崔某、冉某某适用缓刑的量刑意见。依照《中华人民共和国刑法》第二百二十四条、第二十五条第一款、第六十五条第一款、第六十七条第三款、第七十二条第一款、第三款、第七十三条第二款、第三款、第五十二条、第六十四条及《中华人民共和国刑事诉讼法》第十五条之规定，判决如下：

……

三、被告人冉某某犯合同诈骗罪，判处有期徒刑七个月，缓刑一年，并处罚金人民币五千元。

四、在案犯罪工具予以没收。

八、律师感悟

本书前述章节案例都是诈骗罪，而该案例与前述案例在罪名上有所不同，本案系一起合同诈骗案，合同诈骗罪在刑法类别中分属第三章第八节破坏社会主义市场经济秩序罪，诈骗罪分属第五章侵犯财产罪。二者共同之处在于皆是以非法占有为目的，骗取被害人财物，不同之处在于合同诈骗案是以特定的方式实施诈骗，诈骗罪侵犯的法益为被害人的财产权，合同诈骗侵犯的法益除公民合法的财产权益外，还有社会主义市场经济秩序。另二者的立案追诉标准也有所区别，诈骗罪的立案数额通常为3000元，而根据2010年5月7日最高人民检察院、公安部《关于公安机关管辖的刑事案件立案追诉标准的规定（二）》第77条："以非法占有为目的，在签订、履行合同过程中，骗取对方当事人的财物，数额在2万元以上的，应予立案追诉。"由此可知，合同诈骗罪的立案金额要明显高于诈骗罪。

回归到本案，本案是团伙作案，各有分工，涉及数名被害人，每名被害人被诈骗的金额为2000～5000元不等，累计诈骗金额仅为2.8万余元，其中仅有两名被害人向公安机关报案，其余被害人或因金额较少嫌麻烦未选择报案，或因还未意识到被诈骗不知要报警处理，或以为是普通的民事合同纠纷也未曾想会涉及刑事犯罪需要公检机关介入。殊不知，该犯罪团伙正是利用被害人的这种心理来实施犯罪，通过签订书面合作协议的方法，假借名目收取钱款，后再以各种借口非法占有被害人钱款，因有书面合作协议，导致有些被害人认为这仅是简单的民事纠纷，况且该团伙对各名被害人实施诈骗的钱款都是几千元，还为其成立团队对接各名被害人。但本案中各被告人的根本目的就是骗取被害人钱财，签订书面协议只是为了骗取被害人的信任，以便实施诈骗行为。不得不说各被告人是抱有侥幸心理的，站在被害人角度，在市场多元化的时代，与人进行商务活动过程中，损失两三千元，可能真的不会去报警，但违法行为决不会因为披着看似合法的外衣而被免于追究。

自改革开放以来，我国的经济市场展示了充分的活力，随着互联网科技的飞速发展，人民的生活方式也与之前大有不同，生活愈加便捷，商业形式多种多样，注册公司数量飞涨，与此同时，随之衍生而来的犯罪形式也突破了传统局限。

笔者通过该案件想向大众传达：在找工作的过程中，不能只看赚钱是否轻松容易，更要审查公司经营是否合法；在享受互联网科技带来便捷的同时，坚决不能突破法律的红线；不触犯法律的同时，更希望大家提高警惕，甄别交易对象，不给不法分子实施犯罪的机会。

案例 55 陈某合同诈骗案*

一、公诉机关指控

2020 年 3 月，被告人陈某因欠巨债又无力筹借资金还债，遂以低价购车的虚假理由，诱骗被害人黄某与其经营的上海某汽车销售有限公司订立购车合同，却将预收的购车款用于归还前述债务。此后，陈某继续向他人谎报低价车源，以代销分成、低价购车等虚假理由，诱骗陈某某、陆某、王某、朱某、徐某等 11 名被害人先后向其交付购车款、预付款、定金。其间，陈某因无法交付车辆被上述被害人追债，遂以“骗新款还旧债”的方式退还部分车款。截至案发，陈某实际骗得黄某等 13 名被害人共计 400 余万元。

2020 年 12 月 15 日，陈某主动到公安机关投案，如实交代了上述犯罪事实。审查起诉期间，被告人陈某的亲友代为退赃 10 万元。

二、案情拓展

（1）2020 年 3 月初，陈某打电话给黄某，称有 6 辆别克 GL8 型轿车，问其要不要，黄某觉得有利润空间同意购买 4 辆。同年 3 月 12 日，双方签订合同，约定交易 4 辆别克 GL8 轿车，总价 1095600 元，一周后交车。当日黄某转账 1095600 元至陈某的汽车销售公司账户内。后陈某到期无法交车，黄某要求退款，同年 7—11 月，陈某分多次向黄某退款共计 91 万元。

（2）2020 年 7 月初，陈某向陈某某称其采购了几辆别克君越汽车，陈某某觉得有利润空间，向陈某购买 1 辆。同年 7 月 3 日，陈某某通过个人账户向陈某个人账户转账 181800 元。后车辆到货，陈某称可以帮助卖掉，陈某某同意后，陈某向其微信转账 2000 元作为卖车定金。之后陈某将该车卖掉并代

* （2021）沪 0114 刑初 709 号案件。

收车款，但一直未将车款交予陈某某。同年 11 月陈某微信还给陈某某 1 万元后再无还款。

（3）2020 年 9 月 13 日，陆某联系陈某，称其有客户向其购买宝马轿车，陈某向其报价 323800 元。后陆某转账 323800 元至陈某个人账户，并约定 9 月 25 日提车，但陈某一直拖延。9 月 30 日，陈某称车款被其用于提别人的车了。

类似前述操作方式，陈某共计涉案 13 起。

三、量刑情节

（1）陈某主动到公安机关投案，并如实供述犯罪事实，系自首。

（2）在审查起诉阶段，被告人陈某在亲属帮助下退赃 10 万元。

（3）陈某涉案金额已达到数额特别巨大的标准。

四、证据认定

本案中，公诉机关提交了相应证据，法院审理后作出如下认定：

（1）被害人黄某、陈某某、陆某等 13 名被害人的陈述及所提供的车辆代销合同、银行账户历史明细清单、聊天记录、借条，证实：陈某称有低价车进货渠道，缺进货资金，陈某自称帮被害人代销的经过，陈某与多名被害人、被害单位所签订购车合同经过。

（2）证人朱某的证言及其提供的微信聊天记录，证实：其与陈某认识多年，以前合作过。在被害人黄某购车过程中，其作为介绍人，陈某称给其 2000 元介绍费。

（3）证人沈某的证言：其为中进公司员工，负责公司的车辆租售业务。陈某在 2020 年上半年向该公司订购过 6 辆别克君越轿车，没有其他业务往来。其证实：公司没有低价车源，陈某没有从其公司订购过 GL8 汽车。

（4）公安机关出具的受案登记表、立案决定书、案发经过、扣押清单、调取证据清单、随案移送清单等，证实本案的案发经过和赃证物品情况。

（5）相关的协助查询财产通知书、银行账户明细、资金去向表等，证实被害人、被害单位钱款进入被告人陈某名下账户。

（6）被告人陈某到案后的供述，证实陈某对犯罪事实供认不讳。

上述证据收集程序合法，内容客观真实，足以认定指控事实。

五、争议焦点

(1) 被告人陈某的行为是否属于合同诈骗?

(2) 被告人陈某是否具有自首情节?

六、辩护意见

1. 结合本案证据，辩护人认为被告人的行为属于民事欺诈，而非刑事诈骗

从主观方面看，诈骗罪的目的是“骗钱”，民事欺诈的目的则是“赚钱”，二者出发点及目的皆不同。合同欺诈的行为人在签订合同后，一般会以积极的态度创造条件履行合同，即使被告人不支付对价而占有他人财物，但并没有逃避返还骗取财物的行为，不应认定被告人具有非法占有的目的。

同时，在整个社会大背景下，企业在经营亏损的情况下引入资金，试图改善经营状况，寻求机会扭亏增盈，是多数经营者的惯常思维。如要求经营者在经营亏损情况下坐以待毙，也是不符合常理的。从现实情况看，在企业生产经营过程中出现资金周转困难，被告人采用“借后债还前债”的方式维持生产经营，则说明被告人仍在为偿还债务而努力，不能认定为具有非法占有的目的。

结合本案被告人的主观心态，其确实存在虚构事实进行欺诈的情节，但所获资金均是用于正当经营，没有恶意挥霍的情况，其一直在努力地运营名下汽车销售公司，也在努力偿还拖欠的被害人款项。其虽然存在未按合同约定的资金用途使用钱款的情况，但被告人以签订、履行合同为名骗取对方当事人给付的财物后，并未逃避承担民事责任，这种行为也不应认定为具有非法占有的目的。

综上，被告人主观上有积极履约的想法，虽有虚构低价购车等欺骗行为，但这属于民事欺诈行为，系经济纠纷范畴。

2. 被告人依法构成自首

被告人意识到自己账目亏空，无力继续偿还，主动投案，积极配合公安机关工作，提供涉案有关材料，如实供述案情，对案件事实没有任何隐瞒，

应当减轻处罚。

3. 被告人自愿认罪认罚，且通过其母亲代为退赃10万元

被告人债务高垒，走投无路而触犯法律，自己也多次表示非常后悔，今后不会再做违法犯罪的事情，亦自愿认罪，愿意接受法律的处罚，案发后，被告人亲属积极筹措资金，尽可能减少被害人损失，积极弥补被告人的行为造成的社会危害。对被告人积极的态度应在量刑时予以考虑。

七、法院判决

法院认为，被告人陈某以非法占有为目的，在签订、履行合同的过程中，虚构事实、隐瞒真相，骗取公私财物，数额特别巨大，其行为已触犯刑律，构成合同诈骗罪，事实清楚，证据确实、充分，公诉机关所控罪名成立。结合被告人陈某的犯罪手段、次数、后果及其退赃情况等，在量刑时一并予以体现。为严肃国法，保护公民财产所有权不受侵犯，维护社会主义市场经济秩序，按照《中华人民共和国刑法》第二百二十四条、第六十七条第一款、第五十五条第一款、第五十六条第一款、第五十二条、第五十三条、第六十四条之规定，判决如下：

一、被告人陈某犯合同诈骗罪，判处有期徒刑十一年六个月，剥夺政治权利二年，罚金人民币十一万元；

二、违法所得予以追缴，连同在案款人民币十万元，发还各被害人、被害单位。

八、律师感悟

合同诈骗是以非法占有为目的，在签订合同、履行合同的过程中，通过虚构事实、隐瞒真相、设定陷阱等手段骗取合同另一方当事人财产的行为，抑或故意告知对方虚假情况，使对方当事人作出错误的意思表示，从而与当事人签订合同履行合同的行为。因合同诈骗的手段涉及签订合同，与民事欺诈构成要件相类似，常常在实务应用中容易造成混淆，这也是本案的主要争议焦点。民事欺诈主要表现为为了促成交易采取欺诈手段，通过对方当事人履行合同的过程达到牟取一定经济利益的目的；民事欺诈仅涉及撤销合同、

返还财产、赔偿损失等法律后果，而合同诈骗涉及的是刑事犯罪，需要承担的是刑事责任。且两者对于履行合同的实际行为也存在不同，合同诈骗中行为人根本无履行诚意，客观上也不对履行合同做任何积极努力，或以履行小部分义务来取得被害人信任，骗取更大额的财物；民事欺诈的行为人一定程度上有履行合同的诚意，甚至取得财物后也多用以为履行合同创造条件。由此可见，案件究竟是合同诈骗，还是涉及民事欺诈，犯罪嫌疑人或被告人的主观目的、客观上实施的行为（虚构或者隐瞒的事实内容、程度）、履行合同的实际行为及所获财物的金额大小以及处理方式等都是重点审查并以此区分刑事犯罪或者民事违约的内容。

回归到本案，陈某经营的汽车销售公司是汽车销售二级经销商，其本身是没有车辆的，经营模式一般是先与客户签订销售合同，根据合同约定，利用其自有资源在市场上寻找客户所需车辆。也正因如此，陈某汽车销售公司给陈某与各被害人签订汽车买卖合同提供了条件，也是使各被害人可以相信与之签订合同、交付费用从而实现正常的民事合同交易的最大原因。但陈某事先并没有其所承诺出售的车辆，收取合同相对方的费用后，仍未就寻找客户所需车辆做出努力，丝毫没有履行合同的诚意。

本案涉及13名被害人，也就涉及13份买卖合同（或包含代销合同），辩护人从相关的讯问笔录中注意到，陈某经营上述公司由于连续三年持续亏损而陷入经营困难，因不想就此放弃，而一直等待着“一个翻身的机会”，在本案中与各被害人的交易模式、交易实际情况以及后续接连出现无法按时按期交车也是从该点出发，收取各被害人的汽车货款陆续在填补所经营公司的亏损，但不论其出发点为何，在交易过程中，陈某欺骗被害人、通过虚构合同内容达到对方与其签订合同交付货款的目的到后续的逃避当事人联系，皆是真实存在，并且涉及金额达特别巨大，这也在争议焦点的合同诈骗与民事欺诈中较为明确地将二者区分，被告人所为及造成的后果，已超过民事欺诈的范畴，各被害人更不应是其为自救而拉至旋涡里的石子。

自案件审理以来，陈某多次表示非常后悔，庭审过程中也自愿认罪认罚，且在自首情节上，法院予以认定，这也在量刑情节上有所体现。随着本次案件告一段落，相信其更深刻认识到因侥幸心理所带来的后果是惨痛的，在经济活动盛行的当下，该案也应有较大的警示作用。

案例 56　马某合同诈骗案*

一、公诉机关指控

2018 年 3 月起，沈某、朱某（另案处理）等人以上海 Y 文化传播有限公司、上海 M 实业有限公司、上海 K 贸易有限公司等文玩藏品交易公司的名义，通过电话、微信软件联系等方式，诱骗持有文玩藏品的客户至上海市嘉定区华江路××、上海市嘉定区曹安公路××号、上海市金沙江西路××弄××号楼等办公场所，由公司业务员接待，马某某（另案处理）等人冒充买家身份进行欺骗，使客户误以为藏品价值不菲且能被高价收购，在与客户达成收购协议后又以需要先行鉴定、登记为由，带客户至上海 G 网络科技有限公司、挂牌名为“中国文化产业规划院”等公司进行鉴定。鉴定公司根据文玩藏品交易公司相关人员的授意出具虚假的鉴定报告，后上述文玩藏品交易公司以藏品不能私下交易等为由拒绝收购，骗取鉴定费用、拍卖展览服务费等费用。

被告人许某、陈某某、李某、马某、刘某某、吴某某、李某某，与张某某、张某、昝某某（均另案处理）等人系公司业务员，为牟取非法利益，负责联系接待客户、带客户做鉴定等，骗取客户钱款。

2018 年 5 月 22 日，被告人马某被公安机关抓获到案，并如实供述主要犯罪事实。

二、案情拓展

被告人马某于 2018 年 5 月中旬入职上海 K 贸易有限公司工作，入职后主

* （2018）沪 0114 刑初 2018 号案件。

要负责通过公司提供的手机号联系客户，询问客户有无藏品后邀约客户至公司，公司安排专门人员与客户交谈并作登记，以需要收取登记费为由要求客户付款，成交后业务员可收20%提成。

2018年5月19日，马某等人骗得欲销售“袁大头银圆”的被害人黄某的鉴定费12500元。

2018年5月22日，马某等人骗得欲销售“粉彩罐”的被害人顾某鉴定费31800元。

案发后，被告人马某主动退款44300元，并于审判阶段预缴罚金7000元。

三、量刑情节

（1）被告人马某被公安机关抓获，到案后如实供述主要犯罪事实，系坦白。

（2）案发后，被告人马某主动退缴违法所得，并预缴了罚金。

四、证据认定

本案中，公诉机关提交了相应证据，法院审理后作出如下认定：

（1）多名被害人的陈述及辨认笔录、微信聊天记录等，证实各被害人经电话、微信联系后，携藏品至文玩藏品交易公司并支付鉴定费的过程。

（2）多名同案人员的供述及辨认笔录，证实K公司等文玩藏品交易公司与鉴定公司合谋，以收取鉴定费的名义骗取被害人钱款的事实。

（3）调取证据通知书、协助查询财产通知书、银行卡交易明细等多项收取客户钱款相关信息及交易明细，证实各被害人被骗取钱款的具体金额等事实。

（4）公安机关扣押决定书、扣押清单、现场勘查笔录及光盘、随案移送清单，证实涉案手机、POS机、合同、印章等被依法扣押并随案移送的情况。

（5）银行转账凭证，证实被告人马某退款44300元。

（6）多名被告人的供述及辨认笔录，均印证上述基本事实。

上述证据收集程序合法，内容客观真实，足以认定指控事实。

五、争议焦点

本案系共同犯罪，被告人均如实供述罪行，控辩双方无重大分歧，无明显争议焦点。

六、辩护意见

（1）被告人马某到案后如实供述自己的犯罪事实，配合相关司法机关的调查，根据《刑法》第67条第3款的规定，可以从轻处罚。

（2）被告人马某在本案中是从犯，又是初犯，主观恶性较小，到案后能认罪认罚，应结合被告人的认罪态度、悔罪表现、所造成的社会危害对其从轻处罚。

（3）案发后，被告人马某主动退回全部赃款，尽可能减少被害人损失，也积极弥补自己的行为造成的社会危害。另外，马某在审判阶段预缴了罚金，对被告人积极的态度应在量刑时予以考虑。

七、法院判决

法院认为，被告人马某伙同他人以非法占有为目的，在签订、履行合同过程中，骗取对方当事人财物，数额较大，其行为构成合同诈骗罪。控辩双方认为，被告人到案后如实供述自己的主要罪行，可以从轻处罚，以及对被告人马某适用缓刑的意见，合法有据，法院予以采纳。结合被告人作案的手段、危害后果、退赔情况及在共同犯罪中的作用等情节，法院在量刑时一并体现。综合本案的事实、情节，依照《中华人民共和国刑法》第二百二十四条，第二百二十五条第一款，第六十七条第三款，第七十二条第一款，第三款，第七十三条第二款、第三款，第五十二条，第五十三条，第六十四条之规定，判决如下：

被告人马某犯合同诈骗罪，判处有期徒刑七个月，缓刑一年，并处罚金人民币七千元（已在案）。

八、律师感悟

辩护人在案件侦查结束之时，受本案被告人马某家属的委托，会见了马某，了解案情后得知马某仅入职涉案公司短短半月，后续在会见被告人、阅读阅卷材料的讯问笔录中得知，其是通过求职软件面试、被录取、入职培训等一系列正常的公司入职流程进入涉案公司，进入公司后也是按照上级领导提供的客户电话与客户进行业务范围内的沟通，由此可知，其主观恶性极小。辩护人及时制定辩护策略，向检察机关提交了羁押必要性审查申请书，后马某被变更强制措施为取保候审，这也侧面体现出对于刑事案件，家属委托律师介入时间的重要性，律师介入时间直接会对被告人量刑有所影响。

本案七名被告人，仅有马某被取保候审，最终争取到了缓刑，其余六人均获刑有期徒刑 8 个月至 11 个月不等，这也说明在案发后被告人主动退缴诈骗款项，弥补被害人损失的重要性，再加之审判阶段提前预缴了罚金，将酌定从轻情节利用到极致，能争取到缓刑的判决结果也在意料之中。

在此需引出一个话题，就是作为马某这样的从犯，其确实参与了诈骗行为，也确实给被害人黄某和顾某造成共计 44300 元的经济损失，但毕竟该款项并非由马某收取和占有，按照团伙内部的薪酬计算规则，马某仅能取得其中的一小部分。此类案件中更有甚者，被告人尚未获得任何利益，当马某这样的被告人欲争取退赃退赔和谅解时，要么选择将全部诈骗金额如数退出以争取被害人的谅解，要么将全部违法所得退出，以表明自己的认罪悔罪态度，争取在酌定量刑情节方面得到法院的认定和支持，最终均能在量刑结果上予以体现。

回归到本案，就各个同案人员的犯罪行为单独拿出来看，他们大都是在不知情的情况下陷入违法犯罪行为，这也提醒在当下求职入职的大众，对工作内容审查的重要性与必要性，在察觉工作内容可能涉及违法犯罪时，应及时作出判断并选择正确的道路。

笔者认为本案最大的启示是辩护律师介入案件后应当及时进行有效的辩

护，即使当事人被批准逮捕，或案件侦查终结后已进入审查起诉阶段，辩护人如认为当事人无羁押的必要，应当立即向检察机关申请启动羁押的必要性审查程序，为当事人的自由或强制措施的变更尽到最大的努力。当事人被变更强制措施为取保候审后，其在审判阶段被宣告缓刑的概率要大很多，所以这是一起辩护律师有效辩护成功的案例。

【类案摘录】

案例 57　毛某合同诈骗案*

2020 年 10 月起，被告人毛某向被害人罗某某虚构准备租借上海市浦东新区世纪大道某铺位用于开设餐厅创业的事实，并于 2020 年 11 月在上述地址与被害人罗某某签署投资合同，收取被害人罗某某投资款，后将相关钱款用于归还网贷及日常消费。经查，被告人毛某先后骗取被害人罗某某投资款 11.9 万元，案发前未归还金额为 9.9 万元。2020 年 2 月 14 日，被告人毛某被公安机关抓获归案，到案后如实供述了犯罪事实。

2022 年 3 月 24 日，被告人毛某在家属的帮助下退赔被害人罗某某全部损失，并获得被害人谅解。

法院经审理认定被告人毛某以非法占有为目的，在签订、履行合同过程中，虚构事实、隐瞒真相，骗取他人财物，数额较大，其行为已构成合同诈骗罪，被告人毛某有坦白情节且认罪认罚，依法从轻处罚。案发后，被告人毛某向被害人退赔了全部违法所得并获得谅解，酌情从轻处罚。最终法院认定被告人毛某犯合同诈骗罪，判处有期徒刑 10 个月，缓刑 1 年，并处罚金 1 万元。

---

* （2022）沪 0115 刑初 1551 号案件。

第十五章

信用卡诈骗典型案例解析

《刑法》第一百九十六条：

有下列情形之一，进行信用卡诈骗活动，数额较大的，处五年以下有期徒刑或者拘役，并处二万元以上二十万元以下罚金；数额巨大或者有其他严重情节的，处五年以上十年以下有期徒刑，并处五万元以上五十万元以下罚金；数额特别巨大或者有其他特别严重情节的，处十年以上有期徒刑或者无期徒刑，并处五万元以上五十万元以下罚金或者没收财产：

（一）使用伪造的信用卡，或者使用以虚假的身份证明骗领的信用卡的；

（二）使用作废的信用卡的；

（三）冒用他人信用卡的；

（四）恶意透支的。

前款所称恶意透支，是指持卡人以非法占有为目的，超过规定限额或者规定期限透支，并且经发卡银行催收后仍不归还的行为。

盗窃信用卡并使用的，依照本法第二百六十四条的规定定罪处罚。

本章摘录1则案例：

案例58，被告人邬某某、顾某两次拾得他人信用卡，均冒用他人身份使用信用卡消费，给被害人造成经济损失，被抓获到案后，邬某某家属帮助退还被害人的损失并取得谅解，最终获从轻处罚。

案例58　邬某某信用卡诈骗案*

一、公诉机关指控

2019年4月17日，被告人邬某某、顾某在上海地铁16号线惠南站内一交通卡充值机上捡到被害人韩某某遗落的一张汇丰银行信用卡，后在上海第一八佰伴商场的某金店内冒用被害人韩某某的信用卡，分别刷卡购买了价格为1152元的黄金戒指1枚、价格为1438.5元的黄金挂坠1个。次日，两名被告人又在16号线惠南站内捡到被害人黄某遗落的一张交通银行信用卡，后在上海浦东商场刷卡购买了价格为8485.2元的黄金手链1根、价格为5584.1元的黄金项链1根，价格为7196元的vivoX27移动电话2部。

2019年4月20日，被告人邬某某、顾某被公安机关抓获。

二、案情拓展

被告人顾某2016年因犯寻衅滋事罪被判处有期徒刑8个月，2016年11月刑满释放。

被告人邬某某、顾某二人为男女朋友关系。案发前，二人有7个月没有上班，没有什么钱。顾某和邬某某在惠南地铁站捡到信用卡后，邬某某提议用卡买东西，还说现在不买就不能用了，后来二人一起去买了黄金饰品及手机等物品。

上海第一八佰伴商场某金店的员工证实，2019年4月17日14时许，有一男一女到其店中挑选首饰，结账时男子提出信用卡有问题，要将单子拆成两笔买单，当时女子也在场，后其便将两笔单子拆成四笔让男子买单。

---

* （2019）沪0115刑初3297号案件。

案发后，被告人邬某某在家属帮助下向被害人黄某退还21265.3元，并取得了被害人黄某谅解。

三、量刑情节

（1）邬某某被公安机关抓获，到案后如实供述罪行，系坦白。

（2）邬某某在家属帮助下退还被害人黄某的钱款，并取得谅解。

四、证据认定

本案中，公诉机关提交了相应证据，法院审理后作出如下认定：

（1）被害人韩某某的陈述，证实2019年4月17日10时许，其将一张汇丰银行信用卡落在轨交16号线惠南站充值机上，后该卡分四次被刷卡消费共计2590.5元的情况。

（2）被害人黄某的陈述，证实2019年4月18日18时许，其将一张交通银行信用卡遗忘在轨交16号线惠南站充值机上，后该卡分三次被刷卡消费共计21265.3元的情况。

（3）证人陆某某的证言及辨认笔录，证实两被告在其店内购物并刷卡的情况。

（4）被告人邬某某于2019年7月30日所做供述，证实其与顾某诈骗犯罪的事实。

（5）被告人顾某的供述，证实其与邬某某共同诈骗的事实，以及公安机关从其身上及家中收缴到所有涉案赃物。

（6）公安机关出具的扣押决定书、扣押笔录、扣押清单、相关照片、公安调取证据通知书、证人倪某某证言，证实公安机关扣押调取涉案黄金戒指1枚、黄金挂坠1个、黄金项链1根、黄金手链1根，vivo移动电话2部的情况。

（7）公安机关出具的调取证据清单、相关视频截图，证实公安机关调取到相关监控视频及案发时被告人刷卡消费的情况。

（8）公安机关出具的调取证据通知书、调取证据清单，相关发票联、商品清单、顾客联、交易小票，汇丰银行（中国）有限公司上海长泰支行出具的信用卡交易明细，交通银行股份有限公司出具的信用卡账务明细，证实涉案汇丰银行卡、交通银行卡的交易情况。

（9）相关谅解书，证实案发后，被告人邬某某在家属帮助下向被害人黄某退还 21265.3 元，并取得了被害人黄某谅解的情况。

（10）相关刑事判决书、释放证明书，证实被告人顾某的前科情况。

（11）公安局出具的案发经过，证实本案案发及被告人的到案经过。

以上证据收集程序合法，内容客观真实，依法予以采信。

五、争议焦点

（1）被告人顾某是否构成信用卡诈骗罪？

（2）二被告人是否构成共同犯罪？

六、辩护意见

（1）被告人邬某某到案后如实供述自己的罪行，交代自己的犯罪事实以及与犯罪事实有关的具体情况，并且积极配合调查，依法可以从轻处罚。

（2）被告人邬某某此次犯罪行为实属一时贪小便宜的心理作祟，且获利较小，相比其他暴力性犯罪行为，被告人的犯罪情节较轻，社会危害性极小。

（3）被告人邬某某此前无任何前科劣迹，此次系初犯偶犯。邬某某在 2019 年 4 月 17 日下午捡到第一张信用卡时，第一反应并不是将卡占为己有，而是询问了附近的人该卡是否为他人的，在附近无人认领之下因冲动而收下消费，不是蓄意为之，主观恶性小。

（4）被告人邬某某到案后，真诚悔过，主动联系家属愿意赔偿被害人的全部损失，至案件到法院阶段，被害人韩某某的损失将即刻转入法院公共账户，被害人黄某也已接受退赔并出具谅解书，邬某某认罪认罚，态度较好，危害后果较小，在量刑情节上应依法予以体现，对被告人从轻处罚，并判处缓刑。

七、法院判决

法院认为，被告人邬某某、顾某以非法占有为目的，违反信用卡管理法规，冒用他人信用卡进行信用卡诈骗活动，数额较大，其行为均已构成信用卡诈骗罪。公诉机关指控的事实清楚、证据确实充分，罪名成立，应予支持。针对上述辩护及辩解意见，经查实，邬某某的供述证实顾某明确知晓其拾得两张信用卡随即赶到商场进行刷卡购物的情况，另顾某供述邬某某近期无固定经济收入，在拾得信用卡后立即进行多笔与其经济能力不符的大额购物交易，顾某还积极参与挑选黄金饰品并佩戴在身，据此法庭认为，顾某主观上明知邬某某使用拾得信用卡进行大额消费的情况，客观上直接参与了使用信用卡的行为，故两名被告人的行为均构成共同犯罪，相关辩护与辩解意见与事实不符，本院均不予采纳。两名被告人系共同犯罪，被告人顾某系累犯，依法从重处罚。鉴于被告人邬某某在家属帮助下退还被害人黄某的钱款并取得谅解，涉案全部赃物已被扣押，对两名被告人均酌情从轻处罚。本院为保护社会主义市场经济秩序，根据两名被告人犯罪的事实、性质、情节和对于社会的危害程度及退赃与前科情况，依照《中华人民共和国刑法》第一百九十六条、第二十五条第一款、第六十五条、第五十二条、第五十三条、第六十四条之规定，判决如下：

一、被告人邬某某犯信用卡诈骗罪，判处有期徒刑一年，罚金人民币二万元。

二、被告人顾某犯信用卡诈骗罪，判处有期徒刑一年三个月，罚金人民币二万元。

三、扣押在案的赃物折价款依法发还被害人韩某某。

八、律师感悟

近年来，信息技术不断进步，信用卡产业也发展迅速，大街小巷随处可见各类银行网点，给人们的生活带来了极大的便利，各类商业银行也纷纷推出了各种理财产品或各种类型的信用卡，信用卡的开户条件较之前也宽松了许多。当信用卡成为主流支付方式之一时，便出现了利用信用卡进行诈骗的犯罪行为，因此我国《刑法》特别规定了信用卡诈骗罪。

信用卡的使用方法不断拓宽，利用信用卡实施诈骗的行为也并非只有一种，本案是线下冒用信用卡主人的方式进行诈骗，除了与本案类似的直接线下冒用的方式外，还有通过网上支付、电话支付等渠道使用他人信用卡。

被告人邬某某拾得他人信用卡后冒用该卡，属于冒用他人信用卡类型的诈骗罪，其行为符合《最高人民法院、最高人民检察院关于办理妨害信用卡管理刑事案件具体应用法律若干问题的解释》第5条的规定，应当认定为冒用他人信用卡，实施信用卡诈骗，本案的案件事实及证据认定还是很清楚的。本案较为明显的争议焦点是被告人邬某某与其女友顾某是否构成共同犯罪，这就需要看被告人顾某是否知情及参与。笔者通过会见邬某某、阅读案卷材料，根据二人供述可知，邬某某先后两次在地铁站内拾得两被害人信用卡，后与顾某商量至商场内用所拾得信用卡消费，二人使用拾得信用卡所购物品为顾某所持，且从顾某供述中可知，邬某某称“用卡买东西，现在不买就不能用了，后来一起去买了黄金饰品及手机”，据此可知，顾某对涉案信用卡不属于邬某某是知情的，双方在主观上存在明知不可为而为之的故意，共同犯罪的犯意较为明显，因此顾某称其不知道邬某某用捡来的信用卡刷卡消费，不应认定为犯罪行为的辩护未被法院采纳。

笔者代理的被告人邬某某在到案后如实供述了自己的犯罪事实，认罪态度也较好。笔者接受家属委托后，多次会见被告人、协助其与家属搭建良好沟通的桥梁，待家属了解案情后，作为辩护律师，向家属提供了法律意见。另家属在案发后积极帮助被告人邬某某退赔，并取得了被害人的书面谅解，这也对后期邬某某的量刑起了重要的作用。

反观该案另一被告人顾某，其在被抓获后未能如实供述自己的犯罪事实，认为其不构成信用卡诈骗罪，故顾某未能被认定为坦白，不能依此从轻处罚。且顾某此前有犯罪记录，本次再犯新罪，构成累犯，依照法律规定，累犯应从重处理。

邬某某与顾某二人在该案件中系共同犯罪，因量刑情节不同导致最终结果也不尽相同，正是因为二人的量刑情节不同，宣告刑的确定除依据《刑法》基本规定外，其他量刑情节也是司法实践中必然考量的因素。

第十六章

诈骗罪案件律师辩护策略

综观我们整理的438个诈骗罪案件，尤其是本书收录的58个案例，笔者按照办案流程，对有关诈骗罪的辩护策略简要归纳整理如下。

1. 全面了解案件事实是前提

案件卷宗是检察机关提起公诉、法院审判的依据，辩护律师应当认真阅看卷宗，全面了解案件事实，尤其是委托人涉案的行为及罪名情况，为提供有效辩护打下良好的基础。当案件尚处于羁押或侦查阶段时，由于辩护律师无法阅看案件卷宗，很难全面还原案件的事实，这时就需要辩护人多次会见委托人，并与承办人员沟通，尽力了解更多的案件事实，不可消极等待，只有了解更多的案件事实，才能更好地为委托人提供帮助。

2. 律师应及时介入辩护

在刑事案件的办理过程中，律师辩护工作是贯穿始终的，越早介入越好。在了解案件的基本情况之后，辩护律师应当及时与公安机关或公诉机关对接，依法提出自己对案件的看法，并形成书面的辩护意见递交办案机关，当案件发生变化或了解的信息出现更新时，辩护律师更应该及时向办案机关递交补充辩护意见。

有很多被羁押的委托人，通过笔者会见了解基本案情后，及时向公安机关提交辩护意见，得到采纳，被取保候审成功；也有被逮捕后的委托人，通过辩护律师协助办理退赃或谅解，再向检察机关递交《羁押的必要性审查申请》，成功变更强制措施为取保候审；更有通过辩护律师及时提出辩护意见，委托人被公安机关撤销指控，或被检察机关作出不起诉决定。

笔者认为及时介入辩护不仅仅是要在时间上及时，更应该在办案机关发生变化，或案件情形、证据等发生改变时随时作出辩护思路的调整，以充分保障委托人的权益。

3. 严格剖析诈骗罪的构成要件

辩护律师面对一个被控诈骗罪案件，应当从犯罪的构成要件逐一分析。通俗来讲，诈骗分子应当是以非法占有为目的，虚构事实或隐瞒真相，使被害人陷入错误的认识，进而基于该错误的认识而处分自己的财产，这几个环节缺一不可。从司法实践来看，是否有非法占有的目的经常会成为辩护的重点，也就是犯罪的主观方面是辩护律师应当考虑的。本书中收录的部分案例，尤其是案例 26 孙某在恋爱过程中出具借条的行为，是否有非法占有款项的目的？案例 53 郑某借钱无力偿还，是否可以推定当初即有非法占有的目的？这些辩护要点，均需要律师去分析论证。

通过对诈骗罪构成要件的分析，有的案件会变更罪名为合同诈骗罪，或帮助信息网络犯罪活动罪，或掩饰、隐瞒犯罪所得、犯罪所得收益罪等他罪，即由一重罪变为轻罪。笔者及团队代理的案件中，有很多委托人以诈骗罪被刑事拘留，后于批捕阶段或审查起诉阶段变更为帮助信息网络犯罪活动罪，或掩饰、隐瞒犯罪所得、犯罪所得收益罪，将刑期从三五年降至几个月或三年以内，当然这更与犯罪金额有关。

4. 精确认定诈骗犯罪数额

本书涉及三个罪名，不论是诈骗罪（含电信诈骗）、合同诈骗罪，还是信用卡诈骗罪，定罪量刑均与犯罪金额有关联。以上海市为例，普通诈骗罪的立案起点为 5000 元；三年有期徒刑的起刑点即为 5 万元；超过 50 万元，量刑起点为十年以上有期徒刑。同样一个案件，当犯罪数额有可以辩护的空间时，通过辩护律师的争取，将认定的犯罪金额降低，直接会减少刑期，尤其是在 5 万元、50 万元这样的节点时，差距更加明显。

当然，并不是所有的案件均有数额争议，但如果存在犯罪数额认定的争议，辩护律师必须抓住机会，尽力争取减少金额的认定，以做到有效辩护。

5. 把握法定量刑情节，争取从轻或减轻处罚

对于法定量刑情节，辩护律师一般关注于自首、立功、坦白等，或者共同犯罪中的从犯地位，这些情节对于刑期的影响较大。

笔者已经形成一种习惯，在首次会见委托人，或者同委托人面谈时，一定会问清案发时嫌疑人到案经过，先确认嫌疑人是否有自动投案的情况，进而确定是否有自首情节。当然，自首情节的认定是比较复杂且严谨的。《刑法》第 67 条规定，犯罪以后自动投案，如实供述自己的罪行的，是自首。对于自首的犯罪分子，可以从轻或者减轻处罚。其中，犯罪较轻的，可以免除处罚。被采取强制措施的犯罪嫌疑人、被告人和正在服刑的罪犯，如实供述司法机关还未掌握的本人其他罪行的，以自首论。犯罪嫌疑人虽不具有前上述规定的自首情节，但是如实供述自己罪行的，可以从轻处罚；因其如实供

述自己罪行，避免特别严重后果发生的，可以减轻处罚。为此，《最高人民法院关于处理自首和立功具体应用法律若干问题的解释》还详细列明了各种可以认定为自动投案的情形、如实供述自己罪行的认定要求，以及类自首的详细情况。

《刑法》第68条规定，犯罪分子有揭发他人犯罪行为，查证属实的，或者提供重要线索，从而得以侦破其他案件等立功表现的，可以从轻或者减轻处罚；有重大立功表现的，可以减轻或者免除处罚。《最高人民法院关于处理自首和立功具体应用法律若干问题的解释》第5条及第7条详细列明了有立功表现的行为。

结合本书中的案例，绝大多数案件的被告人均是被公安机关抓获到案，到案以后如实供述自己的犯罪事实，系坦白，依法可以从轻处罚。只有部分案例中被告人有自首情节。其中，案例36，明某主动至公安机关投案，并如实供述犯罪事实，被认定为自首，依法减轻处罚。案例39比较特别，余某被公安机关抓获后，如实供述诈骗犯罪事实，有坦白情节；同时，余某主动供述了公安机关尚未掌握的传授他人犯罪方法的犯罪事实，系自首；并且，余某还提供线索，协助公安机关抓获同案犯，有立功表现，可以说是将法定量刑情节利用到了极致，这在司法实践中极少见到。由此，引出一个话题，就是立功的认定是三个情节中最少见的，而认定为立功的案件中，大多数也是像案例39那样的有立功表现行为。

2021年有一个案件，笔者印象深刻：某团伙案件中有两个同案犯是亲姐弟，弟弟被公安机关抓获后委托笔者作为辩护人前往会见，得知其姐姐也是同案犯后，笔者提出建议由弟弟书写字条一张，大意是劝姐姐立即至公安机关自首，由监所管教将字条转给笔者，笔者再将字条交给家属并说明用途，姐姐收到转交的字条后，持字条至就近的公安机关投案，整个流程完毕。值得一提的是，本案一审中姐姐被认定为自首，而弟弟未被认定有立功表现，被判处有期徒刑六年；笔者继续帮弟弟上诉，在二审中成功以该节事实认定为有立功表现，改判为有期徒刑四年。这是一起成功的争取立功表现的辩护案例，为委托人大幅减少了刑期。

在共同犯罪中，另一个重要的量刑情节即是主从犯的认定，如能认定为从犯，则依法可以从轻或减轻处罚。这里笔者要着重强调本书中的案例49，被告人张某参与投资涉案公司，持股30%，并担任法定代表人，案件进入审查起诉阶段，检察机关欲将其定为主犯，笔者及李某某的辩护人均提出异议，并表达了详细的辩护意见，成功争取到从犯的认定，最终被法院采纳。相反，案例5中，吴某某看似从犯，但法院认为其积极参与实施诈骗犯罪，不能认定为从犯。从犯认定的成功与否，对被告人来说判决结果方面差距明显，辩护律师应当认真分析，并努力争取。

6. 认罪认罚的选择

2018年10月26日第十三届全国人民代表大会常务委员会第六次会议通过修改《中华人民共和国刑事诉讼法》的决定，其中增加一条，作为第15条："犯罪嫌疑人、被告人自愿如实供述自己的罪行，承认指控的犯罪事实，愿意接受处罚的，可以依法从宽处理。"这就是认罪认罚制度的法律规定。

2019年10月24日，最高人民检察院联合最高人民法院、公安部、国家安全部、司法部召开新闻发布会，共同发布《关于适用认罪认罚从宽制度的指导意见》，对认罪认罚从宽制度的基本原则，当事人权益保障等作出具体规定。

根据《检察日报》2022年10月15日报道：2019—2021年，全国检察机关在依法严惩严重刑事犯罪的同时，积极适用认罪认罚从宽制度，适用率从2019年的49.3%，提高到2021年的89.4%，增加40.1个百分点，2022年1—9月提升至90.5%。与此同时，刑事案件不捕率、不诉率逐年上升，2021年不捕率、不诉率分别为31.2%、16.6%，较2018年分别增加9.1个、8.9个百分点。

本书所收录的案件中，大多数被告人自愿认罪认罚，有些在审查起诉阶段签署了《认罪认罚具结书》，最终获得了从宽处理的判决结果。

如果犯罪嫌疑人或被告人对于案件的基本事实是无异议的，对于涉案罪名也无异议或仅是想争取更少的刑期，那么辩护人应当在提出辩护意见的同时，与公诉机关沟通认罪认罚程序的安排。

笔者遇到过有些委托人或者家属可能对于认罪认罚不了解，认为这是不是表示律师放弃辩护了，会不会对委托人不利？如果不认罪，通过在审判阶段的辩护，会不会有更好的结果？委托人或家属的这些想法，辩护律师都能理解，但辩护律师肯定要在全案通盘考虑之后，结合办案经验，以及与公诉机关的沟通后，才会提出接受认罪认罚的法律建议，有效利用认罪认罚制度的优越性，为委托人争取最有利的量刑建议。在实践中，同样的案件，或者同一案件中不同的被告人，在事实和罪名没有争议的前提下，认罪与不认罪所带来的后果还是有很大区别的，这也是我国法律增设这一制度的目的所在。

本书收录的案例26，笔者与孙某曾于审查起诉阶段探讨过认罪认罚的可行性，但由于各种原因未能与公诉机关达成一致，案件审理后孙某也曾有过认罪的想法最终也未实施，没有走认罪认罚程序。该案的一大难点在于孙某到案的首份笔录完全承认了全部的诈骗事实，之后又全盘否认，结合全案证据来看，认罪认罚会是一个很好的选择。事后来看，如果当初在审查起诉阶段进行了认罪认罚具结，那么孙某的刑期极有可能在五年至六年，现在说来已无济于事。

提到案例26，笔者想说明的是选择认罪认罚对于委托人来讲有时很难决定，辩护律师应当综合全案，提出正确的建议，时刻将委托人的利益放在首位。

7. 积极退赃谅解，争取酌定从轻处罚情节

辩护律师通过了解案情，或查阅卷宗后，对于委托人存在违法所得，或诈骗赃款的，应当与委托人及家属沟通，了解是否有相应的经济能力，尽力将违法所得退缴，对被害人的损失予以赔偿，并努力争取被害人的书面谅解。其中比较难的是争取被害人谅解，有些被害人内心非常气愤，选择不谅解也是可以理解的，辩护人或者家属应当尽力帮助协商争取。争取谅解的前提应是先将诈骗款项返还，家属应当及时筹款退赔给被害人。如出现被害人不选择谅解，也不收取诈骗款项的，辩护律师可以选择与法院沟通，将赃款暂缴至法院账户，也能起到酌定从轻处罚的作用。

本书收录的案例1，周某某的家属以及笔者都与被害人取得过联系，周某某的诈骗金额为3.9万元，但被害人提出要求周某某赔偿其几十万元的经济损失，多次沟通也未能就退赃谅解达成一致。案件进入审判阶段，笔者经过与法院的沟通，安排家属将赃款3.9万元缴至法院，并预缴了2000元罚

金，最终判决结果在公诉机关量刑建议的基础上又减少了四个月刑期，达到了退赃目的。

案例33，王某某到案后，家属积极向被害人顾某退赃，并争取到了书面的谅解，在诈骗数额17万余元的情况下，争取到有期徒刑三年的结果，也实属不易。

8. 收集对委托人有利的证据

《刑事诉讼法》第55条规定，对一切案件的判处都要重证据，重调查研究，不轻信口供。公安机关、检察机关或法院可以收集和调取与案件有关的证据，辩护人也有取证的权利。

根据《刑事诉讼法》第41条、第43条的规定，辩护人可以向办案机关申请调取对证明犯罪嫌疑人、被告人无罪或者罪轻的证据材料；辩护人也可以向有关单位和个人收集与案件有关的材料。

辩护律师经与委托人沟通，或查阅案件卷宗后，如发现有相关证据或证人可以证明犯罪嫌疑人、被告人无罪或者罪轻的，应当及时向办案机关申请调取，或依法自行调取相关证据材料。

9. 辩护应坚持到最后一刻

辩护应坚持到最后一刻，这是比较通俗的说法，也就是说没有到判决作出的时候，不应当放弃努力。

案件事实和罪名有较大争议时，辩护律师在审判阶段积极辩护自不必说，这是律师职责所在。当案件因被告人自愿认罪认罚，适用简易程序或速裁程序审理时，辩护人律师也应当继续努力，在实践中，因为辩护律师和家属的努力，如退赃、预缴罚金等，使得判决结果在原《认罪认罚具结书》的基础上大幅减少的案例不在少数。本书中案例1、案例3、案例23、案例47、案例56等，均是在法院审理过程中，通过辩护律师与法官的沟通，在家属的帮助下，在判决作出前预缴了罚金，争取到了酌定从轻处罚的结果。

因此，辩护律师的辩护工作应当是以判决作出的时间为终点，不到最后一刻，绝不能放弃。

后 记

笔者于硕士在读期间通过了国家司法考试，并进入律师事务所实习，毕业后顺理成章地开始从事律师职业，算算入行至今已满十二年。学习法律，源于笔者大学二年级时的一次决定，当时便开始规划跨专业考研，由理入文，至今已过十七年，非常庆幸当初的决心。从事律师工作，也是从大学时期就确定的职业方向，尤其是跟随师父学习的那几年，让我更加坚定地选择这条路。

诚如师父朱妙春大律师所言，中国律师大有人在，著书立说非常不易。关于著书，笔者在师父身上看到了努力和坚持，更看到了辛苦，此次编辑本书也让笔者深有体会。本书的构思源于律师事务所一次内部会议，面对数量庞大的刑事案件卷宗，我们萌生了汇编成书的想法，该想法得到师父的赞成和鼓励，让笔者满怀信心，更觉压力，好在本书已就，付出皆值得。

本书得以出版，首先应当感谢恩师朱妙春大律师，是他的鼓励和指导，让我们克服困难，完成目标；其次应当感谢知识产权出版社刘江编辑，他给予了我们很多建议，让我们形成合理的编写体例，厘清了该类书籍的编写思路，对于未来的出书规划更有信心；再次应当感谢上海申如律师事务所的律师以及律师助理们，他们在职期间参与承办了本书的所有案件，或担任办案律师，或担任律师助理，或从事客服工作，他们均对本书中每个案件的办理倾尽了全力，对得起委托人的信任与选择；最后应当感谢案件委托人及家属，是他们的信任与配合，使得律师们能成功办理案件，取得理想的成果。

本书编委成员除笔者外，另有上海申如律师事务所的律师、同事们，他们是安金玲、谢灵珊、叶梅花、张晨，大家分工协作，加班加点，为本书的撰写倾注了心血，且不言辛苦，我们是一个极有执行力的团队。

这是我们律师事务所刑事辩护团队归纳、整理、创作的开始，也是一次尝试，在各位师友及同事的帮助下，我们将继续出版新的作品。同时，我们也将一如既往地认真办案、不负所托，努力达成申如律师的愿景——“申如”，您的申请，都能如愿。

张　兵

2023 年 3 月 26 日